中国物业管理协会系列丛书——研究系

U0664089

"物业+养老"服务新模式

——发展前景与案例解析

● ● ● ● ●

中国物业管理协会　组织编写

陈　杰　刘寅坤　等 著

中国建筑工业出版社

图书在版编目（CIP）数据

"物业＋养老"服务新模式：发展前景与案例解析 /
中国物业管理协会组织编写；陈杰等著. —北京：中
国建筑工业出版社，2022.9（2024.3重印）
（中国物业管理协会系列丛书. 研究系列）
ISBN 978-7-112-27680-6

Ⅰ. ①物… Ⅱ. ①中… ②陈… Ⅲ. ①养老—社会服
务—研究—中国②物业管理—研究—中国 Ⅳ. ①D669.6
②F299.233.3

中国版本图书馆 CIP 数据核字（2022）第 138708 号

责任编辑：张智芊
责任校对：王　烨

中国物业管理协会系列丛书——研究系列
"物业＋养老"服务新模式
——发展前景与案例解析
中国物业管理协会　组织编写
陈　杰　刘寅坤　等 著
＊
中国建筑工业出版社出版、发行（北京海淀三里河路9号）
各地新华书店、建筑书店经销
华之逸品书装设计制版
建工社（河北）印刷有限公司印刷
＊
开本：787毫米×1092毫米　1/16　印张：20½　字数：322千字
2022年9月第一版　2024年3月第三次印刷
定价：65.00元
ISBN 978-7-112-27680-6
（39771）

本书编委会

主 执 笔 人：陈 杰

副 执 笔 人：刘寅坤

正文参与人：潘浩之　张 宇　石曼卿　齐 昕
　　　　　　阿克玛热莉·阿曼江　王艺霖

课 题 组 织：吴一帆　赵一飞　刘美嘉

案例负责人：万 洁　王力力　李志建　刘玲玲　朱咏田
　　　　　　余绍元　刘 帅

北 京 远 洋：万 洁　段绍旗　苟亚曦　张英杰

广 州 保 利：王力力　庞茜尹　邓素琳

长 城 物 业：李志建　李苏洋

杭 州 绿 城：刘玲玲　孟淑慧　张 玲

南 京 银 城：朱咏田　范兴霞　韩品嵋　何晓玲　芦启新
　　　　　　黄晓锋

之 平 物 业：余绍元　王 敏　刘 姗

圆 方 物 业：王 千　李章柱　刘 帅　刘 真

序 言

物业服务企业提供居家社区养老是近十年来从基层涌现的养老服务新模式，也体现了物业企业追求社会价值提升、延长业务价值链和实现升级转型的探索。

2020年11月14日，住房和城乡建设部等六部门联合发布《关于推动物业服务企业发展居家社区养老服务的意见》(建房〔2020〕92号)，对"物业服务+养老服务"模式给予肯定，也为"物业+养老"模式设定了基本内涵，并指出发展目标和行动路线。2021年11月24日发布的《中共中央 国务院关于加强新时代老龄工作的意见》明确提出，探索"社区+物业+养老服务"模式，增加居家社区养老服务有效供给。住房和城乡建设部在2021年年初启动了"物业服务企业开展居家社区养老服务"的试点工作，有来自7个城市8家物业服务企业的8个项目入选首批试点。

本书首先将"物业+养老"模式的兴起放在中国快速老龄化形势和国家实施积极老龄化战略的大背景下对其进行分析，与当前中国养老服务体系存在的短板与不足，加快扩大普惠型养老服务覆盖面的迫切性与挑战等相结合；其次对"物业+养老"模式进行理论上的分析，认为由物业服务企业提供居家社区养老服务，具有多方面的重要现实价值，既有增进普惠性养老服务覆盖面扩大的社会价值，又有促进物业服务行业转型升级的经济价值和产业价值。多年来，业界持续自发进行的多样化探索已说明这个模式有良好的实现基础。

通过对试点的现场调研和多种方式的沟通交流，本课题组认为，各试点单位在验证落地模式、积累实践经验、促进机制成熟、形成专业团队、搭建合作平台、开创生态构建等方面都取得不少积极成效；同时也通过试点及引发的政策宣传、媒体报道，促进所在区域老人及家属对居家社区养老服务多样化产品供给可能性的了解，唤醒他们对服务的需求，并在这个过程中培养起来对改善型养老服务的付费意识。参与试点的物业项目方也反馈，通过开展依托社区以居家为基础的多样化养老服务，有利于增加与业主的黏性，反哺物业服务的主业，也为自身业务链扩展打下良好基础，同时也会对企业社会形象和品牌价值提升带来多方面的好处，并促进物业企业能在政府引导下更加深度地参与居区建设和社区治理，更加融入城市与社区的共建、共享、共治发展之中。诚然，试点中也发现了很多问题与难点、堵点，但这些问题的发现都是宝贵财富。试点过程中，各项目方努力克服困难，与所在城市的地方政府及社区密切合作，积极探索解决办法，创新性地提出了很多解决方案，不少方案取得了积极成效，为后期各地落地"社区+物业+养老服务"提供了有益参考，也为未来进一步创新居家社区养老服务模式，推进各项优质养老服务资源向老年人的身边、家边和周边更加聚集打下了良好基础。

课题组同时也发现，进一步扩大"物业+养老"落地，可能会受到六个来源的阻塞：场地缺自主、业务无授权、业主认同低、服务能力弱、运营模式不明、政府支持不足。

往深层次归纳起来，这六个难点又根源于三个方面的矛盾：物业服务企业的非专业性服务供给水平与养老服务的专业性要求之间的供需矛盾；物业服务企业对经营业务的营利性要求与养老服务的公益性、普惠性要求之间的属性矛盾；物业服务企业与业主群体在当前社区治理框架和物业服务模式下的利益矛盾。

课题组针对以上三个矛盾根源提出以下化解阻塞的建议：推进物业企业的服务集成以应对养老服务的专业性要求，增进物业企业的社会属性以适应养老服务的普惠性要求，推动物业服务的模式创新以促进物业企业与业主的利益协同。

总体而言，课题组认为，根据2021年11月《中共中央 国务院关于加强新时代老龄工作的意见》(以下简称《意见》)的精神，未来"社区+物业+养老服务"前景很大，试点中得到的老人、居民、企业及地方政府与社区等各方的反馈，也证明了该养老模式进一步扩大的必要性、可行性与优越性。但如《意见》所要求，推进"社区＋物业＋养老服务"落地，要充分发挥社区党组织的作用，要以增加居家社区养老服务有效供给为根本出发点。在此基础上，课题组还建议，未来"社区＋物业＋养老服务"模式的进一步探索，应本着循序渐进的原则，尊重需求差异化和各地实施条件的差异性，鼓励供给模式多样化和持续创新，与智慧物业发展、城市发展与治理的数字化、智慧化转型紧密结合，并强调与现有居家社区养老模式方式形成互补而不是替代，成为积极应对人口老龄化国家战略的组成部分。在更高的战略层面上，要与物业服务行业转型升级、物业服务运营模式变革、"物业＋生活"的推进紧密结合，并还要与物业企业社会属性增强、住宅小区物业服务模式转型以及基层社区治理模式变革等更高层面的改革共同前行。

课题组还通过总结各试点单位解决问题的可复制政策机制和典型经验做法，形成《"物业服务＋养老服务"可复制政策机制清单》(建议稿)。

目 录
CONTENTS

图表目录

第1章

"物业+养老"的
探索背景

1.1 当前中国养老服务面临的形势与任务

进入21世纪以来，中国的人口老龄化进程加快。"七普"数据显示，2020年我国60岁及以上老年人口为2.64亿人，占人口比例为18.7%；同期全国20～59岁人口8.19亿人，占比58.1%，只相当于60岁以上人口的3.1倍。同时，65岁以上人口占比为13.5%，离国际上公认的14%深度老龄化标准仅一步之遥。据权威预测，"十四五"期间，中国60岁以上老年人每年将增加1000万人。"十四五"末期，中国60岁以上老年人占比将超过20%，在2035年前后占比将超过30%。还有权威预测认为，到2050年前后，中国60岁以上老年人口数将达到峰值，为4.87亿人，占总人口的34.9%。老龄化程度的快速增加，对健全养老体系和扩大养老服务覆盖提出了迫切要求。

所谓养老服务，是指老年人因为衰老而导致独立生活生存能力下降所带来的服务需求。养老服务包括生活照料、康复护理、医疗保健、精神慰藉、文化教育、尊严保护等方面，与养老的物质保障、支付保障、法律保障一起构成了养老体系。养老服务来自家庭和社会。

家庭养老是中国传统的养老方式。在未来较长的时间内，家庭养老仍会是中国大多数老年人的主流养老方式。但当前家庭养老正在面临很多挑战，尤其在社会的人口结构、家庭结构及家庭文化发生巨大变化的背景下，传统的家庭养老功能正在弱化，越来越多的中国家庭难以承担养老重任。

首先，传统家庭养老难以覆盖空巢老人和独居老人。由于快速城镇化和城市间人口流动加快，特别是青壮年人口不断向大城市集聚，即使与父母同一个城市同一个乡镇，也很难就近同住，中国有近一半老年人是空巢老人，还有大量独居老人。《"十三五"国家老龄事业发展和养老体系建设规划》曾预计，在2020年，全国独居和空巢老年人约有1.18亿人，占老年人总数近一半，其中独居老人就占10%。这些老人身边缺乏子女来照顾，仅靠自身力量来养老困难重重。

其次，传统家庭养老在家庭小型化趋势下难以维系。我国曾在1978—2013年期间长期严格执行计划生育政策，这期间出生人口以独生子女为主，原本在城镇化、工业化和经济发展推动下就出现的家庭规模小型化趋势进一步加剧，我国当前"4—2—1"的家庭结构十分普遍。如果完全靠子女和家庭成员供养照护老年人，家庭养老的负担会十分重，就会影响中青年一代的成长及对其子女的照料和抚育。

再次，传统家庭养老面对高龄老龄化浪潮无力支撑。在我国人口老龄化加深的同时，还呈现高龄老龄化趋势，失能老人、半失能老人数量快速增加。根据《2020年度国家老龄事业发展公报》，2020年末全国60岁及以上老年人口中，60～69周岁的低龄老年人口14740万人，占比为55.83%；70～79周岁老年人口8082万人，占比为30.61%；80周岁及以上老年人口3580万人，占比为13.56%。有预计认为，中国80岁以上老人将以每年5%速度增加。另据估计，我国目前失能或半失能老年人超过4600万人，在老年人口中占比约17%。另据专家测算，平均每位80岁及以上的高龄老人的照料与医疗成本开支约为65～74岁老人的14倍多（曹煜玲，2014）。子女及后辈独立在家中照护高龄老人、失能或半失能老人难度很大。

最后，传统家庭养老还容易出现家庭伦理纠纷问题。即使子女在同一个城市和就在身边，老人与子女、孙辈长期在一个屋檐下共同生活，几代人观念和习惯不同，也容易因为各种琐事而发生矛盾甚至冲突，时间久了会伤害亲情。一方面老人的隐私性、自主权会受到侵犯，另一方面越来越多的新生代家庭追求独立自主，同时自己生活压力大，也不愿意与父母同住。现在不少人提倡，能生活自理的活力老人最好和子女"分得开，又看得见"。就是所谓的"一碗汤的距离"，即子女在家里把汤煲好后，把汤送到老人住处，汤还是温热的，据说这是日本学者在20世纪70年代提出的家庭亲和理论。让子女方便尽孝和照顾老人，又避免了生活在一起的很多隐患矛盾，老人和子女都能最大限度地兼顾温暖亲情和自由生活。但对于不能完全自理的老人，就需要有强大的社会养老服务体系的支持。

正如《社会养老服务体系建设规划（2011—2015年）》所指出的，由于现代社会竞争激烈和生活节奏加快，中青年一代正面临着工作和生活的双重压力，照护失能、半失能老年人力不从心，家庭养老日益独木难支，这一难题迫切需要通过大力发展社会养老服务来解决。

社会养老服务体系建设是在发展中保障和改善民生的一项基础性工程，不仅关系到老年人口晚年幸福，实现人人老有所养，也关系到他们子女的工作生活，涉及千家万户的生活福祉，对国家稳定、社会和谐、经济可持续发展和实现共同富裕都至关重要。在老龄化日益加快且呈现高龄老龄化的今天，深化社会养老服务体系供给侧改革、加快社会养老服务的供给能力增强、覆盖面扩大和质量提升，显得日趋迫切。

1.2　当前中国社会养老服务体系现状格局

党和国家一直高度重视老龄工作。党的十八大以来，十八届三中、四中、五中全会和十九届四中、五中全会，以及"十三五"规划纲要、"十四五"规划和2035远景目标纲要等重要文件，都对积极应对人口老龄化、完善养老保障体系、加快建设社会养老服务体系、发展养老服务产业等提出过明确要求。

2021年8月24日，习近平总书记到河北省承德市高新区滨河社区居家养老服务中心实地调研时强调："满足老年人多方面需求，让老年人能有一个幸福美满的晚年，是各级党委和政府的重要责任"。2021年10月13日，在中国传统节日重阳节来临之际，习近平总书记对老龄工作作出指示，要求各级党委和政府要高度重视并切实做好老龄工作，贯彻落实积极应对人口老龄化国家战略，把积极老龄观、健康老龄化理念融入经济社会发展全过程，加大制度创新、政策供给、财政投入力度，健全完善老龄工作体系，强化基层力量配备，加快健全社会保障体系、养老服务体系、健康支撑体系。

1.2.1　当前中国社会养老服务内容体系

"十一五"期间，上海市率先提出并开始构建以"居家为基础、社区为依托、机构为支撑"的"9073"社会养老服务格局，即老年人的90%左右居家养老、7%依托社区养老、3%入住专业机构养老。这个思路随后被国家构建社会养老服务体系时所采纳。

2011年3月公布的《中华人民共和国国民经济和社会发展第十二个五年规划纲要》正式提出，建立以居家为基础、社区为依托、机构为支撑的养老服务体系。2011年陆续发布的《中国老龄事业发展"十二五"规划》《社会养老服务体系建设规划（2011—2015年）》等政策，都沿用了这一说法。

2016年3月公布的《中华人民共和国国民经济和社会发展第十三个五年规划纲要》对养老服务体系的说法有所转变，改为提出建立以居家为基础、社区为依托、机构为补充的多层次养老服务体系。

2019年11月中共中央、国务院印发的《国家积极应对人口老龄化中长期规划》提出，健全以居家为基础、社区为依托、机构充分发展、医养有机结合的多层次养老服务体系，多渠道、多领域扩大适老产品和服务供给。

2021年3月，经全国人大批准后发布的国家《中华人民共和国国民经济和社会发展第十四个五年规划和2035年远景目标纲要》对社区养老和居家养老给予更高重视，提出构建居家社区机构相协调、医养康养相结合的养老服务体系，完善社区居家养老服务网络。

2021年11月发布的《中共中央 国务院关于加强新时代老龄工作的意见》提出，构建居家社区机构相协调、医养康养相结合的养老服务体系和健康支撑体系，大力发展普惠型养老服务，促进资源均衡配置。推动老龄事业与产业、基本公共服务与多样化服务协调发展。

1）养老服务的概念与内涵

（1）居家养老的概念与内涵。

2000年，上海在6个中心城区的12个街道开展了居家养老服务试点，并以居家养老券的形式来兑现政府补贴，当年服务人数305人。以此为开端，上海在全国率先提出开展"居家养老服务"的理念（《大城养老——上海的实践样本》，2017）。如今在全国范围内，已有越来越多的街道社区在开展以家庭为核心、以社区为依托，以为老年人提供日间照料、生活护理、家政服务、精神慰藉为主要内容，由政府出资为特殊困难老年人购买服务的居家养老服务工作。

需要强调的是，居家养老不同于家庭养老，是社会养老体系的一个组成部分。如2008年1月全国老龄办等十部门发出的《关于全面推进居家养老服务工作的意见》中曾将"居家养老服务"定义为，居家养老服务是指政府和社会力量依托社区，为居家的老年人提供生活照料、家政服务、康复护理和精神慰藉等方面服务的一种服务形式，是对传统家庭养老模式的补充与更新，是我国发展社区服务、建立养老服务体系的一项重要内容。

在中国养老服务体系的语境中，家庭养老特指完全依靠家庭成员或老年人自己实现的养老，居家养老是立足居家，以家庭为基础，依托社区，汇聚政府、社会、社区、家庭、个人等各方面资源力量实现的养老，是传统家庭养老模式引入社会社区养老服务资源之后而形成的一种新型社会化养老模式。

居家养老服务的形式主要是上门服务，服务内容可包括生活照料（助餐助浴助洁理发）、家庭服务（清洁打扫）、康复护理、医疗保健、精神慰藉、安全援助、法律服务、辅具配置、居家适老化改造等，也可包括协助需要出门或无须出门的助医助行，内容可以很丰富，并可以根据老人的需求进行定制化提供。居家养老服务的提供者也可以很多元化，除了家庭成员外，也可以来自各级政府、社区组织、社会机构、原工作单位和志愿者组织等。

中国以居家养老为基础来构建养老体系，既尊重了中国传统养老文化，又是在当前老龄化速度快、老年人口规模庞大、机构与社区养老资源仍有较大短板的客观国情下快速增加养老服务供给的现实选择。

目前，国内已有上海、北京、杭州等多个城市制定了居家养老服务质量规范的地方性标准，但一般都是推荐性标准，而不是强制性标准。

（2）社区养老的概念与内涵。

社区养老就是让老人基本居家，但可前往社区的养老机构和设施得到日间照料或短期社区留宿的养老方式，是将家庭养老与机构养老在社区中有机结合的养老模式。社区养老机构和设施在这个服务模式中实际上充当了一个平台，将政府、社区和社会各种养老服务资源进行有机融合，并可为居家养老的开展起到支撑作用。

2011年12月，国务院发布的《社会养老服务体系建设规划（2011—2015年）》强调，社区养老是居家养老的重要支撑。《中华人民共和国国民经济和社会发展第十四个五年规划和2035年远景目标纲要》强调，推动专业机构服务向社区延伸，整合利用存量资源发展社区嵌入式养老。

社区养老服务的形式包括依托社区养老设施提供照护和为居家老人提供上门服务两种。依托社区养老设施提供的服务内容可以包括生活照料（助餐、助浴、助洁、理发）、文化娱乐、康复护理、医疗保健、精神慰藉等，也可包括助医、助行，一般主要是日间照料，但如果社区养老设施带有护理型床位，也可以是全托、月托，形式可以灵活多样。社区上门为居家老人提供的服务包括家访、生活照料（助餐、助浴、助洁、理发）、家政服务（清洁、打扫）、紧急救援、卫生保健、康复理疗、精神服务等。社区养老服务的提供者主要是社区组织（居委/村委），但也可以来自各级政府、社会机构和志愿者组织等。

居家养老和社区养老都是既体现人性和温情，成本低廉，但功能性较好，内容丰富，便捷灵活，又能减轻家庭照料负担的养老方式。在居家和社区环境中养老，老年人的自主权利大大提高，也更有自尊感，自立能力在社区支持下得到锻炼，不割裂原有的社会网络，既有的社会关系和社区资本、社会资本都得到维护保存，对老年人身心健康都有好处。

居家养老和社区养老关系十分紧密，高度相连。社区养老设施与服务资源为居家养老提供支撑，居家养老是社区养老的自然延伸。在社会养老服务体系这个框架下，这两者实际上很难割裂开来讨论，所以两者往往合在一起被称为"居家社区养老"或"社区居家养老"。广东省、河南省、辽宁省、陕西省、福建省、贵州省、天津市等多个省市都制定了社区居家养老服务规范的地方性标准。

2）养老服务的官方定义

2011年12月国务院发布的《社会养老服务体系建设规划（2011—2015年）》对居家养老、社区养老、机构养老的服务内容都做了较为明确的界定。

（1）居家养老服务涵盖生活照料、家政服务、康复护理、医疗保健、精神慰藉等，以上门服务为主要形式。对身体状况较好、生活基本能自理的老年人，提供家庭服务、老年食堂、法律服务等服务；对生活不能自理的高龄、独居、失能等老年人提供家务劳动、家庭保健、辅具配置、送饭上门、无障碍改造、紧急呼叫和安全援助等服务。有条件的地方可以探索对居家养老的失能老年人给予专项补贴，鼓励他们配置必要的康复辅具，提高生活自理能力和生活质量。

（2）社区养老服务包括社区日间照料和居家养老支持两类功能，主要面向家庭日间暂时无人或者无力照护的社区老年人提供服务。在城市，结合社区服务设施建设，增加养老设施网点，增强社区养老服务能力，打造居家养老服务平台。倡议、引导多种形式的志愿活动及老年人互助服务，动员各类人群参与社区养老服务。

（3）机构养老服务以设施建设为重点，通过设施建设，实现其基本养老服务功能。养老服务设施建设重点包括老年养护机构和其他类型的养老机构。老年养护机构主要为失能、半失能的老年人提供专门服务。重点实现以下功能：

①生活照料。设施应符合无障碍建设要求，配置必要的附属功能用房，满足老年人的穿衣、吃饭、如厕、洗澡、室内外活动等日常生活需求。

②康复护理。具备开展康复、护理和应急处置工作的设施条件，并配备相应的康复器材，帮助老年人在一定程度上恢复生理功能或减缓部分生理功能的衰退。

③紧急救援。具备为老年人提供突发性疾病和其他紧急情况的应急处置救援服务能力，使老年人能够得到及时有效的救援。鼓励在老年养护机构中内设医疗机构。符合条件的老年养护机构还应利用自身的资源优势，培训和指导社区养老服务组织和人员，提供居家养老服务，实现示范、辐射、带动作用。其他类型的养老机构根据自身特点，为不同类型的老年人提供集中照料等服务。

在2013年《国务院关于加快发展养老服务业的若干意见》、2017年《"十三五"国家老龄事业发展和养老体系建设规划》等政策文件中，社区养老服务机构通常提供以下服务：组织社会活动、进行基本诊断体检、通过锻炼和辅助设施进行康复、协助料理个人事务、陪伴和服务推荐等；社区养老服务包括成人日间照料中心、家访、紧急救助、卫生保健诊所以及娱乐活动；居家养老服务包括医疗保健、家务料理、法律服务、精神服务、紧急救助、救援服务等，也包括准备膳食、基本清洁、帮助照顾卧床老人以及某些喘息服务（葛蔼灵等，2018）。

2019年12月27日，国家统计局第15次局常务会议通过的《养老产业统计分类（2020）》对居家养老照护服务、社区养老照护服务和机构养老照护服务分别做了以下界定：

（1）居家养老照护服务：指家庭成员或雇用人员对居家老年人进行生活照料、康复护理等服务的活动，以及养老服务机构或其他社会主体（企业和社会组织等）向居家老年人提供的上门服务活动，如助餐、助行、助急、助浴、助洁、助医、日常照料等，不包括社区上门服务。

（2）社区养老照护服务：指养老服务机构依托社区养老服务设施向社区老年人提供的日托、全托等服务；社区养老服务机构、社区嵌入式的养老服务设施和带护理型床位的社区日间照料中心等机构提供的照护服务；依托社区综合服务设施和社区公共服务综合信息平台、呼叫服务系统和应急救援服务机制为老年人提供的全托、月托、上门等为主的精准化专业化生活照料、助餐助行、助浴助洁、助医、紧急救援、精神慰藉等照护服务；社区邻里互助、助老食堂、助老餐桌、老年社区（全周期养老综合体）提供的社区养老照护服务。

（3）机构养老照护服务：指各级政府、企业和社会力量兴办的养老院、老年福利院、老年公寓、老年养护院、敬老院、光荣院、农村幸福院、养老大院、农村特困人员供养服务机构等养老机构为在机构集中养老的老年人提供的养护和专业化护理服务；内设诊所、卫生所（室）、医务室、护理站的养老机构提供的医养结合服务；公办养老机构及公建民营养老机构为经济困难失能（含失智）老年人、计划生育特殊家庭老年人提供无偿或低收费托养服务；失智老年人照护机构提供的服务不包括机构为居家老年人提供的上门服务。

中国养老服务统计分类标准如表1-1所示。

中国养老服务统计分类标准　　　　　　　　　　表 1-1

代码			名称	说明	国民经济行业分类代码及名称（2017）
大类	中类	小类			
				养老照护服务	
01	011	0110	居家养老照护服务	指家庭成员或雇用人员对居家老年人进行生活照料、康复护理等服务的活动，以及养老服务机构或其他社会主体（企业、社会组织等）向居家老年人提供的上门服务活动，如助餐、助行、助急、助浴、助洁、助医、日常照料等，不包括社区上门服务	6242* 外卖送餐服务 8010* 家庭服务 8090* 其他居民服务业 8219* 其他清洁服务 8521* 社会看护与帮助服务
	012	0120	社区养老照护服务	指养老服务机构依托社区养老服务设施向社区老年人提供的日托、全托等服务；社区养老服务机构、社区嵌入式的养老服务设施和带护理型床位的社区日间照料中心等机构提供的照护服务；依托社区综合服务设施和社区公共服务综合信息平台、呼叫服务系统和应急救援服务机制为老年人提供的全托、月托、上门等为主的精准化、专业化生活照料、助餐助行、助浴助洁、助医、紧急救援、精神慰藉等照护服务；社区邻里互助、助老食堂、助老餐桌、老年社区（全周期养老综合体）提供的社区养老照护服务	6210* 正餐服务 6220* 快餐服务 6241* 餐饮配送服务 6299* 其他未列明餐饮业 8090* 其他居民服务业 8514* 老年人、残疾人养护服务 8521* 社会看护与帮助服务
	013	0130	机构养老照护服务	指各级政府、企业和社会力量兴办的养老院、老年福利院、老年公寓、老年养护院、敬老院、光荣院、农村幸福院、养老大院、农村特困人员供养服务机构等养老机构为在机构集中养老的老年人提供的养护和专业化护理服务；内设诊所、卫生所（室）、医务室、护理站的养老机构提供的医养结合服务；公办养老机构及公建民营养老机构为经济困难失能（含失智）老年人、计划生育特殊家庭老年人提供无偿或低收费托养服务；失智老年人照护机构提供的服务，不包括机构为居家老年人提供的上门服务	8416* 疗养院 8511* 干部休养所 8512* 护理机构服务 8514* 老年人、残疾人养护服务

资料来源：2019年12月27日国家统计局第15次局常务会议通过的《养老产业统计分类（2020）》。

1.2.2 当前中国社会养老服务机构体系

目前，我国大部分养老机构在功能定位和服务对象上存在较多交叉现象，难以十分清楚地进行严格分类（胡祖铨，2015）。多数养老机构可以同时容纳各类健康类型的老人，既有生活能够完全自理的活力老人，也有生活半自理的半失能老人，还有患有老年痴呆和中风瘫痪等慢性病、生活完全不能自理的失能老年人。多数养老机构在提供的服务方面也是高度相同或相似的，一般都包括生活照料和文化娱乐，而特殊的、比较专业的养老机构则会提供包括医疗护理、康复训练、临终关怀等特别服务内容。

但按照养老机构的功能定位（是否提供住宿服务）、坐落位置和专业化水平，可以将养老机构划分为专业养老机构和社区养老机构（图1-1）。本报告中所称的社区养老机构主要是指由政府主导、社区组织（街镇办、居委会/村委会）主办的公益性嵌入社区的养老机构。那些由企业如开发商或市场化组织所开办的嵌入社区或属于社区配套的养老机构，比如社区配套老年公寓，则仍然归在专业养老机构范畴。同时，专业养老机构一般都提供长期住宿服务，社区养老机构一般都不提供长期住宿服务，只提供日间照料或短期社区留宿。

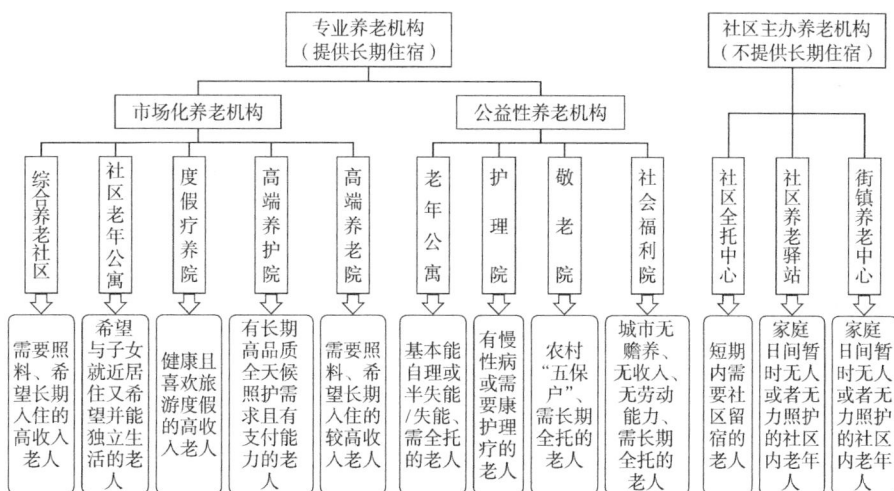

图1-1 中国养老机构的分类

资料来源：根据相关政策文件并参考胡祖铨（2015）、葛蔼灵等（2018）等的分类思路进行改编。

在专业养老机构中，再按照经营性质、服务对象和收费水平，可以大体划分为公益性养老机构与市场化养老机构两种。

1）公益性养老机构

公益性或普惠性养老机构一般是由政府主办。早期的基本上是由政府建设，政府运营（"公建公营"），但近年来在大力发展社会养老服务业的政策推动下，也有越来越多的是由政府建设，社会力量来运营（"公建民营"）。此外，也有一些是社会力量自建自营，既受到政府的税费减免、补贴补助等方面支持，同时也受到政府在服务内容和价格标准上的规制，很多时候是按照非营利性组织的形式来运作的。

公益性养老机构包括社会福利养老机构、老年康复机构或护理院、老年公寓（胡祖铨，2015）。

（1）社会福利养老机构（社会福利院或敬老院）专门服务于属于福利救济对象的老人，如无子女、无收入、逐渐失能的老年人，一般是免费或十分低廉的价格。其中，社会福利院主要面向城市无法定赡养人、无固定生活来源、无劳动能力的"三无"老人，敬老院主要面向农村"五保户"老人。但近年来，这样的机构（主要在城市地区）也开始接受自费的非福利救济对象。有研究认为，自费者目前已经成为公办社会福利养老机构入住老人中的主力军（葛蔼灵等，2018）。

（2）老年康复机构或护理院拥有专业员工（如护士、治疗师、医生），能够提供专业护理、康复或者医疗服务，主要收治患有慢性病如老年痴呆、中风偏瘫等的老年人，可为入住老人提供看护照料，并同时对老人进行康复治疗。这类机构既有公办也有民营。

（3）老年公寓是专门为老年人建造的生活设施齐全、公用设施配套完善、可供老年人长期居住的养老机构，一般由非营利机构运营，面向社会上不能入住社会福利养老机构但又不能在家养老，有全托照护需求的老年人开放。有的老年公寓仅接收生活能够自理的活力老人，有的机构则可以接收生活部分自理的半失能或完全不能自理的失能老年人。

此外，政府主办或支持的公益性养老机构还包括临终关怀机构，专门收留年迈久病、将不久于人世的老年人，主要以减少入住老人的身体和精神痛苦、进行姑息支持治疗为服务目标。

2）市场化养老机构

市场化养老机构主要由社会资本进行开发和经营，以营利为目标，包括高端养老院、高端养护院、度假疗养院、社区配套老年公寓和综合养老社区（胡祖铨，2015），可以提供各个层次、适合各种健康状况老人的个人护理和专业服务，但收费昂贵，对此类养老服务有支付能力的老人不多。

政府主办的社区养老机构或设施主要分布在街镇和社区（居委/村委）两个层面，日益强调要"嵌入社区"。不同层级的社区养老机构或设施，在覆盖范围和提供服务内容上有所区别，但主要都是面向家庭日间暂时无人或者无力照护的社区内老年人，以提供日托服务（日间照料）为主。但近年来一些城市也在社区养老设施中为特定老人提供短期的全托服务（社区留宿），比如那些刚出院的老人、半失能或失能老人，同时提供理疗康复服务。

根据物业所有权角度来划分，中国养老服务机构又可以分为政府建设并经营（公建公营）；政府建设，私人经营（公建民营）；私人建设并经营（民建民营）。公建民营和民建民营都得到了政府的提倡和支持，是鼓励社会资本参与养老服务的主要切入点，公建民营被看作政府和社会资本合作模式（PPP）。政府和民营实体通过签订合同的形式，授权对方对养老机构进行日常运营，并提供规定内容与质量标准的服务，同时接受公共补贴，如租金优惠、税费减免等（葛蔼灵等，2018）。

社区养老服务机构从物理形态上又可以划分为两种类型：第一种类型是实体社区养老服务中心，其又分为街镇层面和社区（居委/村委）层面，功能范围和提供能力有所不同，但总体上都包括日间照料等服务，规模较大的养老服务中心则会为老年人提供床位过夜。这些服务对符合资格的老人免费，对其他老年人收取的服务费用也低于市场价，支付体系根据当地情况而各有不同。第二种类型是虚拟社区养老服务中心，比如通过信息网络，把社区养老服务机构和居家老年人联系在一起，将社区资源引入居家养老服务中（葛蔼灵等，2018）。

（1）如果不是从供应主体角度，而是按照服务功能、服务方式和管理形式等维度，参照《上海市社区养老管理办法》（2017年版），社区养老服务又可以划分为四种类型：居家照护、社区托养、社区支持和医养结合。

①居家照护：依托社区各类养老设施，为老年人提供上门照护服务。

②社区托养：依托各类带有床位的社区养老设施，让老人得到日托、临托、全托等集中照护服务。

③社区支持：依托养老服务机构及其他社会专业机构，为失能、失智老年人的家庭照顾者提供照料技能培训、辅助器具租赁等有助于提升家庭照顾能力的服务，以及依托社区各类设施和服务资源为纯老家庭、高龄老年人等提供互助关爱、生活照顾、适老性环境改造。

④医养结合：依托社区各类卫生服务机构，让老年人得到医疗、护理、康复、体检等医养结合服务。

（2）如果不是从供应主体，而是按照服务内容来看，我国社区"嵌入型"的养老模式又可分为居家式社区养老、公寓式社区养老和医护型社区养老三种（沈轶，2016）。居家式社区养老，即老年人生活在自己家中，养老的日常照料和情感支持除了来自家人和朋友，也有来自街道和社区主办或委托社会实体运营的社区养老服务机构的支持；公寓式社区养老就是嵌入在社区中或属于社区配套的专门的老年公寓，有相对完备的养老设施和养老服务，可以为完全健康和没有丧失自理能力的老年人提供专业的、个性化的养老服务；医护型社区养老，就是嵌入社区的护理院，主要针对失能、不能自理的老年群体，采取的是长期医养护理模式，满足的是老有善终的最后需求。居家式社区养老、公寓式社区养老和医护型社区养老，构成了"安养—乐活—善终"的养老三部曲。

社区组织通过接受地方政府委托向所在社区老年人提供居家养老服务支持。居家养老服务的资源由各级地方政府负责统筹和进行分配，决策主体包括市、区和街道办事处，包括决定可资助的服务内容清单，并确定服务标准和资助额度，再由社区组织（居委会/村委会）具体实施和执行，上一级政府对其进行监管。政府资助的养老服务面向符合资格的居家老人提供，通常由政府通过采购服务方式选择服务提供者，多数服务提供者是非营利性组织。在社会资本主办的退休养老社区，社区和居家养老服务通常由企业经营。

综合对社会养老服务内容和各类养老机构的讨论，本课题组绘制中国社会养老服务体系如图1-2所示。该图强调，居家养老、社区养老和机构养老三种模式之间，应该存在相互支持、相互融合。

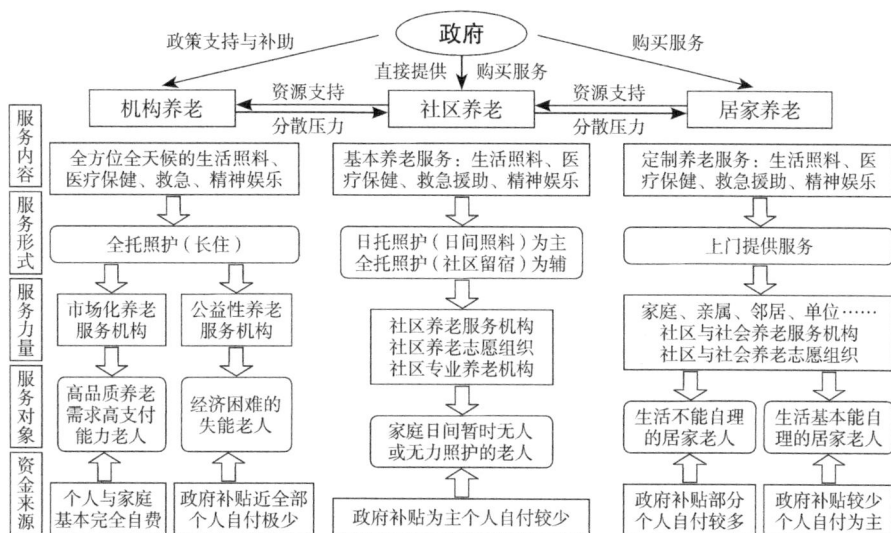

	机构养老	社区养老	居家养老
	政策支持与补助 ←	政府 → 直接提供 购买服务	→ 购买服务
	← 资源支持 / 分散压力 →		← 资源支持 / 分散压力 →
服务内容	全方位全天候的生活照料、医疗保健、救急、精神娱乐	基本养老服务：生活照料、医疗保健、救急援助、精神娱乐	定制养老服务：生活照料、医疗保健、救急援助、精神娱乐
服务形式	全托照护（长住）	日托照护（日间照料）为主 全托照护（社区留宿）为辅	上门提供服务
服务力量	市场化养老服务机构 / 公益性养老服务机构	社区养老服务机构 社区养老志愿组织 社区专业养老机构	家庭、亲属、邻居、单位…… 社区与社会养老服务机构 社区与社会养老志愿组织
服务对象	高品质养老需求高支付能力老人 / 经济困难的失能老人	家庭日间暂时无人或无力照护的老人	生活不能自理的居家老人 / 生活基本能自理的居家老人
资金来源	个人与家庭基本完全自费 / 政府补贴近全部个人自付极少	政府补贴为主个人自付较少	政府补贴部分个人自付较多 / 政府补贴较少个人自付为主

图1-2　中国社会养老服务体系

资料来源：课题组根据相关政策文件自绘。

注：个人自付包括个人自付和家庭自付。

实际上，正如《社会养老服务体系建设规划（2011—2015年）》中指出，社区养老是居家养老的支撑平台。居家养老服务很多时候就是从社区养老设施派出人员上门提供，或在这些设施对上门服务进行人员培训、技术辅导、物资协助等资源支持。提供居家养老支持，本身就是社区养老两个组成部分之一。上门式居家养老服务的有效供给，大大减少社区养老服务设施的运营负担。居家养老和社区养老之间还存在活跃的循环。一部分老人在身体状态不好的时候可到社区养老机构进行全托、月托，等恢复后回到家里进行居家养老。

同样，社区养老服务和居家养老服务也有很多时候是由专业养老机构来配送，或由这些机构对居家社区养老服务组织进行模式输出、场地设计、人员培训、技术辅导、物资配送等资源支持，起到示范、辐射、带动作用。同时，居家社区养老服务的高覆盖，不仅大大分解机构养老服务的供给压力，也为养老机构提供了客户储备。三者之间也存在相互循环。

相比而言，社区养老与居家养老之间的紧密联系和融合度，要比机构养老与这两者之间的联系与融合度要高很多，两者之间有时很难分割得很清楚。在实践中，也经常将两者合并连称为"居家社区养老"或"社区居家养老"，在政策文本、媒体报道和网络文章中很常见。

作为社会养老服务体系，居家养老和社区养老内容本应丰富多样，并且支付上是个人和家庭自付居多，政府补贴只占一部分。但目前由于我国居家社区养老服务体系还不够发达，提供主体不够多元、社会参与程度低，现有的居家社区养老服务品种较少，支付上以政府补贴为主。

四大养老模式比较如表1-2所示。

四大养老模式比较 表1-2

类型	传统家庭养老	居家社区养老	机构养老	"嵌入式"养老
居住方式	在寓所中同家庭成员或独自生活	老年人在寓所中生活并自己安排日常活动	在专业养老机构长期居住，集体生活	"嵌入式"养护院为主要载体；居家养老服务为辅
资金来源	个人和家庭承担	居家：家庭承担为主，政府承担为辅；社区：政府承担为主，家庭承担为辅	公益类：政府补贴为主；市场类：家庭承担为主	家庭承担为主，社会承担为辅
服务方式	由家庭负责老年人的物质、精神及医疗等日常需求	居家：多元主体根据需求定制提供个性化养老服务；社区：社区主导，提供相对标准化的养老服务	养老机构的专业聘职人员照料生活起居及其他日常必要需求	由聘职的专业工作人员负责生活照料和健康保障；子女及家人适时探望；与医院等其他机构合作协同服务
优劣	促进代际交流，给予老年人精神归属感；降低社会养老成本	成本低、覆盖面广、服务方式灵活；适应我国老年人传统生活习惯和心理特征	减少老年人孤独感；减轻家庭养老压力；提高老年人生活质量	与子女保持地缘亲密联系的基础上获得专业的养老服务；成本较低、政府扶持力度大
劣势	难以覆盖空巢独居老人；人口老龄化和家庭小型化背景下，子女负担过大；易产生家庭伦理纠纷	专业人才短缺；政府资金负担较大	资源利用率不高；经营成本过高；老年人缺乏归属感	未建立健全模式整合和监督机制

资料来源：课题组参考和改编自胡宏伟等《"嵌入式"养老模式现状、评估与改进路径》。

1.2.3 当前中国社会养老服务供给能力

据《2020年度国家老龄事业发展公报》和民政部（国家统计局）数据，截至2020年年底，全国共有各类养老机构和设施32.9万个，各类养老床位合计821万张，相当于每百名老年人拥有养老床位3.1张，意味着"9073"服务格局中的3%老人进行机构养老基本得到实现。但要注意，当年全国821万张养老床位这个总数中，包含了社区养老床位数，占比为40.5%，而社区养老床位一般不提供长期住宿，以日间照料和社区短期留宿居多。

2020年年底，全国登记注册提供住宿服务的养老机构总数为38158个，可提供床位488.2万张。其中，社会福利院1524个，可提供床位37.7万张；面向农村特困人员提供的养老机构17153个，可提供床位174.8万张。全国提供住宿服务的社区养老照料机构和设施总数为29.1万个（其中社区互助型养老设施14.7万个），可提供社区养老服务床位332.8万张。

同期，全国共有两证齐全（指具备医疗机构执业许可或备案，并进行养老机构备案）的医养结合机构5857家，床位总数达158.5万张，医疗卫生机构与养老服务机构建立签约合作关系达7.2万对；超过90%的养老机构以不同形式为入住老年人提供医疗卫生服务。

具体数据分析如图1-3～图1-6所示。

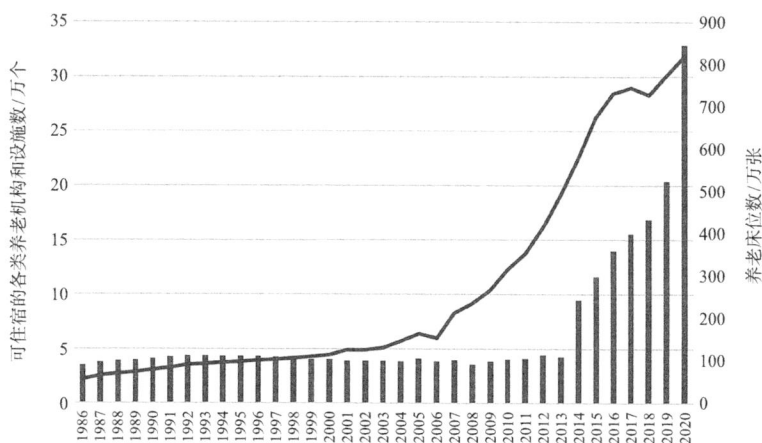

图1-3 中国可住宿的各类养老机构和设施总数、床位总数（1986—2020年）

资料来源：民政部、国家统计局；同花顺 iFind 数据库。

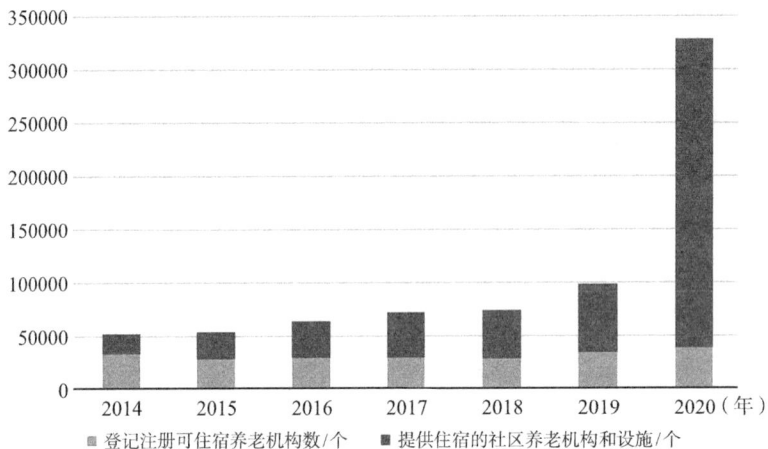

图 1-4 中国可住宿养老机构和设施分类数量（2014—2020年）（单位：个）

资料来源：民政部、国家统计局；同花顺 iFind 数据库。

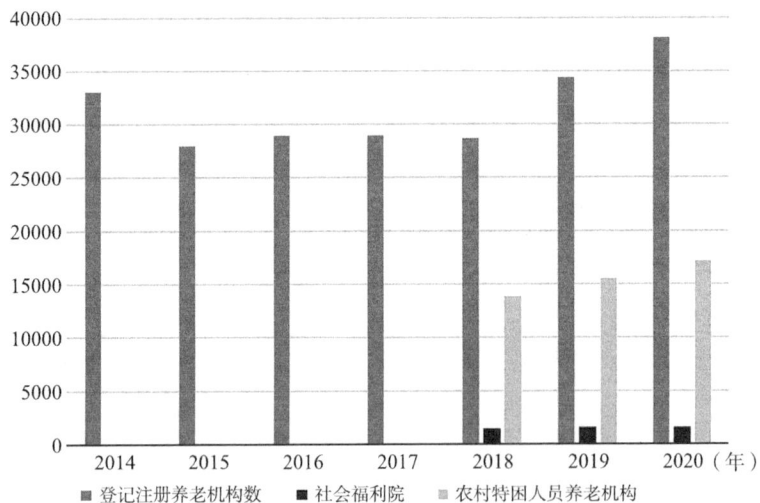

图 1-5 中国可住宿养老机构分类数量（2014—2020年）（单位：个）

资料来源：民政部、国家统计局；同花顺 iFind 数据库。

注：（1）社会福利院和农村特困人员养老机构都属于养老机构，但2014—2017年期间数据缺失。（2）2019年农村特困人员养老机构数缺失，图中为拟合数。

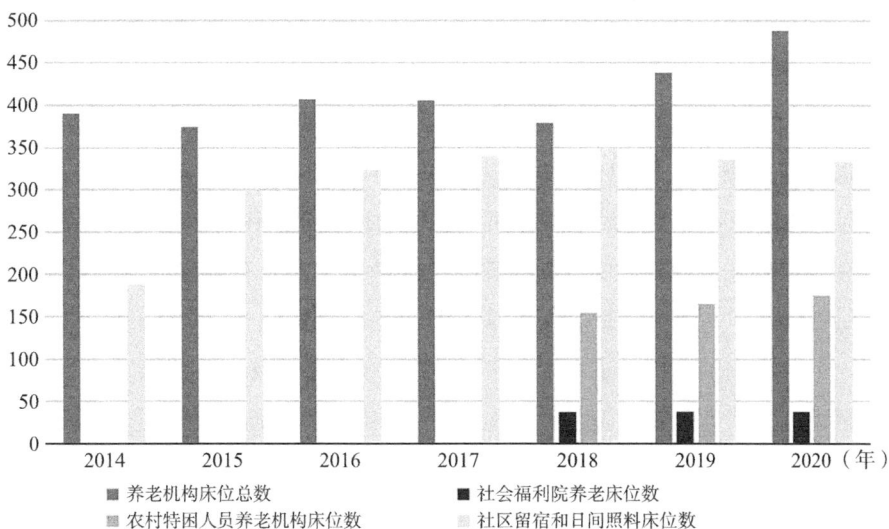

图1-6 中国养老床位分类数量（2014—2020年）（单位：万张）

资料来源：民政部、国家统计局；同花顺iFind数据库。

注：（1）社会福利院和农村特困人员养老机构都属于养老机构，床位数包含在养老机构床位总数中（2014—2017年期间的数据缺失），但社区留宿和日间照料床位是由社区养老机构和设施提供，不在养老机构床位总数中。（2）2019年农村特困人员养老床位数缺失，图中为拟合数。

1.3 当前中国社会养老服务体系存在的问题

当前中国社会养老服务体系已经初步建成，但还存在以下四个方面的突出问题：

（1）在服务供给上存在着供给能力不足、专业化较低、覆盖面不足等问题，社会力量动员还很不充分；

（2）在服务内容上存在类型有限、品种少、专业性低等问题，不能很好满足当前不同层次老年人日益增长的对便捷性、就近性、多样性和个性化定制养老服务的需求；

（3）在服务体系上存在机构养老、社区养老、居家养老三种模式相互独立、互为割裂、缺乏有机融合的问题；

（4）在服务方式上存在着供需匹配不够精准、投入效率低、社会资本引入少、财政负担重、可持续性差等隐忧。

1.3.1 社会养老服务供给能力有限，社会力量动员不足

我国社会养老服务的供给能力还存在不少短板和欠缺。2020年年底，全国养老床位数总共821万张，意味着每百名老年人拥有养老床位3.11张，而且其中还有40.5%是属于社区机构提供的社区留宿和日间照料床位。如果只算专业养老机构提供的可长期住宿的床位数，则只有488.2万张，这意味着每百名老年人拥有可长期住宿养老床位仅1.85张。

目前，我国社区养老照料机构和设施29万个，其中互助型养老设施占一半，社区养老服务床位不到333万张。相对我国目前60余万个社区（其中城市11.6万个，乡村49万个）和两亿多老人，无论养老机构设施的覆盖率还是养老床位的提供数，都是还有很大缺口。

专业养老服务人员的短缺更加严重。我国有长期护理需求的老人，基数巨大，增速惊人，目前失能或半失能老年人超过4600万人，这部分老人基本生活无法自理，需要全方位照料。按照国际公认的失能老人与护理员的3∶1配比标准来计算，我国需要养老护理员达1000多万人。但当前我国能为失能、半失能老人规范化提供护理照料服务的合格护理员非常紧缺。民政部有关负责人曾在媒体上表示，希望到2022年年底前，全国能确保培养培训1万名养老院院长、200万名养老护理员、10万名专兼职老年社会工作者。但即使达到这个目标，我国老年护理人员缺口仍然十分巨大。

更多短缺的是居家社区养老服务人员。居家社区养老服务人员大多没有专业资格证书，即使这样，仍然缺口很大。即使在上海，目前社区养老服务人员也就3万人左右，服务对象却是582万60岁以上老年人或405万65岁以上老人（2020年"七普"数据），比例不到1∶190。

一方面，我国社会养老服务供给能力十分不足；另一方面，社会力量对进入养老服务产业的意愿很强、积极性很高，但限于各种制度政策的约束，社会力量提供养老服务的供给能力受到很多约束，供应潜力还远没有发挥出来。

1.3.2 普惠性养老服务内容有限、多样性弱、专业性低

机构养老具有规模优势，专业性好，服务内容多，但收费高昂，普惠

性弱，又集中居住，隔离亲情，隐私性差，很难成为养老主流，覆盖面不会很高。同时，专业养老机构专业性强和服务内容多，是建立在服务人员多、场地空间大、设施配置高的基础上，投资要求巨大，也注定了其供给数量不会很大。

居家社区养老（社区养老+居家养老）被各方寄予厚望，各地政府也对此投入很大，已经基本成为一项普惠的公共服务，覆盖面正在不断扩大。但目前的居家社区养老服务内容仍然有限，品种偏少，难以满足中国老年人日益增长的多样化、多层次需求。

中国老年人是一个数量高达2.6亿多人的庞大群体，不同年龄段、不同身体基础的老年人在健康水平上存在很大的差异，导致对养老服务需求差别很大。活力老人往往很关心健身养生，爱好体育锻炼甚至旅游出行，同时也很需要精神层面的服务，包括文化教育、休闲娱乐、社会交往、心理咨询、精神慰藉等，有些老人还会考虑从事能实现自我价值的活动，也有些老人积极考虑家居环境的适老化改造，生活性需求和发展性需求兼有，对部分活力健康老人，对发展性需求会更多。半自理或不能自理老人就主要着眼满足生活照料、安全防护、医疗保健、康复护理等生存性需求，包括临终关怀。同时，随着市场经济下人们收入财富与消费意识的差别扩大，中国老年人对养老服务的品质需求和支付能力也出现很大分化。所以，养老服务其实是一个内涵很宽泛、内容很丰富的服务集。而且即使是同一种养老服务，在品质水准上都可能会异质性很强。

很多社区养老中心仅提供简单的身体检查和棋牌类的文娱活动，而对于康复理疗、精神慰藉等老年人最需要的服务并不能有效开展。老年食堂开展率很低，即使开设了，口味和菜品也不能让老人十分满意，开办过程中遭遇重重困难。然而当居家社区养老被当作一项公共服务的时候，按照公共服务均等化的要求，养老服务的提供也是需要标准化的，就很难考虑所在社区老人多样化、多层次的需求。

同时，居家社区养老服务专业性较弱。由于居家社区养老缺乏机构养老那样的专业性和规模经济性，服务水准和质量都受到较大约束。

目前，社区养老主要是居家式社区养老，而公寓式社区养老和医护型社区养老较少。居家社区式养老，一般只是社区提供老年人的活动场地，供给日托服务包括一些康复理疗服务，较少提供全托服务和过夜床位，所以主要还是面向具有自理能力的活力老人，对失能或半失能老人、高龄老人的意义不是太大。这部分老人要么需要全托式养老服务，要么需要上门居家服务。虽然目前很多地方鼓励发展社区嵌入型养老公寓或护理院，一些社区养老中心也在努力增加全托能力和扩大养老床位，但限于场地空间等原因，社区养老组织能提供的床位增长有限。

1.3.3 三种社会养老模式相互割裂、融合不足

机构养老、社区养老和居家养老共同组成了社会养老服务体系。但目前这三种服务的提供者分别属于不同的主体，相互协助较难，运作目标、方式、思维和理念上的差别也比较大，导致之间的隔离还比较多，妨碍了融合形成有效合力。

如机构养老的供给者中虽有民政、卫生健康、老龄委等政府部门，但越来越多以社会资本为主，政府对其掌握力、引导力在变弱。社区养老的供给者以街镇和社区组织为主，民政主管，但也有一些是社会力量，包括相对独立的社区组织。居家养老的供给者则更是来自多条线，民政、卫生健康、老龄委、残联、社区、单位等并不是总能与社区养老形成有机协助。

虽然多元服务主体之间有时也存在一些合作和联系，但总体上相互之间存在较强割裂，协同不足，导致有限的养老服务资源不能实现有效统筹整合，要么制约了供给能力的扩张，要么存在重复投入，造成了不少浪费。

1.3.4 普惠性养老服务供给效率较低、供需匹配性差、可持续性存在挑战

供给效率低、供需匹配性差、可持续性存在挑战这些问题，在机构养老上也存在，但主要体现在居家社区养老上（陈杰等，2022）。因为相对于机构养老而言，居家社区养老目前更多的比重是由政府以公共服务形式来提供，社会力量的动员和市场机制的运用都还很不充分。

首先，居家社区养老成本效率性较差。当居家社区养老基本由政府作为公共服务来提供的时候，获取上具有非排他性，意味着只要是该社区中的

老人，就有资格获得这份福利，哪怕实际上并不需要或不太需要日间照料的活力老人，也会去消耗，造成了不少资源浪费。究其根本原因，社区养老在获取上具有非排他性，使用上却具有竞争性，本质上是一种公共资源，这就产生公共地悲剧。

其次，居家社区养老成本效果性较低。按照公共服务均等化的要求，居家社区养老的提供是需要标准化的，就很难考虑所在社区老人的个性化需求，供给对需求难以实现精准匹配，服务效果不是很好。

最后，居家社区养老可持续性存在挑战。由于居家社区养老基本被视为公共服务，基本由政府无偿投入，缺乏资金回收机制，形成较大的财政负担压力。在一些地方包括大城市，社区养老服务中心已经面临难以持续的状态。

1.4 完善中国社会养老服务体系的发展思路

经过"十二五"和"十三五"的建设，我国已经初步建立了居家社区机构相协调、医养康养相结合的社会养老服务体系，但在养老服务覆盖面与品质等方面，与人们对美好老年生活的需求还有较大差距。展望"十四五"及2035年，我国的养老服务体系建设需要在更准确把握基本养老服务和非基本养老服务各自内涵与性质的基础上，更加明确政府和社会、家庭在不同类型养老服务中的责任与作用，从而形成促进两类养老服务互为补充、协同发展的新发展格局。

2021年6月，在民政部举行的《"十四五"民政事业发展规划》专题新闻发布会上，民政部养老服务司副司长李邦华指出，基本养老服务属于基本公共服务，是以政府为主导推行的养老服务。并指出，"十四五"期间，民政部将从三个方面推进基本养老服务：一是逐步建立养老服务分类发展、分类管理机制，形成基本养老服务与非基本养老服务互为补充、协同发展的新发展格局。二是完善兜底性养老服务。健全城乡特困老年人供养服务制度，有集中供养意愿的特困人员全部落实集中供养。深入实施特困供养服务设施（敬老院）改造提升工程，每个县（市、区）至少建有1所以失能、部分失能特困人员专业照护为主的县级供养服务设施（敬老院），基本形成县、乡、村三级农村养老服务兜底保障网络。三是发展普惠性养老服务。深化普惠性养老服务改革试点，通过政策工具的综合应用，充分发挥市场在养老服务资源配置中的决定性作用，推动养老服务提质增效，为广大老年人提供价格适中、方便可及、质量可靠的养老服务。①

2021年9月26日，民政部部长李纪恒在"全国基本养老服务体系建设推进"电视电话会议的讲话中指出②，要正确理解把握基本养老服务体系的内涵要求，明确"服务谁、服务什么、谁来服务"等关键问题。基本养老服务核心目的是从制度上保障全体老年人的基本生存发展权，保证全体老年人在享受基本养老服务上机会均等、规则公平；基本养老服务应当以满足失能照护需求为核心，以保障生活安全为底线并动态调整，避免老无所养、老无所依，防止出现冲击社会道德底线的现象；基本养老服务应突出政府供给保障的主体地位并发挥市场、社会、家庭和老年人自身作用，通过政府主导、家庭尽责、市场和社会参与的有机统一，让所有老年人都能享受到基本的养老服务保障。《中国社会报》2021年9月27日对这次会议的报道采用的标题是"探索建立覆盖全体、普惠均等、权责清晰、保障适度、可持续发展的基本养老服务体系"。③

2021年9月30日，民政部养老服务司副司长李邦华在接受中央电视台《朝闻天下》栏目的采访时指出："基本养老服务体系是实施积极应对人口老龄化国家战略的重要内容，是保障全体老年人基本养老服务需求的服务制度，是与养老保险等制度相互衔接、互为支持的老有所养的制度安排"。李邦华还介绍，基本养老服务要明确保障对象，既要面向全体老人，又要优先

---

① 民政部举行《"十四五"民政事业发展规划》专题新闻发布会，国务院新闻办网站，2021-06-18. http://www.scio.gov.cn/xwfbh/gbwxwfbh/xwfbh/mzb/Document/1707098/1707098.htm.

② 民政部召开全国基本养老服务体系建设推进电视电话会议，中国政府网，2021-09-27.http://www.gov.cn/xinwen/2021-09/27/content_5639531.htm.

③ 探索建立覆盖全体、普惠均等、权责清晰、保障适度、可持续发展的基本养老服务体系——全国基本养老服务体系建设推进电视电话会议交流材料摘编，民政部网站，2021-09-27. http://www.mca.gov.cn/article/xw/mtbd/202109/2021 0900036888.shtml.

保障经济困难、高龄、失能老年人等特殊困难老人，发挥公办养老机构主渠道作用，将政府购买服务与满足老年人基本养老服务需求相结合，满足养老服务刚需。基本养老服务要以生活安全、失能养护为主要内容，供给质量和水平应当根据经济社会发展水平和财政承受能力确定，并建立动态调整机制。目前民政部正在研究建立基本养老服务指导目录，进一步细化基本养老服务项目的覆盖人群、服务内容设施建设、功能布局、设备配置等标准要求。[①]

2021年11月20日，《经济日报》刊出的民政部养老服务司司长俞建良的访谈中，透露了民政部对基本养老服务体系的工作目标，"力争到2035年，全面建成覆盖全体老年人，权责清晰、保障适度、可持续的基本养老服务体系，中国特色养老服务体系成熟定型"。[②]

从以上政策表态来看，"十四五"及2035养老服务体系建设的重点任务包括：

（1）基本养老服务全覆盖，普惠性养老服务扩大覆盖面；

（2）实现基本养老服务全覆盖和普惠性养老服务覆盖面扩大的同时，实现社会养老服务体系的可持续发展。

---

① 央视关注：民政部全面启动基本养老服务体系建设，民政部网站，2021-09-30. http://www.mca.gov.cn/article/xw/mtbd/202109/20210900036991.shtml.

② 我国养老服务体系建设进展如何 未来有何发展方向[N]，《人民网》，2021-11-20. http://health.people.com.cn/n1/2021/1120/c14739-32287421.html.

第2章

"物业+养老"的
实施意义

2013年9月的国务院《关于加快发展养老服务业的若干意见》(国发〔2013〕35号)首次在中央政府文件中提出引入物业企业参与提供养老服务。2019年4月,国务院办公厅《关于推进养老服务发展的意见》(国办发〔2019〕5号)更是明确提出探索"物业服务＋养老服务"模式。2020年11月,住房和城乡建设部等六部门联合发出《关于推动物业服务企业发展居家社区养老服务的意见》(建房〔2020〕92号),为"物业＋养老"模式设定了基本内涵,也指出了行动路线。

由物业服务企业提供居家社区养老服务——"物业＋养老",具有多方面的重要现实价值,既有增进普惠性养老服务覆盖面扩大的社会价值,又有促进物业服务行业转型升级的经济价值和产业价值。多年来的探索已说明,这个模式有良好的实现基础。这是其能引起国家决策者重视、认可并进入政策制定进程的根本原因。

2.1 养老服务供需的分析框架

研究养老服务,要从供需两方面进行考虑。一方面要从需求侧考察老年人对养老服务有哪些需求、不同的养老服务需求各自有哪些特征和不同老年人群体对这些养老服务分别有什么样不同的迫切性;另一方面要从供给侧鉴定养老服务供给情况,包括界定清晰政府、社会和家庭各自的供给责任,尤其要确定哪些是必须由政府兜底提供的基本养老服务,哪些是可由市场为主、政府和社会共同参与提供的非基本养老服务。

1) 从需求侧考察老年人对养老服务的需求

从需求侧来看,老年人的养老服务需求很多,但基本上可以分为生活照料、应急救援、医疗保健、精神娱乐四大类。

（1）生活照料：生活护理（个人卫生护理、生活起居护理）、助餐、助浴、助洁、助洗、助行、助医、助急、代办（代购、代领、代缴、代送）等；

（2）应急救援：安全监护、意外报警、紧急救助、危机响应、法律援助等；

（3）医疗保健：养生保健、健康管理、康复辅助、护理照料、精神慰藉等；

（4）精神娱乐：社交活动、情感交流、社区课堂、娱乐休闲、旅游度假等。

以上这些养老服务需求的分类主要是从服务内容角度进行聚合归类。但如果参考马斯洛需求层次理论，养老服务需求又可以分为生存需求、安全需求、情感需求、尊重需求和自我实现需求五个层面的需求（图2-1）。

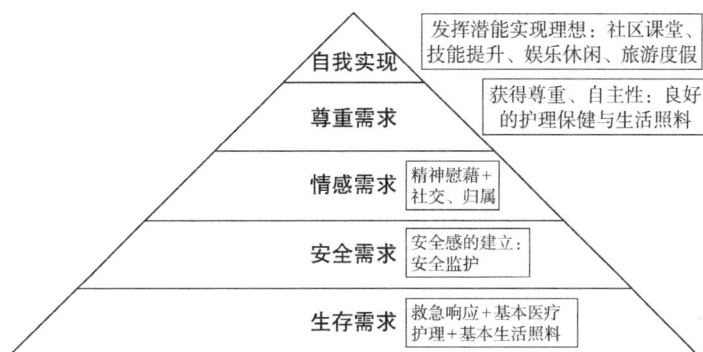

图2-1　马斯洛需求层次理论视角中的养老服务需求

养老服务需求又可从频率性、紧急性、技术性、自主性、成本敏感性五个维度去归纳老年人对这些服务的需求特征。养老服务需求的分类如表2-1所示。

养老服务需求的分类（基于需求特征维度）　　　　　　　　　表2-1

需求维度	频率性	紧急性	技术性	自主性	成本敏感性
高	生活照料	应急救援	医疗保健	精神娱乐	精神娱乐
中上	医疗保健	保健护理	应急救援	医疗保健	生活照料
中下	精神娱乐	生活照料	生活照料	生活照料	医疗保健
低	应急救援	精神娱乐	精神娱乐	应急救援	应急救援

其中，频率性、紧急性、技术性都是服务本身的自然特质，自主性是指老年人在选择及获得服务过程中是否具有自主权和主动性、选择余地是否充足，

成本敏感性则是表示老年人是否会因为服务供给价格较高而选择放弃服务。

当然，以上的分类只是对老年人群体一般性而言，如果针对不同年龄段、不同身体状况、不同支付能力、不同消费意识的老年人而言，则还有一定的差别。

比如，应急救援需求对于低龄活力老人发生频率较低，但对于高龄失能老人，发生频率就很高。同样，低龄活力老人意向选择的生活照料服务往往具有较高的自主性，但高龄失能老人则只能选择自主性较低的生活照料服务。

2）从供给侧考察老年人对养老服务的需求

从供给侧角度来说，老年人养老服务供给体系主要有六个维度的考量，包括可负担性、可及性、专业性、多样性、供需匹配性、可持续性。

（1）可负担性：养老服务的供给成本是否能为大多数老人所负担；

（2）可及性：养老服务供给是否方便可及，是否能快速响应需求尤其应急需求；

（3）专业性：养老服务供给是否达到较高的专业水准与品质；

（4）多样性：养老服务供给是否丰富多样，能否满足不同层次老年人个性化需求；

（5）供需匹配性：养老服务供给是否与老年人的需求相适配；

（6）可持续性：养老服务供给体系能否可持续发展。

需要注意的是，可负担性和可及性共同组成了普惠性。实现基本养老服务全覆盖和大力增加普惠性养老服务的覆盖面，同时又能保证这些养老服务供给的可持续性，是未来我国养老服务体系的主要目标。

民政部养老服务司负责人之前表示，我国正在力争到2035年全面建成覆盖全体、权责清晰、保障适度、可持续的基本养老服务体系。目前，民政部还正在研究建立基本养老服务的指导目录，还没有公布基本养老服务的提供内容和对象，但综合相关负责人在官方网站及媒体上的表态来看，基本养老服务的目标是保障全体老年人的基本生存发展权，会以满足失能照护需求为核心，以保障生活安全为底线，为此确保生活安全、失能养护等老年人的养老刚需将成为基本养老服务的主要内容。基本养老服务将优先保障经济困难、高龄、失能老年人等特殊困难老人，供给质量和水平根据经济社会发展水平和财政承受能力确定并建立动态调整机制，公办养老机构将发挥主渠道作用。作为一项基本公共服务，基本养老服务制度还需保证全体老年人在享受基本养老服务上机会均等、规则公平。

从落实基本养老服务的角度来看，之前提到的生活照料、应急援助、医疗保健、精神文化四大类养老服务需求中，前三类服务中的基本生活照料、基本救急响应、基本医疗护理都是属于关系基本生存的养老刚需服务，在老年人及其家庭无力自己提供的时候，就应该以政府为主来托底性提供。

但基本养老服务，除了公办养老机构要发挥主力军主渠道作用外，也需要市场主体和社会组织以各种形式积极参与提供，政府以购买服务形式为经济困难的老人进行买单。只有这样才能尽快扩大基本养老服务的覆盖面，早日实现让全体老人老有所养、老有所依的目标。

在基本养老服务之外，如价值实现类的养老服务、高品质的生活照料、高级别的安全监护与应急响应、高标准的医疗保健，则更需要以多元化的市场主体和社会组织为主来参与提供，这样才能丰富养老服务的多样性，满足不同层次老年人的个性化养老服务需求。

市场化养老机构和社会公益性养老组织参与基本养老服务的提供，可以为其提供基本流水，锻炼服务队伍，同时唤起老年人或其家属亲友对多样化养老服务的消费意识，为其市场化服务储蓄客源。市场化养老机构的壮大和社会公益性养老组织的丰富，也能促进基本养老服务在服务供给能力和服务品种品质上的提高。由此，两类养老服务可以形成互为补充、协同发展的发展格局（图2-2）。

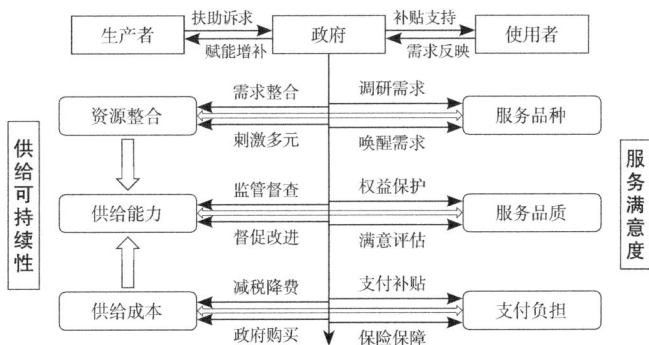

图2-2　养老服务体系中政府的作用示意

政府在养老服务供给中，不应过多成为服务的直接提供者，而应当放宽事前准入门槛，在服务供给形成过程更多发挥组织者、中介者和协调者的作用。政府可以帮助减少供需双方的信息不对称和促进供需精准匹配，调研需求、唤醒需求、整合需求、保障需求，多鼓励多元市场主体和社会组织来多提供多样化的养老服务。同时，加强事后监督管理，在服务供给完成后多担当监督者、评价收集者和督促改进者的角色（图2-2）。

健全社会养老服务支撑体系，需要有更多创新思路，强化资源整合，引入更多社会力量和运用更多市场准市场机制，推进共担互补，增进养老服务的社会性，实现社会养老服务的普惠性、多样性、供需匹配性和专业性的相对均衡，满足不同层次老人的个性化需求，并提高可持续性。

2.2 "物业+养老"的社会意义

无论是基本养老服务，还是非基本养老服务，居家养老和社区养老都是主要的提供方式。在相当长时间内，居家社区养老都会是构建养老服务体系的主阵地。

但目前我国的居家社区养老服务要么由政府（社区组织）来提供，要么由市场机构来提供。这两类提供方式都有各自局限性，在普惠性、专业性、多样性、供需匹配性、可持续性五个维度上兼顾困难，难以大规模、便捷普惠，又可持续性地提供较高质量、能满足老年人多样化、多层次的养老服务需求。

比如，政府（社区）提供的居家社区养老服务，近乎社会福利，可负担性和可及性都较好，但多样性、专业性和供需匹配性都较弱，可持续性也存在较严重挑战。专业机构以市场化方式提供的居家社区养老服务，多样性、专业性和供需匹配性都较好，可持续性也不存在大问题，但可负担性和可及性都存在问题。

各地政府为了让社区养老扩大覆盖面和提供更多服务内容，提高效果性、效率性、专业性，并能够可持续发展，做了很多模式和机制创新，比如嵌入式养老模式、互助型养老模式、网络化居家养老模式等。这些模式通过努力提高增加对服务对象的邻近性，不仅能提高服务响应性，也能提升对社区居民养老服务需求的精准识别和增加供需匹配的精准性，以减少资源的不必要浪费。然而，即便是上海等城市以很高的力度和深度推进的嵌入式社区养老，并实施了分级诊疗、养老顾问等精细化制度，养老服务实践都还仍然存在供需匹配尚不够精准、效果性差、成本效率低、多样性弱、财政压力大等问题。同时社区养老服务机构对居家养老的支持不足的问题仍然广泛存在，尤其在郊区。

简单来说，"物业+养老"之所以在较短时间内就从少数企业的基层经营创新上升为国家的战略设计，首先是其内在具有的可快速又低成本地扩大居家社区养老服务供给能力的巨大潜力。

如前所述，我国居家社区养老服务体系乃至整个社会养老服务体系，最大的短板是养老服务人员存在严重短缺，而且老龄化本身就意味着劳动力变得稀缺。如根据"七普"数据，2020年全国20～59岁劳动力人口8.19亿人，只相当于60岁及以上人口的3.1倍；还可以推算，中长期内，我国适龄劳动力与老年人的比例将快速下降，劳动力的稀缺性会越来越强，社会很难支付庞大劳动力队伍专职从事养老服务的机会成本。面对来势汹汹的老龄化潮，我国养老服务体系提高覆盖率的可行出路，除了加快技术升级如考虑机器人养老，就只能是在增加专业队伍之外动员大量兼职半兼职从业人员，"一岗多责""一人多能"。环视各个行业，物业服务行业丰厚的人力资源，并与居家社区养老服务具有"阵地协同、人员协同、业务协同"的天然优势，自然成为提升居家社区养老服务人员供给最为重要的挖潜对象。据中国物业管理协会发布的《物业管理行业发展指数报告2020》，2020年全国物业服务行业从业人员多达740万余人（不含外包服务人员）。另据《2019物业服务企业发展指数测评报告》，2018年我国物业管理行业从业人员已经达到983.7万人。不管哪个口径，其中只要有10%～15%的从业人员经过一定的技能培训，哪怕是兼职上岗，都能为养老服务供给短缺解燃眉之急。

进一步来说，"物业+养老"模式有助于提高居家社区养老服务的供给水平。在居家、社区和机构三层次的养老体系中，政府（社区）提供的居家社区养老服务近乎社会福利，可负担性和可及性都较好，但多样性、专业性和供需匹配性都较弱。专业机构以市场化方式提供的居家社区养老服务，多样性、专业性和供需匹配性都较好，但可负担性和可及性都存在问题。物业服务企业存在邻近性高、常驻社区和熟悉老人等方面的独特优势，如果能有效发展，方便可及、快速响应、精准对接需求的多样化上门居家养老服务和承办社区养老服务，可显著丰富居家社区养老服务的多样性和提高供需匹配精准性。

再进一步来说，"物业+养老"的开展，意味着在居家社区养老服务领域中引入更多社会力量和更加依靠市场和准市场机制，可提高供给的效率和可持续性。市场和准市场机制在居家社区养老服务领域的适当引入，可激发和培养居民对非基本养老服务的付费意识，避免养老服务资源被简单当作纯公共服务或福利，减少公共投入的浪费，提高供给效率，实现社会养老服务体系的可持续发展。

图2-3所示为居家社区养老的三种提供方式对比。

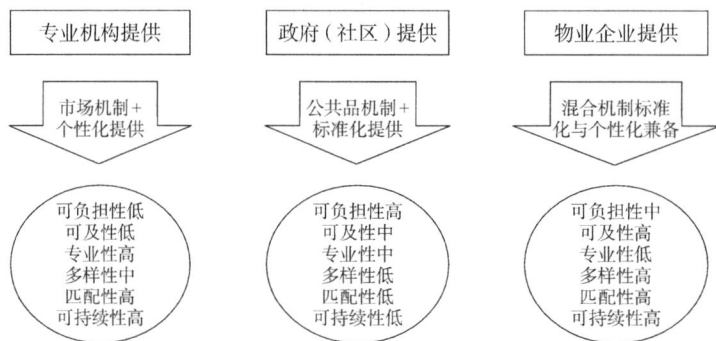

图2-3　居家社区养老的三种提供方式对比

从图2-3所示可以看到，由物业服务企业来提供居家社区养老服务，除了在专业性上稍弱之外，在可负担性、可及性、多样性、供需匹配性和可持续性上都会表现出较好的优势。如果得到政府的支持扶持，那么可负担性会得到改善，专业性也会得到提高。

需要强调，提供居家社区养老服务的物业企业，作为养老的新力量、新方式，不是对原有养老力量的替代，而是可以与现有力量相互支撑、共担互补（陈杰等，2022）。"物业+养老"也是要与现有的居家社区养老方式有机融合，形成融合型的居家社区养老服务新业态。

总结起来，"物业+养老"的开展，意味着不再由政府完全提供或主导性提供居家社区养老服务，在这个领域中引入更多社会力量和更加依靠市场机制，这对完善社会养老服务体系有以下两个重要作用：

（1）保证养老服务供给的有效增长。物业服务企业可协助政府扩大公益性、普惠性居家社区养老服务的覆盖面，增加相应供给能力和提高服务质量。尤其通过充分挖掘物业服务企业依托常驻社区、响应快等独特空间优势和有现成的大量在岗服务人员的资源优势，能够快速大规模增加居家社区养老服务的有效供给。

（2）增加养老服务供给的可持续性。市场化或准市场化供给机制在养老服务领域的适当引入，可激发和培养居民对非基本养老服务的付费意识，可避免居家社区养老服务被简单当作纯公共服务或福利，减少养老服务公共投入的浪费，提高供给效果和供需匹配精准性，实现社会养老服务体系的可持续发展。

2.3 "物业+养老"的经济意义

物业服务企业提供居家社区养老服务，在没有任何政府号召的情况下就已经出现，已经持续存在十多年，并日趋活跃和有逐步扩散的趋势，这说明"物业+养老"在运作上可行，相关企业有内驱动力，使用者对此认可，社会各界也对此给予积极评价，有其扎实可靠的实施基础。

最初试水"物业+养老"的物业服务企业，往往基于两个出发点：一是在工作中融入孝道文化，成为企业价值文化的一部分；二是提高业主满意度，提升企业包括母公司集团的品牌形象。所以这时期往往是免费提供。

但随着相关实践的积累，越来越多的物业服务企业看到了为小区居民提供养老服务不仅是提高服务品质、塑造企业品牌的手段，也是其优化资源配置、实现业务延伸、扩宽增值渠道、增加经济价值从而实现自身升级转型的重要契机。

长期以来，物业服务企业基本只承担保安、保洁、保养，业务内容单一，被认为创造的社会价值有限，社会评价总体不高，社会形象低。同时，物业服务企业的相关运营收入主要来自于物业费，并受限于物业费收入有限、调价困难，传统的物业服务收入增长乏力，企业发展存在很大的"瓶颈"。

越来越多的物业服务企业意识到，需要努力突破"管物"为主的定位，向全方位的"居民居住生活服务集成提供商"转型，勇于以这个目标开拓新的业务领域。居家社区养老服务是物业服务企业伸手可及的领域，也是物业服务企业"轻转型"即可够到的增长点。

相关机构估计，2030年我国养老产业规模可高达22万亿元，具有广阔前景。虽然物业服务企业在养老服务的提供中确实存在专业性不强的短板，但一系列外部环境的变化为物业服务企业提供居家社区养老服务提供了机遇。

一方面，信息技术和人工智能的快速发展为养老服务供需精准对接提供帮助。通过网络智能设备，老年群体可以较为便捷地发布个性化服务需求。而物业服务企业亦可基于相关智慧平台找到最能发挥自己优势的养老业务领域，扬长避短，有选择性地提供菜单式养老服务。

另一方面，物业服务行业自身的不断壮大，也让物业服务企业开展居家社区养老服务成为可能。我国物业服务行业经过40年的发展，日趋成熟。据中国物业管理协会发布的《物业管理行业发展指数报告2020》披露，2020年年底，全国物业服务企业共有23.4万家，管理面积超过330亿平方米，行业产值（营业收入）超过1.25万亿元，行业从业人员约740余万人（不含外包），物业服务企业的面积营业收入为35.7元/平方米，管理面积4463.7平方米/人，年营业收入15.9万元/人。另据估计，全国城镇住宅小区的物业服务覆盖率已超过50%，在大城市超过60%。740万的物业服务人员，训练有素，具有良好服务意识，在这个庞大的服务人员队伍中，只要其中有一部分可专职或兼职参与到养老服务大军中，就能大大缓解我国养老服务人员严重不足的局面。

《2021物业服务企业综合实力测评报告》显示，物业服务企业综合实力500强的前列基本为头部房企的物业板块，涉足住宅的企业占95%。头部房企大多早已布局养老、医疗与健康业务。"物业+养老"的模式既是对房企旗下资源的协调利用，也有利于地产品牌增值。房企旗下不同板块开展业务合作，有利于地产品牌的增值与溢价，同时也有助于地产运营从重资产向轻资产转型。

物业服务行业的行业集中度也在加强。根据《2021物业服务企业综合实力研究报告》，2020年全国百强物业服务企业在行业中管理面积的市场份额提升至30.76%，较上年增加1.61个百分点，百强企业在行业中营业收入的市场占有率达23.52%，较上年增长2.96个百分点，显示行业集中度持续增加。截至2021年6月30日，物业服务行业已有上市公司47家（A股4家，港股43家），总市值接近1.1万亿港币。其中，TOP5总市值超6500亿港币，占比约60%，TOP10总市值超8500亿港币，占比约78%，行业头部效应明显。有4家物业服务上市公司的2020年度营收超过100亿元，最高的碧桂园服务达到156亿元。行业集中度的加强，大型企业的涌现，有助于物业服务企业开展居家社区养老服务。

值得注意的是，2020年下半年以来，中央多部委发布重要政策，支持物业管理行业向养老、家政、房屋经纪、社区团购等多领域延伸发展。如2020年12月，住房和城乡建设部等十部门发布的《关于加强和改进住宅物业管理工作的通知》(建房规〔2020〕10号)，鼓励有条件的物业服务企业向养老、托幼、家政、文化、健康、房屋经纪、快递收发等领域延伸，探索"物业服务+生活服务"模式，满足居民多样化、多层次居住生活需求。这个政策大趋势背后反映的是，物业服务呈现高覆盖、平台化的特征，与养老服务等很多生活服务都有高度可交叉性。

物业服务企业以服务起家，从业人员服务意识强，开展生活服务具有天然优势。借助数字化转型，与专业机构展开联合，物业服务企业完全有能力、有条件开展方便可及又可负担的个性化居家社区养老服务，从而促进养老事业和养老产业协同发展。

第3章

"物业+养老"的
演变历程

物业服务企业开展居家社区养老服务（以下简称"物业+养老"）并非是近几年才有的新事物，其实践案例和理论探讨从2007年就开始在业内涌现，2010年起逐步引起社会和政府的关注，并进入国家决策层的议程讨论。2019年4月，国务院办公厅《关于推进养老服务发展的意见》（国办发〔2019〕5号），让"物业+养老"进入议程规划。2020年11月，住房和城乡建设部等六部门联合发布《关于推动物业服务企业发展居家社区养老服务的意见》（建房〔2020〕92号），"物业+养老"的政策制定由此正式开启。2021年2月起，住房和城乡建设部开始在全国范围内组织实施"物业+养老"的政策方案试点。

"物业+养老"演变历程简要时间线如图3-1所示。

3.1 业界创新

实践层面，根据媒体报道，早在2007年10月，河北物业服务企业卓达公司就在石家庄卓达太阳城小区实施"全龄化社区养老"的"新型养老服务模式"。卓达公司在卓达太阳城小区的探索实践通过大众媒体的报道，逐步引起业界及社会各方的注意。

3.2 公众议程

行业期刊中出现最早有关"物业+养老"案例却是关于成都天天新物业管理公司的实践探索。发表于2008年2月的《现代物业》，作者来自湖南农业大学；2008年2月的《中共杭州市党校学报》和2009年第7期的《城市开发》，作者来自四川省社会科学院，文章中都介绍了成都天天新物业管理公

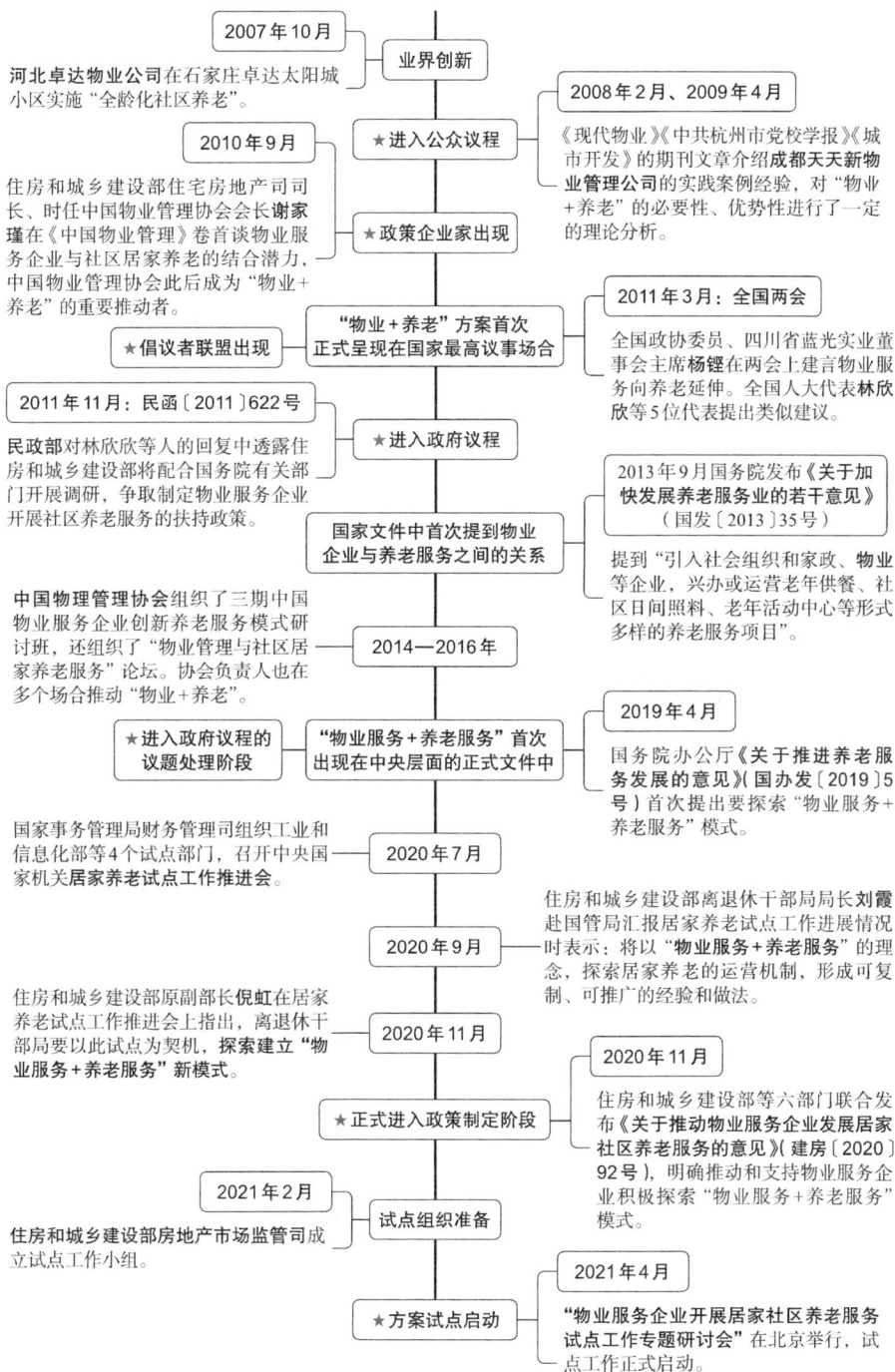

| | 2007 年 10 月 | 业界创新 |

河北卓达物业公司在石家庄卓达太阳城小区实施"全龄化社区养老"。

2007 年 10 月 ── 业界创新

2008 年 2 月、2009 年 4 月
《现代物业》《中共杭州市党校学报》《城市开发》的期刊文章介绍成都天天新物业管理公司的实践案例经验，对"物业+养老"的必要性、优势性进行了一定的理论分析。

★ 进入公众议程

2010 年 9 月

住房和城乡建设部住宅房地产司司长、时任中国物业管理协会会长谢家瑾在《中国物业管理》卷首谈物业服务企业与社区居家养老的结合潜力，中国物业管理协会此后成为"物业+养老"的重要推动者。

★ 政策企业家出现

"物业+养老"方案首次正式呈现在国家最高议事场合

★ 倡议者联盟出现

2011 年 3 月：全国两会
全国政协委员、四川省蓝光实业董事会主席杨铿在两会上建言物业服务向养老延伸。全国人大代表林欣欣等 5 位代表提出类似建议。

2011 年 11 月：民函〔2011〕622 号

民政部对林欣欣等人的回复中透露住房和城乡建设部将配合国务院有关部门开展调研，争取制定物业服务企业开展社区养老服务的扶持政策。

★ 进入政府议程

国家文件中首次提到物业企业与养老服务之间的关系

2013 年 9 月国务院发布《关于加快发展养老服务业的若干意见》（国发〔2013〕35 号）
提到"引入社会组织和家政、物业等企业，兴办或运营老年供餐、社区日间照料、老年活动中心等形式多样的养老服务项目"。

中国物理管理协会组织了三期中国物业服务企业创新养老服务模式研讨班，还组织了"物业管理与社区居家养老服务"论坛。协会负责人也在多个场合推动"物业+养老"。

2014—2016 年

★ 进入政府议程的议题处理阶段

"物业服务+养老服务"首次出现在中央层面的正式文件中

2019 年 4 月
国务院办公厅《关于推进养老服务发展的意见》（国办发〔2019〕5 号）首次提出要探索"物业服务+养老服务"模式。

国家事务管理局财务管理司组织工业和信息化部等 4 个试点部门，召开中央国家机关居家养老试点工作推进会。

2020 年 7 月

住房和城乡建设部离退休干部局局长刘霞赴国管局汇报居家养老试点工作进展情况时表示：将以"物业服务+养老服务"的理念，探索居家养老的运营机制，形成可复制、可推广的经验和做法。

2020 年 9 月

住房和城乡建设部原副部长倪虹在居家养老试点工作推进会上指出，离退休干部局要以此试点为契机，探索建立"物业服务+养老服务"新模式。

2020 年 11 月

★ 正式进入政策制定阶段

2020 年 11 月
住房和城乡建设部等六部门联合发布《关于推动物业服务企业发展居家社区养老服务的意见》（建房〔2020〕92 号），明确推动和支持物业服务企业积极探索"物业服务+养老服务"模式。

2021 年 2 月

住房和城乡建设部房地产市场监管司成立试点工作小组。

★ 试点组织准备

2021 年 4 月
"物业服务企业开展居家社区养老服务试点工作专题研讨会"在北京举行，试点工作正式启动。

★ 方案试点启动

图 3-1 "物业+养老"演变历程简要时间线

司把为老人尤其是为空巢老人提供免费养老服务纳入到物业管理日常工作中的实践案例经验，这些文章都对这个模式的必要性和优势性进行了一定的理论分析。"物业+养老"由此进入公众议程。

2010年9月的《中国物业管理》，住房和城乡建设部住宅房地产司原司长、时任中国物业管理协会会长谢家瑾在该期卷首言撰文推介了河北石家庄卓达太阳城项目作为物业服务企业与社区居家养老结合的范例。中国物业管理协会（以下简称"中物协"）此后成为"物业+养老"的重要推动者。

3.3 政府议程

2011年3月，全国政协委员、四川蓝光地产集团董事会主席杨铿在两会上建言，物业服务向养老延伸；全国人大代表林欣欣等5位代表更联名提出第4485号建议，应鼓励物业服务企业在小区内开办养老院。将这个方案首先正式呈现在国家最高议事场合。此外黑龙江等一些省份的政协委员也在省级议事场合中提出类似提案。

2011年11月，民政部通过民函〔2011〕622号文对林欣欣等人大代表提出的第4485号建议给予回复，肯定这一建议，同时透露住房和城乡建设部将配合国务院有关部门开展调研，争取制定物业服务企业开展社区养老服务的扶持政策。这个回复说明"物业+养老"已正式进入政府议程，但还处于议题采纳阶段。

自2011年开始，一些头部房企的物业子公司如保利物业公司在广州、绿城物业公司在杭州、长城物业公司在深圳等地开展了更多的物业养老探索，一些地方政府也开始对物业服务企业开展居家社区养老服务给予了一定的政策支持与引导。

2013年9月13日，国务院《关于加快发展养老服务业的若干意见》（国发〔2013〕35号）（以下简称《意见》），要求加快发展养老服务业，不断满足老年人持续增长的养老服务需求，并提到"引入社会组织和家政、物业等企业，兴办或运营老年供餐、社区日间照料、老年活动中心等形式多样的养老服务项目"。这是国家文件中首次提到物业企业与养老服务之间的关系。

《意见》同时还要求，"凡新建城区和新建居住（小）区，要按标准要求配套建设养老服务设施，并与住宅同步规划、同步建设、同步验收、同步交付使用"。这不仅为"物业+养老"创造了成为正式政策议题的机会，还提供了物质准备。

中国物业管理协会在2014—2016年组织了三期中国物业服务企业创新养老服务模式研讨班，还于2015年在广州组织了"物业管理与社区居家养老服务"论坛。协会负责人也在多个场合推动"物业+养老"。

经检索，仅《中国物业管理》就在2010—2019年之间发表了近四十篇关于物业服务企业提供养老的案例介绍或理论探讨，相关案例的企业包括卓达物业公司、保利物业公司、绿城物业公司、长城物业公司、金融街物业公司、亿达物业公司、北京达尔文物业公司、悦华置地物业公司、重庆海宇物业公司、成都成飞物业公司、淮安苏淮物业公司等。此外，《城市开发》《现代物业》《住宅与房地产》等行业期刊上也有大量案例介绍和理论探讨。撰文作者除了有来自高校与科研机构的研究者，也有很多是行业亲身实践者。此外，"物业+养老"的话题逐步也在民政部和中国老龄工作委员会办公室系统受到关注。如《中国民政》2016年第3期报道了河南省安阳市在当地老龄委协调下开展"物业+养老"的进展。

物业服务企业与行业协会、专家学者、地方政府、中央相关部委的研究机构，共同构成了推动"物业+养老"进入国家政策议程的"倡议者联盟"。一批与业界关系密切、又连通政府决策层的"政策企业家们"在其中发挥了关键作用。同时借助老龄化加速、人人老有所养的财政压力日益加大的政策机会窗口，不仅让"物业+养老"概念引起了国家决策者的关注与认可，还在政府议程中逐步晋级。

2019年4月，国务院办公厅《关于推进养老服务发展的意见》（国办发〔2019〕5号）提出推动居家、社区和机构养老融合发展，并明确提出，探索"物业服务+养老服务"模式，支持物业服务企业开展老年供餐、定期巡访等形式多样的养老服务。这标志着，"物业服务+养老服务"进入到政府议程的议题处理阶段。

2019年4月，《关于推进养老服务发展的意见》（国办发〔2019〕5号）发

布后，不少城市的政府积极行动起来，推动"物业 + 养老"的落地。见附录1
《各物业公司开展居家社区养老服务案例》。

3.4 政策制定

2020年11月，住房和城乡建设部等六部门联合发出《关于推动物业服务企业发展居家社区养老服务的意见》（建房〔2020〕92号）（以下简称《意见》），标志着"物业 + 养老"从政策议程进入政策制定阶段。这一阶段需要进一步明确政策目标和进行政策规划。

《意见》要求，充分发挥物业服务企业常驻社区、贴近居民、响应快速等优势，推动和支持物业服务企业积极探索"物业服务 + 养老服务"模式，切实增加居家社区养老服务有效供给，更好满足广大老年人日益多样化、多层次的养老服务需求，着力破解高龄、空巢、独居、失能老年人生活照料和长期照护难题，促进家庭幸福、邻里和睦、社区和谐。

《意见》为"物业服务 + 养老服务"模式设定了基本内涵，也指出行动路线。该文件指出，物业服务企业可通过内设居家社区养老服务部门，专门提供助餐、助浴、助洁、助急、助行、助医、照料看护等定制养老服务，也可以根据自身条件，结合养老需求，成立独立的居家社区养老服务机构，实现居家社区养老服务规模化、品牌化、连锁化经营。如果取得居家社区养老服务机构营业执照，应被允许跨区域经营居家社区养老服务。文件要求，新建居住小区应配套建设居家社区养老服务设施，在老年人较多的若干相邻小区，集中建设老年服务中心，可交由物业服务企业为老年人提供全托、日托、上门、餐饮、文体、健身等方面的服务，提高养老设施使用效率。文件鼓励物业服务企业开办社区医务室、护理站等医疗机构，通过招聘和培训建立养老服务专业人员队伍，为老年人提供基本医护服务。文件还鼓励物业服务企业对接智慧城市和智慧社区数据系统，积极推进智慧居家社区养老服务。

在2020年11月《意见》发布之后，各地政府部门推动"物业 + 养老"的行动力度加大。比如，2020年12月颁布的《上海市养老服务条例》的第八十条提出，"鼓励物业服务企业探索开展物业服务和养老服务相结合的居家社区养老服务"。在北京市，开展"物业服务+养老服务"试点被写入2021年市政府工作重点任务清单。目前，省级层面行动比较积极的有山东省、陕西省、新疆维吾尔自治区和河北省等。具体详见本书附录6《各地政府自行推动"物业服务+养老服务"的进展案例》。

值得注意的是，2019年6月，《国务院办公厅关于促进家政服务业提质扩容的意见》（国办发〔2019〕30号）提出，"推动家政服务业与养老、育幼、物业、快递等服务业融合发展"。2020年12月25日，住房和城乡建设部等十部门还发布《关于加强和改进住宅物业管理工作的通知》（建房规〔2020〕10号），鼓励有条件的物业服务企业向养老、托幼、家政、文化、健康、房屋经纪、快递收发等领域延伸，探索"物业服务+生活服务"模式。这意味着，对"物业+养老"模式的探讨需在一个更大的政策创新视野下来看待。

2021年10月，国家发展改革委等十部委联合印发《深化促进家政服务业提质扩容"领跑者"行动三年实施方案（2021—2023年）》（发改社会〔2021〕1505号），要求加大政策支持力度，推动酒店业、物业、养老业、互联网业、制造业、房地产业等企业进入家政领域，推动家政服务业与养老、育幼、物业、快递等服务业融合发展。这些政策布局，势将有力加快推动物业、养老、家政服务业等各种居住生活服务业出现融合发展的新格局。

2021年11月，《中共中央 国务院关于加强新时代老龄工作的意见》发布，该文件明确提出，充分发挥社区党组织作用，探索"社区+物业+养老服务"模式，增加居家社区养老服务有效供给。

3.5 试点启动契机

2020年6月，国家机关事务管理局（以下简称"国管局"）财务管理司组织召开中央国家机关养老服务站经费使用管理试点工作座谈会，国家发展改革委、住房和城乡建设部、交通运输部等8个单位离退休干部管理部门的有关同志参加了会议。①

2020年7月，为贯彻落实全国离退休干部"双先"表彰大会和老干部局长会议精神，推动"四就近"社区养老服务平台建设，国管局财务管理司组织工业和信息化部等4个试点部门，召开了中央国家机关养老服务站运行经费使用管理试点工作推进会，王德司长出席会议并讲话。会议指出，建设社区养老服务平台（站）是新时代离退休干部工作的重要内容，是建设居家、社区养老服务体系的重要举措，养老服务站运行经费是保障养老服务站正常运营的重要物质基础。目前，中央国家机关有关部门依托活动站建立了7所养老服务驿站，在建设和运营管理方面积累了一定的经验，具备了开展养老服务站运行经费管理试点工作的良好基础。会议强调，试点部门应充分发挥专项经费的引导作用，依托养老服务站为重疾、失能、高龄、孤寡、残疾5类特殊困难人员提供助餐、助浴、助洁、助急、助医等11项养老服务。要通过试点，进一步摸清老干部的养老服务需求，梳理养老服务项目清单，制定经费使用管理办法和支出标准，总结出一套切实可行的工作机制，为今后在中央国家机关各部门推广实施打下坚实基础。工业和信息化部、交通运输部、住房和城乡建设部、航天科技集团4个试点部门离退休干部局负责同志表示，设立养老服务站运行经费，为各部门开展养老服务工作提供了政策指引和资金支持，能够真正帮助老干部解决实际困难，切实提高他们的生活质量和健康水平，是一个"雪中送炭"的暖心项目。下一步，将按照试点工作要求，制定完善工作方案并尽快开展服务。②

2020年9月上旬，为更好推进中央国家机关养老服务站运行经费使用管理试点工作，住房和城乡建设部离退休干部局局长刘霞一行赴国家机关事务管理局财务管理司汇报居家养老试点工作进展情况。该财务管理司司长王德

---

① 离退休干部局参加中央国家机关养老服务站经费使用管理试点工作座谈会，交通运输部网站，2020-06-23. https://zizhan.mot.gov.cn/sj2019/lituixgbj/gongzuodt_lxj/202006/t20200623_3330929.html.

② 国家机关事务管理局财务管理司组织召开中央国家机关养老服务站运行经费使用管理试点工作推进会，桑榆金辉公众号，2020-07-27. https://mp.weixin.qq.com/s/3xMyFUB9WbDh80wQQ6aeYA.

听取汇报。会上，刘霞局长重点汇报了居家养老试点的实施方案、准备工作以及具体措施，包括广泛征求老同志意见，扎实做好老同志需求调查；明确了试点对象，并给予了相应的资金支持；择优确定了服务商和第三方服务机构，初步建立了运营管理监督机制。在试点中，拟建立及时有效的需求对接机制、可持续的资金支持机制、完善的运营监管机制等五项机制，并以此次试点为契机，以"物业服务＋养老服务"的理念，探索建立适合中央国家机关老同志居家养老的运营机制，形成可复制、可推广的经验和做法。王德司长充分肯定了住房和城乡建设部离退休干部局居家养老试点工作，并指出开展养老服务站运行经费使用管理试点工作是贯彻落实全国离退休干部"双先"表彰大会和老干部局长会议精神、建设"四就近"社区服务平台的重要创新举措。[①]

2020年11月，国家机关事务管理局财务管理司司长王德带队到住房和城乡建设部调研推进居家养老试点工作。住房和城乡建设部原副部长倪虹出席座谈会并讲话，离退休干部局局长刘霞等参加。在会上，刘霞局长介绍了试点工作采取的主要措施、取得的阶段性成果和面临的主要困难，并对下一步试点工作提出了基本思路和相关措施。住房和城乡建设部房地产市场监管司物业处处长陈勇着重介绍了物业企业发展居家养老服务的具体背景及优势。他谈道，物业企业发展居家养老服务，可以充分发挥物业服务企业扎根社区、熟悉社区的特点，促进物业服务企业与养老机构优势互补，实现一体融合发展，有效满足广大老年人日益多样化、多层次的养老需求。住房和城乡建设部原副部长倪虹指出，物业服务企业发展居家养老服务是贯彻习近平总书记关于构建新发展格局的重要指示精神的重要举措，是扩内需转方式的有效路径，通过政府的引导和推动，发挥市场在资源配置中的决定作用，推动房地产开发企业等市场主体转型升级并成为经济发展新的增长点和支撑点，也是弘扬中国孝道文化的重要体现，发扬尊老、敬老、爱老的传统美

---

① 住房和城乡建设部离退休干部局赴国家机关事务管理局财务管理司汇报居家养老试点工作，筑梦金晖公众号，2020-09-11. https：//mp.weixin.qq.com/s/YK788MqT83wd7HhN4IHdeA.

德，让老年人安享晚年、共享经济社会发展成果。这次试点为推动物业服务与养老服务深度融合提供了很好的机会，离退休干部局要以此为契机，探索建立"物业服务+养老服务"新模式，充分发挥万科物业品牌化、规模化、连锁化优势，提升服务的规范化、标准化水平，丰富中央国家机关居家养老的模式。要从部机关离退休老同志开始，开展深入且广泛的需求调查，摸清需求，精准对接，提升服务的针对性、有效性，不断满足老同志的个性化、多样化居家养老需求，实现老同志"老有所养"的目标。

2021年9月，国家机关事务管理局财务管理司司长王朝旭一行到住房和城乡建设部调研"物业服务+养老服务"工作并召开座谈会。住房和城乡建设部原副部长倪虹会见调研组一行，离退休干部局局长刘霞等参加调研座谈。[①] 住房和城乡建设部原副部长倪虹在会见中谈到，积极推进"物业服务+养老服务"是贯彻实施积极应对人口老龄化国家战略的具体举措，也是弘扬"老吾老以及人之老"中华传统美德的具体体现，更是落实国家机关事务管理局关于居家养老服务工作有关要求的实际行动。倪虹指出，住房和城乡建设部部党组历来高度重视离退休干部工作，国家机关事务管理局居家养老试点工作开展以来，王蒙徽部长多次作出指示批示，住房和城乡建设部组织离退休干部局及万科集团负责人先后召开三次专题会议，协调推进居家养老工作，积极探索"物业服务+养老服务"新模式。在国家机关事务管理局的具体指导下，住房和城乡建设部离退休干部局认真落实，扎实推进，居家养老工作取得了积极成效，受到广大老同志的充分肯定和高度认可。座谈会上，离退休干部局局长刘霞重点介绍了推进"物业服务+养老服务"采取的主要措施、取得的阶段性成果和面临的主要困难，并简要汇报了探索开展居家适老化改造和制定为老年服务"'五年规划'两项重点工作"的总体思路和工作进展。她谈道，离退休干部局积极落实住房和城乡建设部等六部门联合下发的《关于推动物业企业发展居家社区养老服务的意见》，会同万科物业积极推进"物业服务+养老服务"，累计服务老同志26000多人次，共有

---

① 倪虹副部长会见国家机关事务管理局财务管理司调研组一行，筑梦金晖公众号，2021-09-28. https://mp.weixin.qq.com/s/hZ92jIOpHADvI1j6T5EegQ.

300多位老同志参与服务项目。目前，此项目已列入住房和城乡建设部试点以及北京市试点。国家机关事务管理局财务管理司司长王朝旭对住房和城乡建设部"物业服务＋养老服务"工作表示充分肯定，对居家适老化改造、制定五年规划等务实举措予以高度赞扬，对住房和城乡建设部下一步做好"物业服务＋养老服务"工作提出建议。他谈道，希望住房和城乡建设部离退休干部局坚持率先垂范，发挥行业优势，趟出路子、多出经验、做成样板，确保"物业服务＋养老服务"工作早日开花结果；充分发挥万科物业专业化管理的优势，实现养老服务的标准化、管理的规范化，确保居家养老服务的品质；进一步加强工作研究，探索建立完善的运营机制，确保"物业服务＋养老服务"行稳致远，总结形成中央国家机关居家养老服务可复制、可推广的模式。①

---

① 国家机关事务管理局财务管理司到我部调研"物业服务＋养老服务"工作，住房和城乡建设部网站，2021-11-15. http：//www.mohurd.gov.cn/xinwen/jsyw/202111/20211115_762952.html.

第4章

"物业+养老"试点的
开展及经验总结

　　住房和城乡建设部在2021年年初发起的"物业服务＋养老服务"试点工作，是在部领导直接关心督促下开展，由房地产市场监管司负责落实，各地住房和城乡建设系统物业管理部门给予配合，中国物业管理协会承担其中的组织实施和协调工作，来自多个高校研究机构的科研人员参与其中。

　　按照试点工作方案，各个项目积极进行"物业服务＋养老服务"的创新探索，从需求调研、服务开展、场地落实、组织设立、政府合作、资源整合等多方面做了丰富的工作，取得了感知需求、落地业务、熟悉流程、建立规范、增长经验、磨合组织、锻炼队伍、发现问题和获得问题解决思路等多方面的成效。

4.1　试点开展过程

　　2021年1月，住房和城乡建设部原副部长倪虹主持召开"物业服务＋养老服务"试点工作推进会，强调要开拓思路、大胆创新，推进物业服务与居家养老服务的深度融合，形成可复制、可推广的成熟经验。住房和城乡建设部离退休干部局局长刘霞、中国物业管理协会副会长兼秘书长、北京万科物业服务高管及物业部门负责人等参加了这次会议。[①]

　　2021年2月初，住房和城乡建设部房地产市场监管司（以下简称"住房和城乡建设部房地产司"）委托中国物业管理协会酝酿征集部分物业服务企业进行"物业＋养老"的方案试点申报，同时选定研究机构跟踪评估试点的实施进展情况并提出优化建议。

---

① 倪虹副部长主持召开"物业服务＋养老服务"试点工作推进会.贵州省物业管理协会网站，2021-02-05. http：//www.gzpmi.com/News_View.aspx?id=282&channelID=4.

2021年2月，中国物业管理协会（以下简称"中物协"）发布《关于组织物业服务企业开展居家社区养老服务试点工作的通知》（中物协函〔2021〕10号）。该通知定向对部分物业服务企业发出，非公开征集，通知上的申报征集时间为2021年2月28日，要求企业在申报的同时附上试点工作实施方案。2021年2月的这次征集，共收到15家企业（涉及24个项目）的申报表及试点的初步实施方案。

2021年3月底，经住房和城乡建设部试点工作小组选定，最初确定了8家企业的12个项目进入首期试点，后经调整，最终确定了来自7家企业分布在7个城市的7个项目入选首期试点。

2021年4月，在北京举行"物业服务企业开展居家社区养老服务试点工作专题研讨会"，住房和城乡建设部房地产司物业管理部门负责人出席。试点项目所在城市的住建系统业务负责人参会。首期7家试点入选企业远洋亿家物业（北京）、绿城椿龄科技（杭州）、保利物业（广州）、长城深圳共享之家、南京银城、郑州圆方等也都派项目负责人出席会议。这次会议相当于政策试点工作正式启动。

2021年5月，在深圳进行了"物业服务企业开展居家社区养老服务试点方案论证会"，住房和城乡建设部房地产司领导出席会议并讲话，要求加快试点工作进度。此次试点方案论证会，首期试点项目所在的7个城市的住建系统物业管理部门和7个项目的企业方都派代表出席，代表试点工作的进一步开展。

2021年10月11日下午，由中国物业管理协会主办，上海交通大学住房与城乡建设研究中心承办，上海德律风置业有限公司协办的课题中期研讨会于上海市成功举行。课题组负责人在研讨会上以《"物业+养老"试点的进展评估、实施难点与对策建议》为题进行了主题报告，报告从政策演变历程、战略意义、试点进展、难点分析和对策建议五个方面展开。会上，中国物业管理协会副秘书长刘寅坤、上海市物业管理事务中心原主任马浩元、上海市物业管理行业协会副会长兼秘书长潘国强、资深物业管理研究专家张年、上海德律风置业党委书记兼总经理陈敏、上海天宝养老院院长陈燕进行发言。① 各个试点的项目方负责人或派代表与各地对接研究团队在线上共同参加了这次研讨会。

4.1.1 试点项目的基本情况

本次8家试点项目来自8个企业，坐落于北京（2个项目）、广州、深圳、杭州、南京、重庆、郑州7个城市，6个在东部沿海发达城市，中部和西部各1个。试点项目的基本概况如表4-1所示（简称"八个项目"）。

首期"物业+养老"试点项目的基本概况　　　　　　表4-1

试点单位	试点项目	城市	项目规模/平方米	住户数/户	居民人数/人	60岁以上居民人数/人
北京某项目	××××	北京市	316000	3700	11100	3400
远洋亿家物业服务股份有限公司	远洋天地	北京市	688000	3339	10000+	991
保利物业服务股份有限公司	花香美苑	广州市	400000	2498	7000+	1000
长城物业集团股份有限公司	福田区长城百花片区	深圳市	439000	4036	14962	2535
绿城服务集团有限公司	西溪诚园	杭州市	830000	3299	9443	871
南京银城物业服务有限公司	五台花园	南京市	107000	803	1896	951
深圳市之平物业发展有限公司	鲁能星城六街区、八街区	重庆市	509800	3406	10775	1082
郑州圆方物业管理有限公司	代书胡同社区	郑州市	300000	4000+	20000+	4200+

从试点单位的特征看，承担试点的8家物业服务企业都是国内物业行业的领军企业（6家进入前20强，3家进入前5强）或地域性领导者（之平物业进入前百强、圆方物业进入前200强），都具有大规模物业管理能力和长期的物业管理经验。并有5家为大型全国性或区域性地产集团旗下的物业子公司，其中保利物业、绿城服务、远洋服务、银城生活等都已经独立上市（中

---

① 物业服务企业开展居家社区养老服务试点课题中期研讨会成功举行.中国物业管理协会网站，2021-10-14. http://www.ecpmi.org.cn/NewsInfo.aspx?NewsID=12801.

国香港H股）。

从试点项目的楼盘特征看（表4-2），北京远洋天地、杭州西溪诚园和南京五台花园小区都位于所在城市的主城区甚至中心城区核心区域，都是2000年之后交付的中高端住宅小区，房屋价格较高，为所在城市高端社区。深圳长城社区虽然是1987年交房的小区，房龄较老，但因为学区资源优势突出，仍然持续保持房价的高价位和居住人口的较高流动性。广州花香美苑位于城市新区，2013年交付，为城市新市民及养老居住的优选。重庆鲁能星城坐落在CBD的辐射区域，为2013年交房的中高端社区，规模较大。郑州代书胡同社区位于郑州主城区的中心地带，居住人口老龄化程度较高，居民构成也比较复杂，同时建筑老化较为严重，为2000年建成的小区，社区房屋权属复杂。

首期"物业+养老"试点项目的楼盘特征　　　　　表4-2

试点项目	是否母集团开发物业	交付日期	住宅物业费/[元·(月·平方米⁻¹)]	是否有业委会	现物业入场日期（年月）	当前均价/（万元·平方米⁻¹）
北京某项目	否	1996年	2.2～2.8	有	2000	约13
北京远洋天地	是	2001年	1.9～2.2	无	2001	约7.7
广州花香美苑	是	2013年12月	2.8	无	2013.08	约4
深圳长城百花片区	否	1987年7月	0.88～2.58	部分有	1987.07	约14
杭州西溪诚园	是	2012年11月	3.5+0.5	部分有	2012.11	约7
南京五台花园	是	2000年	1.9～2.3	无	2000	约7.6
重庆鲁能星城	否	2013年9月	2.30	无	2012.10	约2.1
郑州代书胡同社区	否	2000年1月	0.5	无	2020.12	约1.1

资料来源：除房价（2021年11月）来自网上，其他资料均来自各个项目的试点工作申报表。

总体而言，此次试点项目多数具有"双高"特征，即物业公司发展水平高、试点小区居民收入水平较高，代表了一、二线城市中高端社区的"物业+养老"探索路径，但同时也有来自中西部城市和老旧小区的代表，体现了丰富的代表性。

在上述八个项目中，只有北京某项目的社区成立了业主委员会，深圳长城社区、杭州西溪诚园有部分项目成立了业主委员会，其他的项目都没有成立业主委员会。这一方面说明了目前国内住宅小区的业委会覆盖率还不尽人意，社区基层治理还存在一定的短板空缺，另一方面也预示本次试点中物业服务企业与居民之间的沟通会遭遇一定的困难。

4.1.2 试点项目的前期基础

各试点项目的物业服务企业在提供居家社区养老方面都有较好的前期基础；都有不同程度的开展居家社区养老服务的经验。多个企业已经设立独立核算的养老服务部门，基本有专门的队伍；多数已建成或在建智慧养老平台有与集团内或社会上的专业养老机构长期合作的经验，有与政府合作的经历，如获得了政府的专项资金支持或承担了社区养老服务项目。

试点项目的前期基础的案例如下（表4-3、表4-4）。

首期"物业+养老"试点项目的前期基础（服务）　　　表4-3

服务内容	北京远洋	广州保利	深圳长城	杭州绿城	南京银城	重庆之平	郑州圆方
居家层面							
助餐—上门							
助餐—集中							
助洁		√		√		√	
助医				√	*		
助急				*	*		
助浴					√		
助购		*		*			
康复理疗							
保健养生			■			√	
心理慰藉	*					√	
社区层面							
社区食堂		√		√	√		*
社区学院		△	■				*
健康管理	*		■	■			
康复训练			■	√			

服务内容	北京远洋	广州保利	深圳长城	杭州绿城	南京银城	重庆之平	郑州圆方
医护理疗			■				
日托照料			■				
全托照料			■				
咨询服务	*			△			
文娱活动	*	△/√	■	△	*		
健身活动	*	△/√	■	△			
适老化改造		√					

注：*代表小规模免费开展；△代表较大规模免费开展；√代表小规模收费开展；■代表较大规模收费开展；空白代表没有开展。

首期"物业+养老"试点项目的前期基础（组织准备）　　　　表4-4

试点项目	养老服务独立核算	养老服务专职人员	人员来源	场所设施	智慧平台	专业单位合作情况	与政府有关部门合作情况
北京远洋——远洋天地	是	无	无	无	无	无	无
广州保利——花香美苑	否	有	自身+合作	老年文娱活动场地	无	集团内养老机构；周边医疗机构	无
深圳长城——长城百花片区	是	95	自身+合作	社区嵌入式养老机构3000平方米；居家养老服务中心300平方米	已建成	国内外专业养老机构与专业养老设施厂商	为市民政局指定的居家养老服务券定点使用机构；曾获民政局及辖区街道办的一次性建设补贴300万元，连续三年获得床位补贴及运营补贴约40万元
杭州绿城——西溪诚园	是	4	自身	400～600平方米待配养老用房	已建设	集团内养老及医养健康机构	无
南京银城——五台花园	是	80	兼职+招聘	落实中	已建设	区内社会服务组织	承接区民政家庭养老床位项目，承接多个街道为老人服务及公益项目

试点项目	养老服务独立核算	养老服务专职人员	人员来源	场所设施	智慧平台	专业单位合作情况	与政府有关部门合作情况
深圳之平重庆公司——鲁能星城	是	15	自身+合作	有	试运行中	集团内养老服务公司	获政府每年8万元运营补贴;渝北区住建委一次性补贴2万元
郑州圆方——代书胡同社区	否	6	招聘中	有	建设中	社区服务中心、家政公司	获民政局运营补贴

资料来源:资料均来自各个项目的试点工作申报表。

(1)2009年伊始,长城物业集团就开启了对养老服务市场的调研,曾先后前往美国、法国、日本以及中国的台湾和香港等国家和地区,对全球老龄化相对严重国家的养老服务运营模式和服务模式进行了深度的考察和学习。2011年,长城物业集团正式成立深圳市共享之家养老服务有限公司,并委托美国科特勒咨询公司对北、上、广、深、成都等地的老人进行服务需求及生活习惯等方面的调研。2014年旗下首家共享之家3H颐养复康中心(百花园)正式运营。同年,与美国最大的居家养老公司合作的第一家居家养老服务中心在百花片区开业运营,正式开始探索"物业服务+养老服务"模式。

(2)远洋服务也在社区层面有较好的养老服务工作基础。多年来,远洋服务坚持为北京远洋天地项目常住的近千位老人开展每年两次的义诊健康讲座,普及日常健康护理知识,提供血压血糖测量服务;并联动社区诊所,不定期对社区内高龄、独居、空巢老人进行入户关怀,提供上门服务,让这些老人充分感受了"身边、床边、周边"的贴心服务。

(3)自2016年开始,绿城服务集团下设的蓝熙健康管理集团有限公司,为绿城园区的老人开展每年一度的健康服务活动,主要针对60岁以上老人开展免费的健康体检、健康评价和个性化健康指导,受到了老人的普遍欢迎。

4.2 试点开展情况

以下从需求调研、服务开展、场地获取、资源整合、与政府及社区的合作五个方面对各试点项目的工作开展情况进行总结归纳。

4.2.1 需求调研

八个项目都开展了需求调研，尽管是以不同方式和在不同程度上，但都获得了大量第一手来自使用者的需求信息，对老年人群体有关居家社区养老服务多层次、多样化需求特征的认识获得了深化（表4-5）。

首期"物业＋养老"试点项目的需求调研及主要发现

表4-5

试点项目	调研时间	调研方式	调研数量	调研主要发现
北京远洋 ——远洋 天地	6～7月	线上问卷	85位老人	77.7%的受访者还未对住房进行改造。其中，40.9%的未改造者表示有改造计划；72.9%的受访者对远程监护系统的预警作用表示了认可，但对产品价格存在疑虑；81.2%有建立健康档案意愿；64.7%希望就医绿色通道；82.4%愿意在社区食堂就餐。对日常保洁家政、电器维修的需求较高。有2/3老人表示，如果小区建设了老人活动中心，他们会经常前往
		线下访谈	7位老人	访谈中老人对适老改造，尤其是门窗改造具有需求潜力。希望提供低价优惠的小时工保洁服务，对社区食堂有较大需求，菜品接受市场化定价
广州保利 ——花香 美苑	未披露	未披露	未披露	非独居、较为自理、经济条件较佳的老年人占社区所有60岁及以上老年人口的91%；独居、经济条件尚可的老年人占8%；身体欠佳、行动不便、主要由家人看护的老年人占1%
深圳长城 ——长城 百花片区	4月22日至4月24日连续三天	入户调研，所在街道网格员协助	61户95位老人（空巢68，独居27）	医疗保健需求较多
杭州绿城 ——西溪 诚园	8月至9月	社工一对一访谈，随机问卷调查	未披露	老人35.7%与子女居住，与伴侣居住的占28.5%。58.3%的老人选择未来居家养老，选择机构和社区养老的老人仅占16.7%和8.3%。由此可见，受访老人还是倾向在家养老并由子女负责。 诚园老人的居家养老服务对医疗保健服务的需求最多，达44.5%；其次是休闲娱乐服务，占37.4%；最后是生活照料服务，占9.1%。 相对于显性需求，隐形需求相对较少，主要因为目前社区老人以活力为主，有家庭成员或保姆负责照顾，对于适老化服务及产品或照料护理了解较少

续表

试点项目	调研时间	调研方式	调研数量	调研主要发现
南京银城——五台花园	4月	对银城物业管理的28个物业小区进行全盘摸底	5581位服务需求者	助洁、助急、助餐、助购、助浴、助聊和精神慰藉7项需求概率较大，19项服务项目占比较高
深圳之平重庆公司——鲁能星城	6月	入户走访、调查问卷	调研3406户，其中60岁以上的老人家庭787户，涉及老人1082人	居民对由物业公司参与的养老服务接受度较高。老人普遍表示，人越大就越恋家，但儿女们工作压力也大，很多时候心有余而力不足。"物业+养老"模式是一种很好的尝试，在小区里设立养老服务点，让老人不离开家就能享受到养老服务，也能减少子女的后顾之忧，促进家庭和睦与社区和谐
郑州圆方——代书胡同社区	未披露	针对老人需求的调查问卷和入户访查	未披露	对社区食堂、活动中心、照料服务需求较大
	未披露	针对"团团家"的线上线下调查	调查问卷462份，其中需方346份，供方116份。仍在进行中	需方346份全部同意接受餐饮服务，其中231人同意但是觉得价格方面无法接受；愿意接受清洁服务的老人134人；居家养老服务131人，大多数不同意是碍于传统观念或现在不需要；居家看护服务21人，可能是调研问卷及半失能老人过少；居家照料服务3人，住区内失能失智老人一共25户，基本都有自己亲自照顾。供方116份调研，全部愿意为老人提供餐饮服务，但只局限于送餐或者配送到社区养老中心进行集中用餐，不愿意让老人来家里就餐；116调研，都愿意为老人提供保洁服务；调查问卷中，没有人愿意对老人进行居家养老、看护和照护服务，其原因基本是因为觉得自己不专业和怕承担潜在风险，当项目方表示能提供免费的专业培训后，部分有意向，但是暂时不愿意接受

资料来源：资料均来自各个项目的试点工作总结。

典型经验和创新做法如下：

（1）长城物业在深圳长城社区与所在街道共同开展调研，同时进行产品推介。

2021年4月，长城物业在试点社区开始进行了为期3天的需求调研，项目方派出健康管家和试点项目所在辖区园岭街道指派的网格员、养老服务团队合作，分多组在试点项目内进行入户调研，并与客户签订安装防跌倒监控系统和智慧化居家养老服务系统，同时进行了试点项目的服务宣传。

（2）北京远洋天地项目方与高校科研团队开展紧密合作，以优化产品设计为出发点进行需求调研。

2021年6月至7月，由远洋服务试点项目负责人带队，总部增值业务部2人、远洋天地客服团队3人、北京林业大学科研组4人组成的调研团队在北京市远洋天地小区开展了为期1个月的实地走访与问卷发放工作。远洋服务与北京林业大学的联合调研团队，基于深入全面了解客户群体、大范围收集养老服务需求以及有效指导产品设计的调研目标，从客户视角验证需求、公司视角规划业务、服务视角标准落地三个步骤来开展社区居家养老的客户需求调研。联合调研团队通过对试点项目991位老人的深入摸排，从增强企业对客感知和业务理解出发，力图让调研信息尽可能有助于优化规划轻资产社区居家养老的产品类别、大致开展方向以及核心对客传播点。在线上问卷调研中，调研团队着重对前期业务规划进行可行性验证，问卷设计包含受访者基础特征信息采集以及五大生活场景下12项业务类型的关联跳转问题设置，以验证目标客群对开展居家养老业务的接受度，及在生活场景下对各项业务的需求程度。在线下的开放式深度个别访谈中，调研团队力图对调研数据背后的逻辑因果进行挖掘和关键信息补充，以此深入理解目标客群的真实核心诉求。

4.2.2 服务开展

"物业+社区+养老服务"最终落脚点是养老服务。养老服务开展是试点工作的核心内容（表4-6）。各个试点项目的物业企业都在居家社区养老服务开展上做了诸多探索，以满足本社区老人多样化、多层次的养老需求。

首期"物业服务+养老服务"试点项目的服务开展概览　　表4-6

服务内容	北京远洋	广州保利	深圳长城	杭州绿城	南京银城	重庆之平	郑州圆方
居家养老服务							
助餐——上门送餐	△	√			√	√	√
助餐——上门做饭	√				√	√	

服务内容	北京远洋	广州保利	深圳长城	杭州绿城	南京银城	重庆之平	郑州圆方
助洁——居室	√	△		√	√	√	√
助洁——物品	√		△			√	
助浴——上门	△	△	△		√	√	
助浴——外出			△			△	
助急——物品			△	○		○	
助急——人身	△	●	●		●	○	
助医		△	△	√	√	√	
助医——送医上门	△						√
助医——陪同就诊	△	△		√	△	√	
助医——代为挂号	△	△		√	△	√	
助医——代为配药	△	△		√	△		
助行——散步			△			√	
助行——外出			△			√	
护理——个人卫生			△	√			
理发				√		√	
修脚				√		√	
护理——生活起居			△		△	△	√
代办		△	△		△		√
代办——助购				○		○	
代办——代领				○		○	
代办——代送				○		○	
代办——代缴						○	
洗涤——送洗		△	△				
洗涤——上门			△				
陪伴——谈心	○	△	△	√	√	○	●
陪伴——读书报			△		√	○	
康复辅助——上门			△			√	

服务内容	北京远洋	广州保利	深圳长城	杭州绿城	南京银城	重庆之平	郑州圆方
老人按摩			△			√	
阿症专项训练			△			○	
健康档案			△	●		●	
健康体检			△	●		●	
健康管理			△	√		●	
心理咨询	○		△				
法律援助			△	○			
安全监护			√		●		
适老化改造			√		√	√	
适老改造——门锁	√						
适老改造——门窗	√						
适老改造——墙面	√					√	
监护系统安装			□				
社区养老服务							
社区食堂			△		√	■	
社区课堂	●		●	●	●	●	
医养结合		√	■	√			
体育健身		○	■	○		○	○
文化教育		○	■	√		●	●
休闲娱乐	●	√	■	√		●	
法律援助				○		○	
心理健康	○	√	■				
代际沟通			■	○			
精神慰藉	○	●	■	√		●	
健康体检	○			●			
健康管理	○		■	●		○	
药品配备	△		■	√	√		

续表

服务内容	北京远洋	广州保利	深圳长城	杭州绿城	南京银城	重庆之平	郑州圆方
康复训练		√	■	√	√	○	
养生调理		√	■		√	√	
设施租赁		√	√	√	△	√	
日托照护		√	■	√	√	□	
全托照护		√	■		√		
旅游组织	△					△	
社交组织	○		■				

注1：○代表小规模免费开展；●代表较大规模免费开展；□代表第三方付费（政府购买服务）提供；√代表小规模（基本）收费开展；■代表较大规模（基本）收费开展；△代表已经具备条件收费开展，但近期因为疫情等原因还没有实际开展；空白代表没有实际开展并也没有条件在近期开展；*代表有较高的政府补贴。

注2：虽然居家服务中的"助急"一词已经广泛出现在各个政策文件中，但目前还没有标准定义。[①]

注3："阿症专项训练"指阿尔茨海默症专项训练。

但由于各个试点项目对各自开展服务的统计口径不同，课题组在综合汇总时尽可能采取较为细化的服务种类口径。

典型经验和创新做法如下：

1）远洋天地项目组借助传统佳节进行线下养老服务推广

项目方在2021年10月14日重阳节当天，通过策划线下活动《爱在社区，尽享金秋——远洋服务椿风里居家养老服务重阳关爱活动》，开展业务落地预热，现场吸引约400人次的目标业主参与现场体验和咨询，许多老人

---

① 北京市质量技术监督局发布的《居家养老服务规范：第6部分助急服务》定义"助急服务"为"针对突发健康事件和突发安全事件做出的应急处理，宣讲及培训处理应急事件相关知识，配置、安装、使用和保养呼救器材等服务"。然而，2021年10月8日北京市民政局关于印发《北京市社区养老服务驿站运营扶持办法》的通知（京民养老发〔2021〕154号），定义"助急服务"为"提供应急上网、应急充电、应急电话服务"。上海2010年2月发表的《社区居家养老服务规范》定义"助急"为"安康通、家电维修、下水道疏通"。

长时间逗留参观、体验和沟通健康服务，表现出各类居家养老服务的高度兴趣。大多数老人对健康设备和仪器感到新奇，纷纷体验机器人面诊和家庭随诊包产品；在生鲜健康食品展台前，老人们纷纷排队购买，甚至中午采购食用后，下午再次前来回购；部分老人和子女专程前来咨询和对接到家清洁服务，重视老人家居清洁便利性问题的切实解决。此次线下宣传推广活动扩大了老人业主对品牌和服务的认知和好感度，同时根据现场业主参与反馈信息，专项工作小组对部分产品类型、服务价格进行了调整。

2）保利物业将有偿服务与无偿服务有机结合，通过无偿服务的开展，了解客户需求，适时推送有偿服务

保利物业在广州花香美苑的试点项目方认为，做无偿服务首先是公益和企业社会责任，但同时可以了解潜在需求在哪里，和获得老人信任感，在条件具备和市场培育成熟后，推送有偿服务信息，唤醒老人对增值性居家社区养老服务的需求欲望和培养付费意识。

保利物业项目方在日常工作提供的无偿服务包括：

（1）亲情关怀服务。定期将天气情况、保健护理、疾病预防、政府养老政策等发送给老人；

（2）24小时咨询服务。如老人有需要协助或咨询的问题，可通过致电物业前台客服热线咨询相关问题或协调相关单位上门处理；

（3）定期入户探视服务。针对有特殊需求的老人，协助颐康中心定期入户探访，提供心理疏导、健康管理等服务；

（4）社区活动服务。举办社区老年文体活动，在重阳节、中秋节等节日期间，组织召开老年人座谈会及文艺汇演；平时也会组织开展老年人体育健康活动。

在平常积累下来的与老人良好关系和信任感基础上，保利物业与保利健投、颐康中心（社区综合养老服务中心）以老年人的服务需求为导向，共同打造"物业服务+养老服务"的服务网络，开展了以下有偿居家养老服务：

（1）就医服务。保利物业负责转介就医服务需求清单至颐康中心，再由颐康中心派遣专业医护人员，陪同业主外出就医或提供上门服务，如陪同就医、绿通预约、代煎药物、急救等；

（2）便民服务。物业为行动不便的业主提供便民服务，如代取快递、代购等；

（3）入户居家适老化改造以及上门维修服务。由颐康中心提供适老化设备和安装技术要求，保利物业负责派遣物业工程部的工作人员上门安装；

（4）家政保洁服务。物业为行动不便的业主提供上门家政保洁服务；

（5）订餐服务。物业负责收集社区老人的用餐需求，并将老人转介颐康中心食堂就餐。

目前试点项目提供的有偿服务，由保利物业与保利健投以合作的形式开展，且保利健投为主导，保利物业进行协助。涉及双方共同收益的按收益分成或者提取信息转介费的形式，收费标准按市场和政府定价执行。

保利健投与颐康中心提供有偿的服务内容包括：

（1）设立老人食堂并提供有偿配餐送餐服务。可提供堂食午餐及晚餐，也可为全托、日托和周边社区老年人提供助餐配餐服务，价格为18元/餐，上门送餐3元/次，供餐时间为每周的周一至周五；

（2）医养结合服务。设置护理站，为社区老年人提供健康管理服务；

（3）日托及全托服务。设置日托与全托两种形式的床位，可减轻老人家属的照料压力；

（4）适老化改造服务及设立家庭养老床位。发挥保利健投上下游产业的协同性，提供适老化改造整体解决方案。同时，通过政府平台申请家庭养老床位建设，并由颐康中心上门提供服务；

（5）文化娱乐服务。开设和熹老年大学，设置手工、书画、声乐、舞蹈、摄影等课程，满足老人的文化娱乐需求。同时，设立时间银行，以虚拟货币"和熹币"鼓励老人积极参与活动，通过"赚币—存币—花币"的过程来增强老人的社会属性；

（6）家政养老服务。强化与羊城家政基层服务站的功能互补、服务转介，为颐康中心和周边社区的居家老年人提供家政养老服务。

颐康中心还在街道社区党群组织指导下，积极推动银发党建。成立机构流动党小组，让社区内广大离退休党员可以继续参与组织生活，接受党的教育、感受党的温暖。保利物业还与保利健投、颐康中心共同参与所在社区的"一老一小康育一体化"工程建设。通过与社区教育资源尤其是幼儿教育资源的联动，与附近的"学无界"幼儿园协作，推动养老、物业、育幼等服务业的融合发展。

除以上服务外，颐康中心还根据老年人多元化、个性化的需求，提供养老服务咨询、辅具租赁、适老化改造、家庭养老床位、智慧养老等特色服务。同时，也通过连接社区卫生服务中心，为周边社区的老年人提供健康咨询、健康管理等服务。其中开展的服务项目费用按照《广州市社区居家养老服务项目清单与指导参考价（试行）》(穗居家养老服务指导中心办〔2018〕6号）的要求执行，由街道（镇）与服务机构商定并进行公示。具体价目见项目总结报告。

受疫情影响，保利物业广州试点项目在2021年7月解封之后才正式开始收住老人。截至2021年10月，颐康中心共收住全托老人6人、日托老人1人，全托服务均价为5446元/(人·月)，日托服务均价为1800元/(人·月)，营收合计约3.5万元。服务总人数为48人（含家庭养老床位及全托人数），其中，空巢老人16人。频次为平均每人6次，1次/周。

目前，项目的经营收入主要来源于全托业务收入、政府补贴（主要为居养平台补贴）以及含老人食堂、日间托管在内的社区居家业务收入，也有心理咨询、中医保健等增值业务收入。其中，全托业务收入占比90%，社区居家业务占比为10%。

3）深圳长城物业项目组向所在试点片区的业主提供物业养老增值服务包

项目组与老人签订年度服务合同，按月付费，原价基准价为800元/(人·月)。试点项目所在街道从签约老人名单内筛选出孤寡老人，为其补贴部分费用，优惠后定价600元/(人·月)。服务包的内容包含：

（1）健康餐单的制定。每月四次，以周为单位进行餐单的更新。

（2）居家安全隐患排查。每月一次。

（3）药品整理。每周一次，根据医嘱对老人家中药品进行整理。

（4）适老化改造建议方案的制订。签订服务后，次月月底为试点老人提出适老化改造建议方案，根据试点老人家中现场环境及5G居家安全防护系统的行为数据进行行为检测并制订方案，对改造后的行为数据进行持续跟踪，以保障老人居家安全及健康。

（5）无障碍车辆预订及出行服务。每月提供两次15公里以内单程出行服务，老人可通知每个小区内一应驿站的健康管家为其预定共享之家的无障碍车辆的出行服务。

（6）危机响应。若试点老人在家中发生意外，通过已安装的5G居家安全防护系统数据分析，触发警报链接至物业智慧化养老平台，物业负责拨打急救电话。

（7）辅助器械的使用评估、代购、指导使用。根据老人健康评估结果和需求，康复治疗师给予辅助器械使用的建议并由老人评估符合其需求的辅助器械，涵盖出行类、助餐类、助浴类等，如有需要，可为老人提供代购服务并入户指导使用。

目前，长城物业项目方以套餐形式签约并在服务中的居家养老客户50多人，完成数千次的上门服务，每月产生10万~20万元的营业流水。

此外，长城物业试点片区的园岭街道付款至第三方5G+AI的防跌倒监控系统和智慧化居家养老服务系统的第三方，已为60余户老人安装。长城物业为这些老人目前提供免费的应急响应服务。

长城物业的战略合作伙伴深圳共享之家在试点片区内开办养老机构，长住在养老机构内的老人为42人，机构为其提供24小时持续照护、康复、护理、社交娱乐服务，每位收费标准在5000~20000元/月。按照机构居住的42名老人人均15000元/月计算，预计年收入约756万元。

4）绿城物业在原有老人管家队伍的基础上组建专门的养老服务公司，作为居家养老服务的实施主体

绿城物业将原老人管家组织另建，成立浙江椿驿养老服务有限公司，作为居家养老服务团队。浙江椿驿是此次绿城物业在杭州西溪诚园试点的实施主体。在试点期间，联合物业为诚园项目开展入户、健康管理、就医绿通、互联网问诊、心理疏导等多方面服务，提供综合性老人服务，基于专业视角关注老人生活需要、健康状况和心理需求，不断深化服务内涵，提升老人满意度、幸福度。基于需求调研所获得的信息，试点项目方发现园区老人的当前显性需求为医疗、精神文化服务，隐性需求为上门照护、康复护理。

因此，浙江椿驿结合目前场地状况和现有资源，联合物业重点推行老人颐乐活动、医养护健康服务、上门照护服务和家庭支持服务。在活动和服务中逐渐与老人建立信任关系，提升老人居家养老服务和适老化产品的认知与理解，刺激养老消费观念释放，提升园区老人生活服务品质。

诚园试点项目由椿驿养老与诚园物业双双携手，一同开展居家养老服务。通过物业管家与老人的信任基础，邀约老人推广活动，带动诚园养老服务开展。日常工作中，管家设定基础助老服务，针对园区70周岁以上的老人，由指定物业管家专门负责每月上门检查燃气、电路等安全；帮助收寄快递，外卖送上门；节日问安、孤寡独居老人上门慰问等老人服务。试点项目还注意发动志愿者团队，由椿驿养老员工自发组成，立足于老人不同层次的需求，旨在通过提供便民、健康、助老等服务，为诚园老人打造志愿者联系网络，提高老人在日常生活中的健康安全意识，协助老人解决更多的生活问题。

自2021年8月开展服务以来，试点项目方目前已对184位70岁以上的老人建立追踪性的健康服务档案，并定期进行追踪更新。因项目原驻运营商尚未退场，目前仅计划服务内容，以公益服务为主，辅以增值服务。服务价目表及预计服务人次见项目总结报告。

5）南京银城物业项目组在试点片区通过"设中心+建站点"的方式精心布局"物业+养老"的阵地矩阵，把物业服务人员培养为银发顾问，并通过区分不同类型老人的服务关注点和服务重点，提供精准服务

银城物业在南京鼓楼区江东街道设一个中心枢纽旗舰站点，并向周边辐射建设多个为老服务中心站点，还在社区、街道的配合支持下依托物业空间设施，改造建设养老服务站点，利用物业架空层，设置邻里交流空间，提升老人休闲活动环境。养老服务站点配备数字宣传栏及银发顾问机器人等。

银城物业把物业服务人员培养发展为银发顾问，在日常物业服务工作中就注意收集小区老人需求，并进行政策宣传，推动链接资源。

银城物业对老人进行全员评估。分批对试点片区小区内的60周岁以上老人做全员评估，建立联系卡、健康档案、评估档案、需求档案，为政府决策和后续精准服务提供基础。试点工作小组还在重点试点小区组织多场"老

人社区嘉年华"的宣传活动,让养老政策和为老服务深入人心,受到社区居民的广泛欢迎。

银城物业根据老人个体特征提供精准服务。银城物业根据小区老人居住情况、身体状况、爱好等情况居住分布进行信息化、数字化、网格化圈定,为每一位老人进行标签化管理,精准化服务。银城物业认为60~70岁老人的服务关注点是"关注",服务重点是关注其生活需求及自身价值实现;70~80岁老人的服务关注点是"关心",服务重点是关心其身心的健康;80岁以上老人的服务关注点是"关怀",服务重点是对其需求要做到快速和高质响应。

6)深圳之平重庆公司引入智能社区软件,基于智慧物业提供居家社区养老服务

深圳之平重庆公司物业在鲁能星城6街区的试点项目方启用智能化软件——云岭社区养老App,便于老人及其家人通过手机端下单各项居家养老服务。线上订餐、需求反馈、业务办理、活动推送和通知、政策宣传等,都在手机端App上完成。该软件还分别设置老人端和子女端,可以独立运用,也可以相互同步。

深圳之平重庆公司物业的试点项目方以老年大学的教学方式建立了长青学苑(即社区学院),为老人开设兴趣类课程的学习,让老人"老有所学"。试点项目方还利用互联网社交媒体开设长青学苑线上课堂。针对小区老人建立了"长青学苑线上微信群",周一至周五不间断开展各种活动:如适量运动、脑力训练、社交活动、云赏系列、兴趣培养、小知识分享等线上视频活动,每日下午的看图猜字等小游戏,让老人实现真正的随时随地老有所乐、老有所学。每日平均互动参与人数达60余人,后续将陆续开通抖音直播或拍摄视频进行线上授课,不断丰富授课形式,增加与老人互动频次。

深圳之平重庆公司通过设置信息化系统CRM中心来保证养老服务品质。顾客关系管理(CRM)是"之平管理"特别配置的400呼叫中心,是在深刻理解国家政策和社区服务特点的基础上,针对民政部门及相关社区服务机构创建居家养老服务体系、创建中国特色养老服务模式的需求而设计的一套完整的信息化应用系统。系统可全天候为老人提供咨询服务、意见受理、业务

办理等专项服务。作为远程客服中心，为老人及子女提供个性化服务，定期为子女出具《旬彩老人生活报告》，内容包含老人在养老机构内的生活、健康、康复、护理等情况；同时，也定期组织客户满意度调查，不断提升养老服务品质。

深圳之平重庆公司还通过"时间银行"模式来积极推动公益互助养老。在物业管理服务中，物业管家主动去发现和挖掘业主中有特长爱好的老人，甄选出有爱心、身体健康的参与养老公益活动。老人奉献爱心、投身公益所得的爱心积分，将通过发放公益护照的方式，储存旬彩养老服务中。当老人有需要时，可以到"之平管理"全国范围内的各地养老机构兑换储存的爱心时间，享受对应的养老服务。未来物业还会不断丰富爱心兑换礼品，如养老餐券、邻利荟商品兑换券，提升老人参与爱心公益活动的积极性。

如项目方2021年8月在物业客服前台设置了公益爱心超市，凡热心人士或单位参加组织的各项为老服务和公益活动，积分累计到一定数量即可在爱心超市兑换相应的礼品，引导和倡导更多的志愿者加入到老人服务中，为辖区老人搭建更多帮扶平台。10月兑换公益礼品共计30余份。

深圳之平重庆公司试点项目方在线下开展较多的是助餐服务。2021年7月，之平物业在试点片区通过改造物业用房设立"社区乐邻老人助餐食堂"。截至10月底，社区食堂的长期就餐老人人数达495人。据统计，2021年7月至10月，60岁以上老人就餐人数达7320余人次。其中10月接待就餐老人人数超过2850余人次。

深圳之平重庆公司试点项目方还考虑到老人有出行难、洗澡难等问题，从助浴、助行老人最需要也最困难的项目入手，提供更贴心的服务。截至10月，物业帮扶洗澡的老人人数已超30人，申请物业陪同出行的老人人数达50余人。

深圳之平重庆公司物业试点项目方还积极推进适老化改造工作。为解决老人在日常生活中存在的问题，实现生活便利性，规避养老环境中存在的各种风险因素，物业中心特地在物业前台打造适老化体验馆，让老人足不出户就能直观了解适老化配置及相关的设施设备。2021年10月，接待咨询人数达150余人次。物业还在10月对有需求的住户进行入户适老化改造的评估及方案拟制，确定专项改造方案（厕所安装扶手、洗漱台改造加装扶手、地面防滑处理等），11月至12月陆续完成安装改造工作。

试点项目方还通过与所在辖区居委会合作，利用社区用房设立社区养老服务站（日间照料中心），位于鲁能星城6街区外围（鲁能西路社区旁），总建筑面积为600多平方米，于2020年9月30日投入正式运行。开放时间为周一至周五（除节假日）上午8：30—17：30。站内配备专职养老工作人员两名，专为辖区60岁以上的老人提供站点服务（居家上门服务由养老专业队伍及物业端口人员负责）。社区养老服务站在工作日的每天上午和下午围绕适量运动、脑力训练、培养兴趣、心情愉悦、地中海饮食、社交活动六个主题，开展各类适合老人的活动及兴趣的培养。

7）郑州圆方项目组推动开展"团团家"计划，发展社区居民之间的互助养老

圆方集团在试点项目中结合住房和城乡建设部"物业+养老"的试点机遇，在郑州市管城区北下街街道的大力支持下，探索出"社区主办、互助服务、群众参与、政府支持"的社区互助养老新模式。具体而言，"社区主办"是由"街道办+社区居委会"利用相关政策资金、社区公共用房提供公益的平台支持服务；"互助服务"就是由社区内愿意提供互助养老服务的家庭，根据不同能力提供不同居家养老服务；"群众参与"就是社区所有家庭都可以成为"互助养老"的供给方，也可以成为"互助养老"的需求方；"政府支持"就是由各级政府从政策、基础设施建设、支付补助、管理培训等方面给予支持。

"团团家"互助养老是郑州圆方在各级政府鼓励支持下成立的社区互助式养老模式，整合社区内部的养老人力、物力资源为更多老人安享晚年提供更多的服务。作为社区养老的补充，社区互助养老更强调普通居民间相互的帮扶与慰藉。"团团家"在推进阶段对小区居民以问卷的形式进行调研，了解居民之所需，以人为本，让"团团家"互助养老实现个性化。"团团家"互助养老不仅要求活下去，还得活得好，打造个性化模式，构建长线IP，拟实施小区团购，圆方作为平台，连接居民和供应商，可以实现为小区老人团购买菜等。

在"团团家"计划下开展的居家养老服务包括：

（1）餐饮服务（每月600～900元）。供应方提前列出每天的用餐类目，在服务安全健康的前提下，提供相应的餐饮服务给到需要供餐服务的家庭（可采取送餐或者上门就餐的方式）。

（2）卫生清洁服务（每月400～600元）。供应方可以与需求方签订相应协议，每月上门进行10～12次的清洁服务，每次1～2小时。

（3）居家养老服务（每月1200～1800元）。供方提供独立房间作为养老用房，提供给需求方，并负责其一日三餐，及日常的打扫照料服务（针对全自理老人）。

（4）居家看护服务（每月2000～3000元）。供方提供独立房间，及相关适老化改造后的房间作为养老用房，提供给需求方，并负责其一日三餐，及日常的打扫照料服务，做到24小时有相关看护人员包括全自理服务（针对半自理老人）。

（5）居家照料服务（每月3000～4500元）。供方提供独立房间，及相关适老化改造后的房间作为养老用房，提供给需求方，并负责其一日三餐，及日常的打扫照料服务，做到24小时有相关看护人员，同时进行相关的医疗护理，包括全自理服务（针对全失能老人）。

郑州圆方还将免费租赁的用房改造为代书胡同日间照料中心，将其打造成集一楼张仲景中医理疗和图书阅览室、二楼棋牌娱乐等功能室、三楼健身文娱区于一体的医养结合的社区养老服务中心。其中的理疗馆（医疗保健站）可提供艾灸、针灸、拔罐、推拿等服务。社区办事处将护理券直接分发给老人，老人凭券享受服务。

郑州圆方还通过经常举办公益性活动来提高小区老人的整体生活水平。如借建党百年庆将公益活动引入社区，每月一期，定期开展类似于免费理发、修脚等活动，包括节假日活动在内，已经举办过四十场此类的公益活动。

4.2.3 场地获取

由于物业企业一般并不对小区内物业用房及其他建筑物拥有所有权，场地获取往往是物业企业开展居家社区养老服务中遇到的最大难题和挑战。

各个试点项目方都在这方面做了很多探索。

1）远洋服务试点项目方在社区内挖潜利用闲置用地建设"养老驿站"

远洋服务试点项目方认识到，对于许多20年以上的成熟型社区，场地设施可能是最稀缺的资源，社区在长期运营中，不断面临着社区空间设施再开发利用的需求，随着入住时长的累积，社区的可用空间越来越少。北京市朝阳区八里庄街道远洋天地社区自2001年交付至今已有20年之久，社区内的地上场地资源已开发殆尽，暂无可以用于改造成为老人活动中心和社区食堂的闲置建筑空间。

而北京远洋天地项目的物业办公场所位于地下2层，按照消防安全管理要求以及老人活动的便捷性要求，这一地下办公场所无法为老人提供集中休闲、娱乐、用餐用途的空间。因此老人服务中心和社区食堂的选址受到了场地资源的制约。针对养老服务场地缺失的问题，在对社区内的集中地块进行反复盘点之后，专项工作小组锁定了一处区位便利、老人较为集聚、采光通风良好的空闲绿化土地，并就此拟定了开发方案。同时，专项工作小组也正在与北京市住房和城乡建设委员会就社区周边场地资源的协调及社区空闲土地自建的可行性展开积极沟通与探讨。

目前，远洋服务试点专项工作小组拟定的自建方案结合了北京市民政局的指示和业务规划，将场地设施定位为"养老驿站"。方案对老人活动中心、助餐堂食空间、康复训练室、书法阅览室等功能区进行了合理布局，旨在为周边老人提供休闲娱乐、社交学习、喝茶用餐、康复体验的服务空间，同时，也能够为政府民生政策咨询对接提供一个线下窗口。

2）保利物业通过政府采购项目租赁街道综合养老服务中心"颐康中心"，形成居家社区养老服务基地

近年来，各大街道颐康中心的建设是广州居家社区养老服务发展的重点项目，也是广州市委最为关心的民生工程之一。2020年9月，广州市养老服务工作联席会议印发《广州市街镇综合养老服务中心（颐康中心）建设提升行动计划》（以下简称《行动计划》），推动每个街镇建设至少1个具备全托、日托、上门服务、对下指导、统筹调配资源等功能的街镇综合养老服务中心，每处建筑面积一般不少于1000平方米，完善全覆盖、多层次、多

支撑、多主体社会养老服务体系，构建具有广州特色的"大城市大养老"模式。在《行动计划》的部署以及广州市、荔湾区、海龙街街道等相关政府单位指导下，嵌入保利花香美苑社区内的荔湾区海龙街综合养老服务中心（以下简称"颐康中心"）于2021年5月底建设完成并投入使用。通过政府采购服务，保利健投与海龙街道办事处签订了颐康中心的租赁合同，获得了场地的使用权，期限为2021年6月1日至2026年5月31日。颐康中心共计两层，首层为公共活动区，设有康复服务、日托服务、医疗服务、文化娱乐等功能区，还设有8张日间照料床位。二层则为长住照护区，设有19张全托床位，可对老人及其家庭提供长住型的专业照护服务、全托喘息服务等。此外，荔湾区海龙街老人饭堂、老人党员之家、社区老年文化中心、保利和熹老年大学也设置在颐康中心。

3）长城物业采取租赁与挖掘自用资源相结合的办法，构建"旗舰型综合为老服务中心＋社区型居家养老服务中心＋小区养老驿站"的网络化养老服务场地体系

长城物业的战略合作方共享之家在试点片区中的长城一花园设置了面积约2500平方米的社区养老服务机构——共享之家百花园旗舰店，场地采取市场化租赁形式，租赁的是长城一花园配套建筑体，自2012年开始租赁。该建筑体在20世纪90年代初建成，该建筑体在规划图纸标明为"养老活动中心"。该建筑物产权属于中洲控股（原开发商为长城地产，后长城地产被中洲控股收购）。该建筑体共四层，单层面积约600平方米，负一层设培训区、健康驿站、老年大学等，一层为日间照料中心、康复训练区、园艺治疗花园、内设医务室、接待区等，二层、三层为内部老人居住区及分层用餐区，天台为室外硬地滚球活动区及老人园艺治疗种植区。共设全托床位42张。共享之家为这个项目改造投入2233万元，分摊10年。该房产租期10年，每月租金8万多元。

共享之家在选址时的考虑要点包括：（1）老龄化较重，服务需求明显且集中；（2）临近社区、嵌入社区，但服务场地不深入社区，在社区外围，可直通社区出口；（3）周边车程10分钟之内有三甲医院，社区周边有医院的基本医疗单元。深圳的社区基本医疗单元为社区健康服务中心，是三甲医院的

派出机构;(4)租金合理,且租赁周期10年以上。

长城物业另在试点片区设立200平方米的居家养老服务中心,租用的是由长城二花园由架空层改造的场地,产权为业委会所有,也采用市场化租赁形式,每月租金1万元。改造投入25万元,分摊10年。但在2021年下半年已合并至社区养老服务机构内办公,合并之后租期就停止。

长城物业在试点片区设置了一应驿站,为驿站配备"健康管家"及意外报警呼叫终端、辅助展示空间。一应驿站是长城物业集团设立在物业项目中为业主一站式解决所有服务需求的线下服务点,其中涵盖养老服务,在试点项目的一应驿站内设置的最小养老服务单元称作养老服务工作站。因试点片区的7个项目相对集中,所以只设置了一个一应驿站,并按照300户一个健康管家,即300:1的比例配置了常驻的健康管家,意外报警呼叫终端有固定响应地点及手机App的移动响应终端。一应驿站的场地是利用了百花园的地下一层。

4)银城物业利用多种用房来源,布局"物业 + 养老"的阵地矩阵

银城物业试点项目方在南京市鼓楼区江东街道设一个中心枢纽旗舰站点,并向周边站点辐射建设多个为老服务中心站点,在社区、街道的配合支持下依托物业空间设施,改造建设养老服务站点,利用物业架空层,设置邻里交流空间,提升老人休闲活动环境。

银城物业多方筹集养老用房,来源途径多样,包括对物业办公场地、业主活动场所会议室及库房改建等,也对小区内架空层进行升级改造。如聚福园利用的是业主活动室、会议室和其他空间的打造;香榭里使用的是物业办公室、业主活动室、仓库和会议室一体化打造;五台花园则以物业办公室用房为主进行打造。

5)绿城物业在社区支持下获得社区养老服务用房的使用权

绿城物业在试点前期本已通过与西溪诚园的业委会协商而取得经营性用房的使用权,但后因该小区的业委会解散,该方案未能如期实现。加之业主较难协调统一,其他场地均无法长期稳定持有。目前试点项目方计划以诚园社区的养老服务用房(面积约200平方米)用于试点方案的实施,与社区协商获得场地支持。

即将使用的诚园社区居家养老服务中心，椿驿重新划分功能，新增阅览室，打造休闲阅读区，为居民提供家门口的阅览室；就餐区重新规划，原走廊设置的助餐现设置在室内核心位置，更加方便未来开展服务以及人员活动；划设特色功能板块，增加智慧化养老床位区、辅具展示区和辅具租赁区，展示适老化服务和智慧化养老产品，增强互动性，真切感受智慧养老、便捷养老，提高服务体验感。

6）深圳之平重庆公司利用社区用房、物业用房打造社区养老服务站点

深圳之平重庆公司在鲁能星城6街区的试点项目方通过签订委托经营合同，获取社区用房，建设社区养老服务站。场地无偿使用，只可用于社区养老食堂或日间养老服务照料的提供，不可进行其他经营类服务。

社区养老服务站又叫日间照料中心，位于鲁能星城6街区外围，总面积600多平方米，于2020年9月30日投入正式运行。

社区养老服务站分为楼上和楼下两层，设有八大功能区。一楼设有：服务接待区、运营管理区、生活照料区、健康管理区、人文关怀区，配有冰箱、微波炉、各类书籍、电脑、休息桌椅等服务设施；二楼设有：托养护理区、休闲娱乐区、文化教育区，配有乒乓球桌、棋牌桌、手工桌、电视、沙发、理疗床、书法用品、书籍、舞蹈台等设施。同时，二楼室外平台可供老人开展健身锻炼、唱歌、跳舞等活动，是一个多功能的活动中心。

深圳之平重庆公司还在试点片区改造物业用房，设立"社区乐邻老人助餐食堂"，2021年7月开业，面积150平方米，拥有40人的座位，在老人中广受欢迎。

7）郑州圆方基于社会支持免费租赁公配用房，改造成社区养老中心

郑州圆方物业在试点片区运营的代书胡同日间照料中心——舒馨苑，其位于郑州市人保家属院院内，建筑面积300多平方米，原是中国人保郑州分公司家属院的物业公配房，在老旧小区改造初期，经过区、街道办事处、社区工作人员进行多次协调，最终将此房无偿贡献出来，郑州圆方可零租金长期使用。郑州圆方将该建筑物改造后作为社区养老配套用房。改造工作分为两部分：外观改造，包含外部翻新、外墙保温、适老化改造等；内部改造，包含内部装修、铺设防滑地砖、水电气暖管道更换、功能室分区等。郑

州圆方现已将代书胡同日间照料中心，打造成为集一楼张仲景中医理疗和图书阅览室、二楼棋牌娱乐等功能室、三楼健身文娱区于一体的医养结合的社区养老服务中心。

4.2.4 资源整合

"物业+社区+养老服务"模式要求物业服务企业克服自身的能力不足和资源短板，通过合股、合作、中介等多种方式，整合集团内外乃至社会上的养老服务资源，发展多层次、多样化的居家社区养老服务。

1）远洋服务借助集团内外的品牌资源，整合优质养老服务资源

远洋服务母公司远洋集团，致力于多从方面构建健康建筑和健康社区，已形成养老、医疗、智能化等多个领域的大健康布局版图。

（1）在内部品牌资源方面，资源丰富。比如，"椿萱茂"是远洋集团旗下养老版块的专业化高品质养老服务品牌，运用源自美国的养老服务理念、运营体系、照料经验。"悦享数字"则是远洋集团旗下智能化板块的代表，面向养老行业提供端到端的数字化解决方案。另外，北京远洋天地项目充分利用远洋服务总部端增值业务孵化的经验赋能，结合"椿萱茂"和"悦享数字"的品牌势能，助力业务优势定位和规划重点导引。

（2）在外部品牌资源方面，北京远洋天地项目调动了远洋服务增值业务部现有业务的条线资源，如美居产品、生活优品、空间资源和租售服务等多方位的优质服务商资源。

在此次"物业+养老"试点工作中，远洋服务充分发挥其在社区优质资源方面的调动驾驭能力，利用成熟社区业态品牌资源哺育养老业态，以养老业态为支点孵化生活服务新业态，实现螺旋式战略驱动发展。

在远洋服务总部的顶层设计下，北京远洋天地项目已经与"椿萱茂""悦享数字"达成了合作，为居家养老提供更多健康咨询、康复护理、智能设备方面的专业支持。对外，远洋服务已成功对接家装美居、生活优选领域内的优质合作商，并与其确认了深化合作。远洋服务还在计划与合作商共同持续提供与老人需求接壤的到家服务和娱乐服务。

2）保利物业整合集团内部的专业人才资源，实现人员梯队与团队的快速搭建

保利健投成功打造了机构养老品牌"和熹会"、公建民营养老品牌"银福苑"、社区居家养老品牌"和悦会"，以"12+X城市策略"布局全国各片区，实现规模化、连锁化发展。在本次试点中，保利健投就是依托本土养老机构中科和熹会以及天悦和熹会的技术、标准与人才输出，为老人提供了专业的养老服务。保利发展控股集团充足的人才储备使得人员梯队快速搭建。保利物业广州试点项目中的人员梯队建设均从保利健投旗下本土养老机构中科和熹会以及天悦和熹会的中层骨干中抽调。因此能够在短期内迅速完成团队的搭建，节省了团队的磨合期，且能快速实现保利健投养老品牌价值、服务理念、服务流程标准化在试点项目中的导入与复制。高效的人员配备有助于全方位开展专业养老服务。试点项目首年配置了8位员工，其中后勤出纳、心理医生、法律顾问的岗位由机构现有人员兼职出任，家庭养老床位服务将随业务的铺开增加相应的人员。

3）长城物业有效整合自身人力资源、合作方技术资源和公办医院专业资源

长城物业在试点项目小区内设置了一应驿站，为驿站配备"健康管家"，以及意外报警呼叫终端、辅助展示空间，以保证试点项目的正常运作。一应驿站的健康管家由长城物业出人，长城物业的战略合作方深圳市共享之家给予专业培训。共享之家养老服务有限公司，有专业的"六师"团队（巡诊医生、护士、护理员、康复治疗师、社工师、营养师）。长城社区的共享之家百花园旗舰店有护理员、护士、康复师、社工等员工48名，除了有42张床位的持续护理和短期托养服务外，还可为30余位老人提供日间照料服务。以共享之家为支撑，由共享之家进行培训，为其赋能基本养老服务技能。同时还邀请中山大学附属第八医院为健康管家进行培训赋能，进行急救知识的PPT演讲、实操培训，每位参与者均需进行现场模拟急救，并且接受急救理论与实操考核，通过培训考核者将由该医院授予"急救技能培训合格证书"。急救培训内容具体包括：CPR（心肺复苏急救）理论知识与操作、AED（全自动体外除颤仪）的正确使用、气道梗阻的紧急抢救。健康管家负责管理辖区内的养老服务工作

的基础端的各类事项，不仅作为养老基础服务的提供者，也作为养老服务需求的中转枢纽。长城物业还计划与专业团队合作开展居家适老化改造。

4）绿城物业整合集团内外资源，把合作选择与能力建设有效结合

绿城物业试点项目首先在居家养老服务中心配备两名常驻工作人员，由专业社会工作师和养老护理员负责中心工作，包括与老人联系及对接、资源整合、活动策划，并配合社区完成工作。其中，养老护理员经绿城椿龄养老系统专业培训，学习专业日式介护服务，获得椿龄研究院认证通过，可进行上门照护、康复支持等服务。试点项目组其次注意配置"医康养护"专项服务人员。诚园试点项目的特点是以"医康养护"为主，"颐乐学为"为辅，发展"物业+养老"模式。针对"医康养护"部分，椿驿聘请温州医科大学等高校毕业生及医院等专业医师组建项目医护团队，由具有职业资质的医师、护士、康复治疗师、老年人能力评估师、社会工作师等人员负责，提供专项服务的技术支持，共同开展医疗、健康保健、康复护理等居家养老服务内容。

椿驿联合物业整合绿城集团内外资源，把合作选择与加强能力建设结合起来，有效承接资源，提供优质养老服务。

第一，大力发挥集团内部资源。椿龄康养集团具备丰富的康养行业见解，养老机构运营及康养项目咨询的实战项目经验。其日本养老顾问团队可为诚园居家照护提供专业指导。绿城物业的诚园配有管家、保洁保安等服务人员，利用其天然地缘优势和经营优势、配套服务优势等，推动融合物业服务和养老服务为居家老人提供精准化的服务，促进社区的和谐稳定。绿城医院拥有专业化医护团队可为诚园发展社区问诊、老人就医等服务。椿龄荟与蓝熙医疗门诊部作为多功能的社区嵌入式养老机构和医疗门诊部，配有专业医生护士团队、健康管理师、养老护理员等，可协助诚园进行健康养老服务。

第二，积极整合外部服务资源。拟合作中西医结合医院、桐君堂等知名医院，为诚园提供中医康养保健等服务。引进智云健康，通过智云智慧健康产品，搭建老人健康服务平台，推进健康监测等服务。

5）银城物业与集团内的专业康养企业成立合资公司，保障业务开展高效协同

银城物业公司与银城康养公司成立合资公司银城怡家，注册资本500万

元，从事创新业务，以保障物业与养老的无缝对接，高效协同。在试点项目中，银城物业公司与银城康养公司联合成立工作领导班子，共同组建服务团队，协调各自资源，保证"物业服务＋养老服务"业务活动有序推进，现有约30人。

6) 之平物业依托母公司专业养老机构获得人员技能培训

从集团内部资源来说，之平物业重庆公司的母公司之平管理，在全国60多个城市拥有6000余名专业类员工，拥有良好的职业道德、熟练掌握了老人照顾多方面的知识和技巧、服务意识强烈。尤其之平管理创建成立了专业的养老服务机构——旬彩老人服务有限公司，并建立完善的培训体系：

（1）积极响应重庆市人力资源和社会保障局相关政策，参与其组织的技能培训（营养配餐员、按摩师、保健刮痧师、养老评估员等），提升工作人员养老护理的专业技能水平；

（2）定期对提供居家养老服务的物业人员开展沟通技巧、紧急救援、风险处理、服务需求评估、老人能力评估的培训，掌握基本健康养老专业能力；

（3）居家服务流程、入户标准化及质量管理体系培训，通过各类专业的培训学习，组建能独立提供服务的工作人员队伍。

从集团外部资源来说，之平物业长期与爱心企业合作建立志愿者服务团队，合作单位包括中信银行、牙科医院、华为手机、中国人民银行、欧文英语、金夫人婚纱摄影、葫芦丝协会、柔力球协会、石墨烯理疗桶、民间手工艺组织、创艺语言和书生书院等。

7) 郑州圆方积极整合社会资源尤其爱心企业支持，为小区居民获得高性价比的养老服务

郑州圆方社区服务中心积极整合社会资源，如周边的理发店、辖区里的爱心企业、爱心人士以及愿意承担社会责任的商铺等，通过整合更多的社会资源不断地为社区输血；一方面为社区居民提供更多可靠且高品质的服务；另一方面有利于社会爱心企业承担社会责任或实现商业价值。

圆方搭建社会爱心企业或人士与居民之间的平台，举办公益活动，至今已经举办了四十场，例如定期举办的每月一次的免费理发、修脚等活动。舒馨苑一楼的张仲景疗养中心也是圆方与社会爱心企业一起建造出来的。

圆方连接多元产业，整合多方企业资源，组成圆方的信息系统，同时提供开放的信息系统，争取为小区居民提供性价比较高的服务。例如在"团团家"互助养老中提供的餐饮服务，圆方与多家社会企业摸排沟通，如今已签约16家，目前摸排居民意见，进而整合资源，尽力为居民选择性价最高的服务，其中也不乏社会爱心企业或人士的投资与帮助。

圆方集团旗下拥有的雪绒花家政学院、圆方物业和在向郑州市民政局管办申请备案的郑州圆方社区服务中心和郑州市圆方社工服务中心，以及达成合作的万安医院、轻建健身俱乐部都是现阶段拥有的资源。同时与服务需求方签订的安全和服务等制度化协议也属于拥有的资源。

4.2.5 与政府及社区的合作

"物业+社区+养老服务"模式的提法，就意味着物业服务企业要遵从政府的引导，与社区紧密开展合作，才能依托社区发展以居家为基础的养老服务。各个试点项目都与当地政府及社区进行了紧密合作。

1）远洋天地项目将试点方案与政府职能部门提前沟通，保证试点可行性科学性

根据试点工作的开展节奏，专项工作小组先后与社区街道、中国物业管理协会、北京市市场监督管理局、北京市住房和城市建设委员会物业处、上海交通大学与北京林业大学组成的科研课题组、北京市民政局养老工作处建立了沟通联系机制。

在试点工作立项启动、方案论证、中期自评、阶段性成果汇报、试点工作总结等不同的阶段，专项工作小组都与试点工作牵头单位中国物业管理协会和科研课题组进行对接，开展了项目实地参观考察、专题座谈、线上对话等调研交流活动，并就具体的工作需求，如工商注册、养老资质许可、餐饮经营许可、场地资源协调等，与相应的政府职能部门进行沟通。

在方案论证阶段，北京远洋天地项目的工作得到了试点工作牵头单位的一致认可，这也成为业务顺利开展和推进的良好基础；在需求调研工作中，专项工作小组与课题组共同完成了数据收集和科研成果转化；养老资质获取方面，北京市民政局在进行现场考察以及与专项工作小组进行座谈沟

通后，提供了北京市"物业+养老"的民政扶持办法。除此之外，在远洋服务与相关政府部门的积极沟通下，北京市民政局已根据其发展居家养老的政策共识，将北京远洋天地项目纳入其"物业+养老"试点的政策框架内。根据《北京市社区养老服务驿站管理办法（试行）》等相关文件精神，物业服务企业已被纳入"三边四级"就近精准养老服务体系的重点参与主体，并获得了相应政策的扶持以及相关政策补助的落实。

2）保利物业项目方与政府职能部门及物业行业协会建立联系工作会议机制，及时协调解决试点中的问题

在保利物业试点项目中，广州市住房和城乡建设局、广州市民政局、荔湾区民政局、荔湾区海龙街道办事处等政府部门以及广州市物业管理行业协会都给予了试点项目足够的重视并提供了大力的支持。试点项目启动前，广州市住房和城乡建设局就组织广州市物业管理行业协会、保利物业、保利健投深入调研，在广州市物业管理行业协会处成立了居家社区养老专业工作委员会，为试点工作的全面开展打下了坚实的组织基础。同时，广州市民政局、荔湾区民政局和海龙街道办事处也高度重视此次试点工作，在项目开展的过程中，多次召开了联席工作会议，研讨并协调解决试点中面临的问题。在各级政府部门的大力支持下，保利试点项目已顺利完成了软硬装工程、安装工程以及证照办理、人员到岗等工作。

广州市人民政府对在居家养老服务提供有着一系列的补贴政策，如创办补贴、运营支持、医养结合支持、星级评定补贴、家庭养老床位补贴（具体补贴标准见项目总结报告），保利试点项目还尚未获得相关补贴，但两年后正在社区内经营居家养老业务的公司合约到期后，其现有业务将转移到保利的颐康中心，保利项目也将获得相应的补贴。除此之外，广州市人民政府还向60周岁及以上的居家老年人提供助餐配餐服务资助，保利花香美苑社区附近的老人可就近前往颐康中心的荔湾区海龙街老人饭堂享受服务及资助。

3）长城物业项目方与政府及社区建立常态化沟通机制，用好政府补贴政策

长城物业深圳试点项目方在试点期间每月以文字形式向深圳市住房和建

设局进行试点项目的进展汇报，与试点项目所街道办和社区工作站保持常态化沟通。

长城物业试点项目的社区养老服务机构可享受免收增值税的税费优惠政策。在补贴层面，因深圳的补贴政策近几年发生过多次变化，深圳市共享之家3H颐养复康中心（百花园店）曾在民办养老机构与民办非企业养老机构同等享受补贴政策时，获得过日常运营补贴、场地补贴、床位补贴（福田户籍）、阿尔兹海默症补贴等，但在2017年深圳养老机构补贴不再涉及民办养老机构的时候，未再得到政府补贴款项。但深圳市2020年最新的养老机构补贴中又将民办养老机构重新纳入补贴范围。长城集团旗下的共享之家社区养老服务机构和居家养老服务中心均为"深圳市居家养老消费券定点服务机构"，该类型的机构可接收老人居家养老消费券的使用。

4）绿城物业项目方派专人与社区负责人进行定期沟通，得到有效帮助

试点开展期间，椿驿联合物业分层管理，物业管家对社区老人服务及养老项目进行日常监测和反馈收集，椿驿进行项目整体的信息整理，设立专项人员定期与社区负责人积极沟通，主动协调，整体上形成一个三方相互监督、相互支撑的作用。同时，也可以在共识的基础上，达成一致行动的目标。在试点的过程中，社区养老用房的落实一直是较大难题，椿驿在诚园社区支持下取得社区养老用房场地。

5）银城物业项目方与市区政府部门形成工作例会机制，获得审批与实施方面协助

南京市建立住宅小区综合治理联席会议机制，将"物业+养老"服务试点工作作为美丽家园三年行动计划的重要内容，作为为民办实事的重点任务，作为全市养老服务重点工作项目。市房产局、民政局具体牵头实施，鼓楼区房产局、民政局具体指导本区试点物业服务企业完成住房和城乡建设部的试点任务实施。加强部门联动，定期召开工作例会，推动审批流程、组织实施中的具体事项。人员培训是试点中的重要工作，试点企业提前申报培训方案，主管部门在发放培训资料、制定考核标准、结业发证等方面给予了大力支持。

6）深圳之平重庆公司参与市住房和城乡建设委员会牵头的专项班子和定期工作沟通会，在场地使用、运营和资质获取上获得及时支持

在重庆市住房和城乡建设委员会的牵头下，成立"物业+养老"专项班子，定期组织召开工作沟通会，试点企业有机会及时汇报工作进度及存在的困难。重庆市还建立物业服务企业负责人同渝北区龙塔街道分管领导联席制度，配合养老工作的落地。试点企业还同社区建立微信专项沟通群，高效快速进行沟通反馈，协助共同参与养老试点工作。深圳之平重庆公司在2020年9月以公建民营方式承接社区养老站（日间照料中心），社区养老站点的使用场地得到辖区居委会的支持，将部分社区用房纳入养老用房使用，为试点工作提供了强有力的保障。政府补贴运营经费8万/年，渝北区住房和城乡建设委员会拨款2万元用于"物业+养老"宣传及老人活动的开展，为试点工作的推动给予了基本运营支撑。深圳之平重庆公司试点项目还在2021年6月建立了渝北区养老助餐点（即社区助餐食堂），获一次性建设补贴10万元（已通过第三方审计，待民政报销）。60岁以上老人用餐数量达到2700餐/月，政府每餐为其补贴2元（12月份补贴下半年6月至12月）。社区助餐食堂的开办得到市住房和城乡建设委员会、渝北区物业科及龙塔街道养老科的支持，顺利取得对外经营许可证。

7）郑州圆方通过举办公益活动增加社区认同，也积极参与社区治理

代书胡同小区作为郑州市首个居家养老试点，受到政府的高度关注。各级政府从政策、基础设施建设、资金、管理培训等方面都给予比较大的支持。郑州市人民政府对代书胡同社区的翻新与建设提供了大量帮助。面对之前脏乱差的居住环境和不健全的治安环境，政府投入了大量的人力、物力、财力改变社区的整体面貌和居住环境，并加大了物业费中政府补贴投入的力度。此外区政府又做了摸排调研，引入不同企业促进社区基础设施建设，促使企业积极承担社会责任；而且在各级政府的鼓励支持下，圆方集团结合实际情况成立了互助式养老平台，通过盘活闲置社会资源，为老年人安享晚年提供了更加便利的服务。

为增加社区和居民的参与感，圆方集团经常与社区共同举办各种活动。首先从公益性出发，增强居民的信任感和对小区物业的认可度，再不断拓展

服务内容，构建良性生态，并反哺物业，从而达到可持续发展，并推进社区养老阶段性进展，实现社会价值、商业价值等的统一。

在社区治理方面，代书胡同社区街道和不同的居委联合会支持物业企业开展公益和文化活动，真正做到了社区主办、人民群众广泛参与；当面临突发状况时，社区工作人员也是坚守在工作一线；在进行社区工作的时候，社区物业公司广泛调动居民的参与性，积极支持相关工作。

4.3 试点的成效体现

公共管理研究文献一般认为，政策试点是一种实验性的公共政策制定方法，重要的是实用性而非试点实验设计的严谨性、科学性和精细性。政策试点的主要作用包括发现问题和解决问题、消除政策冲突和减少政策模糊性、推动部门之间的协同、积累运作经验和产生实践知识、形成范式和塑造示范性标杆、启示政策工具的运用与创新、激活支持者和整合资源等，从而实现政策创新"由点到面"、从边缘到主流的扩散。

对照这些目标，本课题组认为各试点单位在验证落地模式、积累实践经验、促进机制成熟、形成专业团队、搭建合作平台、开创生态构建等方面都取得不少积极成效。同时也通过试点及引发的政策宣传、媒体报道，促进所在区域老人及家属对居家社区养老服务多样化产品供给可能性的了解，唤醒他们对服务的需求，并在这个过程中培养对改善型养老服务的付费意识。参与试点的物业项目方也反馈，通过开展依托社区以居家为基础的多样化养老服务，有利于增加与业主的黏性，反哺物业服务的主业也为自身业务链的扩展打下良好基础，同时也会对企业社会形象和品牌价值的提升带来多方面好处，并促进物业企业能在政府引导下更加深度参与居区建设和社区治理，更加融入城市与社区的共建、共享、共治发展。诚然，试点中也发现了很多问题与难点、堵点，但这些问题的发现都是宝贵财富。在试点过程中，各项目方努力克服困难，与所在城市的地方政府及社区密切合作，积极探索解决办法，创新性地提出了很多解决方案，不少方案取得了积极成效，为后期各地落地"社区+物业+养老服务"提供了有益参考，也为未来进一步创新居家社区养老服务模式、推进各项优质养老服务资源向老年人的身边、家边和周边更加聚集打下了良好基础。

本次试点工作的主要成效主要体现在验证落地模式，积累实操经验；促进机制成熟，形成专业团队；搭建合作网络，开创生态构建；唤醒服务需求，培养付费意识；反哺物业主业，扩展业务链条；发现难点阻塞，探索解决方案六个方面，分述如下。

（1）验证落地模式，积累实操经验。虽然本次入选试点的8家物业企业之前都或多或少有一些居家社区养老服务的提供经验，并在入选试点的项目上有过实操，但当时各物业企业的出发点不相同：有的是出于企业品牌形象和增加客户满意度考虑，公益性色彩居多，有的是扩展业务链的探索尝试，大多并没有真正地从战略战术层面给予足够重视。此次入选试点后，各个物业企业对开展居家社区养老服务给予了从未有的高度重视，也在试点工作领导小组的要求下，导向十分明确，就是要以探索如何形成可落地、可持续、可循环又可复制、可推广的服务模式为目标。在这样的目标导向下，各试点单位态度明显不同，认真组织，精心设计试点方案，在业务落地过程中积累了宝贵的实操经验，业务开展不管是顺利成功还是受到一些挫折，都为后期奠定了巩固基础。

（2）促进机制成熟，形成专业团队。进入试点的企业之前在居家社区养老服务方面的经验大多是摸索性的，大多没有独立的组织架构和成熟的运作机制。经过试点工作，企业基本都组建了独立的服务实施主体，大多数已对养老服务进行了独立核算，并通过培训等各种方式，形成了具有一定专业水平的养老服务团队。如绿城物业将原老人管家组织另建，成立浙江椿驿养老服务有限公司，作为此次绿城物业在杭州西溪诚园试点的实施主体，在试点期间联合物业为诚园项目开展多方面的居家社区养老服务。还如保利物业广州试点项目中的人员梯队建设均从保利健投旗下本土养老机构中科和熹会以及天悦和熹会的中层骨干中抽调，在短期内就迅速完成团队的搭建，节省了团队的磨合期，且能快速实现保利健投的养老品牌价值、服务理念、服务流程标准化在试点项目中的导入与复制。

（3）搭建合作网络，开创生态构建。物业服务企业的本职工作毕竟是物业服务，企业现有员工在养老服务上多少都存在一定短板和不足。但参加试点的企业大多有背靠集团多元化资源丰富的优势，不少试点物业企业的母公司都早已布局养老板块，在养老服务资源和服务经验上十分丰富。试点推动了相关物业企业在养老上加快搭建多元化的合作网络，居家社区养老服务的生态构建都已初见成效。如长城物业在项目小区内设置一应驿站的健康管家由长城物业出人，长城物业的战略合作方深圳市共享之家给予专业培训，同时还邀请中山大学附属第八医院为健康管家进行培训赋能，通过培训考核者将由该医院授予"急救技能培训合格证书"。健康管家负责管理辖区内的养老服务工作的基础端的各类事项，不仅作为养老基础服务的提供者，也作为养老服务需求的中转枢纽。在杭州试点中，椿驿联合物业整合绿城集团内外资源，把合作选择与加强能力建设有机结合起来，在提升自身提供优质服务能力的同时，形成居家社区养老服务生态。特别要说明，"物业+养老"绝不是对原有居家社区养老模式的推翻或替代，而是有益补充。各个试点项目也在试点中积极与传统居家社区养老服务的供给方展开积极合作，共促优质养老服务资源更加下沉，更向老人身边、家边和周边集聚。

（4）唤醒服务需求，培养付费意识。试点的一个重要目标是培养老人及家属在现场见识多样化居家社区养老服务产品供给，有对相关服务的直观认识和体验感，从而唤醒对这些服务的需求，并在接触公益性、免费性、体验性养老服务的过程中，产生对改善型养老服务的内在需求，培养付费意识。只有扩大改善型养老服务的市场规模，提高养老服务的供给能力、品质标准和产业化水平，才能反过来促进基本养老服务供给全覆盖和扩大普惠型居家社区养老服务的可及性。在如何唤醒服务需求和培养对养老服务的付费意识方面，广州保利、杭州绿城、重庆之平、郑州圆方等试点企业在这方面都有不少创新性探索，取得了较好成效，为后期进一步开展积累了有益经验。

（5）反哺物业主业，扩展业务链条。"物业+养老"并不代表物业服务企业放弃原来的物业服务主业，反而会对原来的主业产生促进作用，更加强化物业企业与业主的联系与互动，提高信任度和亲近感，强化企业在业主中的黏性，这对物业企业提高获得聘任延期概率、改善与业主组织合作关系都大有促进作用。如重庆之平、郑州圆方等试点项目都出现物业费收缴率明显上升的迹象。当物业企业的主业根基更加巩固，与业主的黏性更加紧密，聘期续约率更高，物业费调整可能性更大，物业品牌溢价性更强，后期物业企业将业务链开展到家政、托幼、文化、健康、经纪、旅游、教育等社区生活场景，构建"物业+生活"的大居住生活服务产业链，就有很强的基础。

（6）发现难点阻塞，探索解决方案。试点过程中也发现了很多问题及难点阻塞，包括不少试点项目不同程度存在服务项目不丰富、服务模式不合理、业主不认同、场地资源难落实等实操层面的问题，也有来自部门与社区的支持不够，企业感觉单兵作战难以取得模式突破。但这些问题的及时暴露是好事，试点最重要的就是要发现问题，发现问题才能解决问题。事实上试点过程中，也有很多企业克服重重困难，甚至采取"迂回转进""曲线救国"的办法，落实了场地，组建了团队，获得了资质，把服务业务给落地开展起来了。这其中的共同经验是，试点企业项目方积极与当地政府职能部门和社区积极沟通，共同协商，群策群力，最终基于来自当地政府和社区的大力支持和业主的配合，找到了解决思路，化解了问题。

本书在本章中的第4.5节、第五章和附录7"可复制政策清单"等部分，对问题暴露和如何解决问题还有更多介绍。

4.4 试点的模式总结

课题组从发起主体、资金来源、客户范围、服务主体、物业角色、运营机制、组织体系、场地来源八个维度对其中七个试点项目进行了总结，如表4-7所示。

针对居家养老服务的开展，课题组还根据运营机制、资金来源、组织体系等方面的不同将本次八个试点项目运营的整体特征或某些模块特征归纳为"集团内部协作型""政府主导型""居民互助型""居间平台型"四个模式。在不同的模式中，物业企业在居家养老服务供给体系中扮演了不同的角色，在运营机制、资金来源、组织体系等方面各具特点，各有某方面的优点，但也各有一定局限或各自门槛要求，分别适用于不同类型不同居民结构的社区。首期"物业服务+养老服务"的试点项目的模式总结如表4-8所示。

表4-7

首期"物业+养老"试点项目的工作开展总结

物业公司	北京远洋	广州保利	深圳长城	杭州绿城	南京银城	重庆之平	郑州圆方
发起主体	企业	街道	企业	企业	企业	街道	政府
资金来源	企业投入	企业投入、政府补贴	企业投入、政府补贴	企业投入	企业投入、政府补贴	企业投入、政府补贴	企业、居民共同投入、政府补贴
客户范围	社区内所有需要服务的老人	社区内和周边社区所有需要服务的老人	社区内和周边社区所有需要服务的老人	社区内所有需要服务的老人	社区内所有需要服务的老人	社区内所有需要服务的老人	社区内和周边社区所有需要服务的老人
服务主体	集团下属养老机构现有人员和第三方服务商	集团下属养老机构现有人员	集团下属养老机构现有人员	集团下属养老机构现有人员	集团下属养老机构现有人员以及物业现有人员	集团下属养老机构现有人员	居民以及集团下属机构现有人员
物业角色	平台、转介	转介	粘合	粘合	提供服务、粘合	粘合	粘合
运营机制	①物业提供平台;②服务商提供主要机构服务,机构提供少量服务;③收入共同核算	①街道办投资建设;②机构运营;③物业与机构共同服务,收益分成	①企业投入资金和场地等资源并进行运营;②机构主要提供服务;③物业进行辅助	①企业投入资金并进行运营;②社区提供场地支持	①企业投入资金和场地等资源并进行运营;②物业与机构共同提供服务;③社区提供补贴等帮助	①社区提供场地和补贴;②企业运营,并提供服务	①社区提供场地资源;②物业负责运营;③机构和居民提供服务
组织体系	"物业—服务商"集成—分包机制	"集团—机构—物业"内部分工模式	"集团—机构—物业"模式	"集团—机构—物业"内部分工模式	"集团—机构—物业"内部分工模式	"集团—机构—物业"内部分工模式	"社区—物业—居民"多方互动模式
场地来源	落实中	养老服务中心,由街道建造,企业租用	养老服务中心,由街道建造,企业租用	养老服务中心,由街道建造,企业租用	社区原有物业办公场所,业主活动场地	物业自有场地以及物业、社区联建场地	周边闲置公配房,居民闲置房屋

表4-8

首期"物业服务+养老服务"试点项目的模式总结

模式	集团内部协作型	政府主导型	居民互助型	居间平台型
试点项目	深圳长城社区、南京银城、杭州绿城诚园、广州保利花香美苑	北京某项目	郑州闯方代书胡同("团团家")、重庆之平鲁能星城("时间银行")	北京远洋天地
核心特征	①依托集团运营的社区嵌入式养老机构提供服务;②物业收集和激发居民的养老需求,转介给机构;③集团养老板块/健康板块的专业机构提供养老服务,或为物业开展居家服务提供技术人才支持	①"政府补贴+服务商让利+客户支付"的资金筹措机制;②第三方服务商进行具体服务的提供;③物业负责对服务提供者进行监管	①居民既可以是服务供给方,也可以是服务需求方;②物业负责进行供给需求的对接和匹配	①轻资产模式,不依赖实体场地;②物业主要充当需求信息收集、资源链接和服务集成的平台,不直接提供服务;③物业公司可通过"模式输出"获得利润
运营机制	①企业投入资金和场地等资源并进行运营;②物业与机构共同提供服务;③社区提供补贴等帮助	①政府提供资金、场地等资源;②企业运营;③第三方提供服务	①物业负责居间搭桥;②居民提供服务,获得报酬或积分	①物业提供平台;②服务商提供主要服务,物业提供少量服务;③收入大共同核算
资金来源	企业投入、政府补贴	政府投入为主,企业投入为辅	企业,居民共同投入、政府补贴	企业投入
补贴力度	中等	较大	较小	小
组织体系	"集团—机构—物业"集团内部化分工模式	"政府—物业"直接委托模式	"物业—居民"互动模式	"物业—服务商"集成—分包模式
客群范围	社区内和周边社区所有需要服务的老人	社区内所有需要服务的老人	社区内和周边社区所有需要服务的老人	社区内所有需要服务的老人
服务形式	兼有全托、日托、上门服务	日托、上门为主,全托为辅	日托、上门为主,全托由居民提供	上门提供服务

续表

模式	集团内部协作型	政府主导型	居民互助型	居间平台型
物业角色	粘合、转介	监管、平台	匹配	平台
服务主体	集团下属养老机构现有人员和物业人员	第三方供应商和物业人员	居民以及集团下属养老机构现有人员	物业现有人员和第三方服务商
运作独立性（不依赖政府的程度）	较弱	弱	中等	较强
适用场景	①集团地产板块开发的中高端社区；②社区居民整体收入水平较高，养老服务消费支付能力较强；③社区内及社区周边场地资源较为充足	①各机关、部队、大型企事业单位大院；②养老资金来源有较充足的政府（第三方）保障	①社区内居住人口老龄化程度较高，但又有较多活力老人；②居民整体收入中等偏低	①社区内的老年人收入水平较高，养老服务消费支付能力较强；②社区场地资源不足
实施要点	①集团需进行统一的规划部署；②街道、社区需给予足够的场地协调支持；③物业公司前期需有较好的业主信任和集团内兄弟板块合作队基础，与集团内兄弟板块合作顺畅	①需有持续稳定的资金支持、政策扶持；②物业公司前期需有较好的经营基础，与政府（第三方）的互信程度高，也受业主主信任	①物业公司前期需有较好的经营基础；②提高社区居民信任度；③做好供需双方的对接	①物业公司前期需有较好的经营基础，业主信任度高；②物业需同时经营多个项目，模式推广后有规模经济性；③物业品牌需号召力大，合作伙伴多；④前期宣传、品牌的推广工作到位
注意事项	集团从战略层面推动，算大账不算小账，算长账不算短账	政府补贴力度较大、覆盖的社区不能太多	社区居民闲置的人力、空间资源应较为充足	社区周边的服务资源较为丰富，供需容易匹配成功

続表

模式		集团内部协作型	政府主导型	居民互助型	居间平台型
优势		①养老服务的专业性有保障；②服务种类丰富，多样性强；③培育居家养老服务市场，激发居民的付费意识；④增加物业对客户的黏性，提高品牌度；⑤集团多板块协同发展	①服务具有稳定性、持续性；②老人需自付的部分较少；③物业无风险，承担意愿较强	①解决养老供给不足难题的同时，提高有余力居民的收入；②对社区场地的依赖性较低；③充分利用居民的闲置房屋；④促进社区居民之间的互动	①物业直接投入较小，运营负担低；②对于场地资源的依赖性较低；③培育居家养老服务市场，激发居民的付费意识；④促进居家养老服务产业联盟的形成
局限		①对物业要求高，需背靠大型集团支持，适用面较窄；②对社区场地的依赖性较高；③居家养老业务自身造血能力仍不足	①覆盖面较小；②居家养老服务业务自身造血能力不足，可持续性差；③服务种类与内容受政府补贴限制，多样性不足，收益也有限	①社区居民任养老服务专业性上可能存在欠缺，多样性也不足；②居民互助中可能存在一些法律风险伦理风险，不确定性大；③物业收益低，积极性不高	①服务种类与内容受制于合作服务商，不稳定；②服务品质可控性弱；③轻资产、轻收益也轻收益，难以促进物业自身转型升级

第4章 "物业+养老"试点的开展及经验总结 | **093**

（1）"集团内部协作型"模式是本次试点中最普遍的种类之一，广州保利、深圳长城南京银城、杭州绿城都采取这种模式，是"集团—机构—物业"集团内部化分工的模式。在其中发挥最主要作用的是街道、社区建设的社区嵌入式养老服务机构，物业人员负责收集和激发社区居民的养老需求并转介给机构，再由物业所属集团旗下的养老、健康板块中的专业机构提供养老服务，或为物业开展居家服务提供专业技术人才支持。在该模式下，社区内拥有可供老年人住宿的场地资源，也有可以提供上门服务的专业养老服务人员，因此项目方可以同时提供全托、日托和上门三类服务。此模式的优势在于，养老服务的提供主体是专业养老机构的服务人员，因此服务的专业性是有保障的，且服务种类较为丰富，可以满足当今时代老年人多样化的养老需求。在培育居家养老服务市场、激发居民的付费意识的同时，还可以增加物业对客户的黏性，提升客户对于物业企业总体的满意度，并促进集团多板块的协同发展。但依托集团旗下养老机构提供技术支持的方式，意味着这一模式对于物业企业的背景要求极高，能够发展多个板块的一般都是大型的集团，而目前国内大部分的物业企业体量都较小，因此该模式的适用面可能较窄，且物业企业在居家养老业务方面的自我造血能力仍会存在不足。同时，该模式对于社区场地资源的依赖性也比较高，需要街道、社区较大力度的支持与协调。

（2）"政府主导型"模式。其以北京某项目为代表。政府在其中发挥了主导性的作用，负责提供资金、场地等重要资源，物业企业接受政府的委托，但不直接提供服务，而是负责在社区内引入第三方服务商为老人提供具体的养老服务，并进行项目的日常运营和服务的监管。在该模式中，老年人需要自付的费用较少，负担很小；物业企业不需要承担经营风险，因此对于项目的积极性和承担意愿较高。集中的政策扶持和资金支持也保证了该模式下养老服务的稳定性与持续性。但在这一模式中，政府对于物业企业的政策扶持和补贴力度较大，在我国的国情下，此模式要大规模地复制尚有难度，因此覆盖的社区不能太多，更适用于养老资金来源有较充足政府（第三方）保障的各机关、部队、大型企事业单位的家属大院。同时，因为主要的投入在于政府，服务的提供在于第三方服务商，因此物业服务企业在居家养老服务业务上的造血能力会有严重的不足，且服务种类与内容也会受到政府补贴的限制，服务多样性存在欠缺。

（3）"居民互助型"模式。其以郑州圆方代书胡同项目和重庆之平鲁能星城项目分别开展的"团团家"和"时间银行"为代表，是一种物业带动居民之间互助养老的模式。该模式适用于社区居民整体收入中等偏低、居住人口老龄化程度较高，但又有较多活力老人的社区。作为一种较为创新的模式，它更强调普通居民间相互的帮扶与慰藉，本社区内与周边社区的居民既可以成为互助养老的供给方，也能够成为互助养老的需求方。物业在其中不直接提供服务，而是扮演一种桥梁的作用，负责对接居民的供给和需求，为他们提供一个可以进行供需匹配的平台。此模式的优势在于，通过对社区内多余社会资源的盘活，为老年人提供了性价比较高的养老服务，老人只需要花较少的钱甚至不用花钱，就能在熟悉的社区环境里最大限度地享受到可靠的养老服务。通过邻里之间的互帮互助，养老供给不足的难题得到了解决，老人的幸福感得到了提升，有余力居民的收入得到了提高，社区居民之间的互动也得到了促进，有利于构建互助和谐的社区氛围。但社区居民不可避免地在养老服务专业性上存在着欠缺，居民互助中也存在一些法律风险和伦理风险，扩大了服务中的不确定性。物业企业在该模式中的收益可能偏低，这也在一定程度上会抑制物业发挥作用的积极性。

（4）"居间平台型"模式。北京远洋天地项目在探索，其是一种资源链接型、轻资产平台化的模式。这种模式风险低，对于实体场地资源的依赖性较小，无法提供住宿功能，适用于场地资源较为匮乏、社区内活力老人居多的社区。物业在其中充当的是养老服务需求信息收集、养老资源链接和养老服务集成的平台，不直接提供服务，主要通过"模式输出"获得利润，因此直接的资金投入较小，运营负担也比较低。这样的特点就对物业公司前期的经营基础、社区业主的信任度高、物业经营的项目数量和品牌号召力、品牌宣传推广的力度等有着比较高的要求。该模式的发展对于培育居家养老服务市场、激发居民的付费意识以及促进居家养老服务产业联盟协的形成有着重要的作用。但因为此模式下的养老服务种类与内容受制于已建立合作关系的服务商，稳定性方面稍显不足，服务品质的可控性也较弱。此外，轻资产也意味着低收益，在低收益的情况下物业自身的转型升级就可能较难实现。

4.5 试点中发现的"物业+养老"落地难点及根源所在

不仅住房和城乡建设部在组织全国性的"物业+养老"方案试点，也有一些省市自行组织了相关试点，这些试点都在有序进行中，也都在一些方面取得了积极进展。但客观来说，即使有来自政府最高层面的"高位推动"和"政治势能"，"物业+养老"或"物业+社区+养老服务"的养老服务新模式要走入千家万户，仍然还存在较多的困难阻碍。

然而，试点工作最重要的任务之一就是要发现问题，只有系统、全面、清晰地发现潜在的难点与堵点，才能为下一步更大规模工作开展打好基础。

总体来看，试点项目虽都已取得一定进展，但或多或少还存在以下问题：

（1）服务内容不丰富，多数项目只开展少数几项养老服务，展示体验为主。

（2）服务主体未明晰，多数项目未成立专门部门或独立机构，团队较少。

（3）服务能力待提高，多数项目的养老服务全部外包，自主提供能力弱。

（4）服务定价未成形，多数项目对服务还未形成清晰、完整的定价体系。

（5）服务模式未清晰，多数项目还没有确定是自主提供还是合作或中介。

（6）独立核算未落实，多数项目还没有对养老服务实现单独核算。

（7）业主支持不积极，多数项目未能有效发动业主的支持热情，抵触多。

（8）政府社区未协同，多数项目与政府部门及街道社区的互动协助不足。

从各项目方开展的调研并结合相关网络调研，老年人最需要的养老服务是助餐、助洁、助医和助急四类服务，但这些服务的发展还不均衡。

在具体的养老服务内容和质量方面，服务种类也比较单一，对不同群体多样化需求的分类考虑不够。不同年龄段、不同身体状况、不同收入层次和不同消费意识的老年人需要的养老服务差异较大，有些偏向长期固定化的生活护理与慢病管理等服务，有些则更接受按次收费的生活照料与医疗保健服务等。

各试点项目也反馈，养老服务专业人员队伍存在较大的供给缺口，建设存在诸多"瓶颈"。如何在物业服务企业所构建的养老服务平台上，使养老服务专业人员"进得来、留得住、稳得了、干得好"，需要建立健全养老服务人员的培养体系、评价标准、职业晋升通道、激励机制等。尤其还要考虑一些地方长护险试点，从事长护险的护理人员收入较高，在市场上产生了"虹吸效应"，加剧了并不占优势的物业企业及合作者在招人留人方面的难度。

物业服务企业在社区中的作用与地位不清，物业服务的性质不明，已经跟不上新时代对基层社区治理的需要，也跟不上新时代发展"小社区，大服务"的要求。这些深层次的根源，导致不仅是养老服务，那些物业服务企业表面看起来潜力很大的服务业务扩展，如托幼、家政、文化、健康、经纪、旅游、教育等，都受制自身能力及各方面的制度约束，真正能形成的有效供给还很不充足。

4.5.1 痛点、难点

课题组根据对试点项目的实地调研、项目总结报告及相关材料，归结起来，扩大"物业+养老"落地，痛点、难点、堵点主要集中在场地缺自主、业务无授权、业主认同低、服务能力弱、运营模式不明、政府支持不足六个方面。

（1）场地缺自主。根据现行法律，小区内的公共场所、公用设施和物业服务用房，包括道路和绿化，都属于业主共有[①]，物业服务企业并没有属于自己的场地设施和用房。尽管企业依据物业服务合同，可以在运营期间内免费使用小区内的物业服务用房，但不得改变用途。即使个别试点项目企业声称拥有小区内某处物业的产权，但并不受业主认同，存在法律争议。这直接导致了物业服务企业开展任何活动包括养老活动，一旦需要使用场地设施，必须得到业主的共同同意，否则就难以开展，这是最尖锐的矛盾。因为物业提供养老本来最大的优势就是常驻小区，有任何其他市场主体都无法比拟的邻近优势和响应优势，进而带来成本优势，这些优势甚至足以抵消专业劣势。但这些优势需要以有小区内能自主使用的专门养老场所设施或能方便储

---

① 根据《中华人民共和国物权法》第七十三条，建筑区划内的公共场所、公用设施和物业服务用房，包括不属于城镇公共用途的道路和绿地，都属于业主共有。

存养老物资与设备作为依托，否则就会大打折扣。

（2）业务无授权。物业服务企业是业主集体所雇用，依据物业服务合同来履约。但养老服务并不在原先的物业服务合同中的约定，物业开展养老服务，需要获得新的授权。然而获得非传统业务的授权需要与业主集体协商，并修改物业服务合同。这并非易事。多个试点项目甚至连业主委员会都没有成立。

（3）业主认同低。养老服务的需求属于个性化需求，并非全部业主都有。不少试点项目反映，较多业主对小区内开展养老服务抵制强烈。我国目前城镇小区中的业主委员会覆盖率仍然较低。多个试点项目与业主的沟通机制不够通畅。

（4）服务能力弱。物业服务企业看起来有希望、有优势提供的养老服务，比如"七助"，真正开展起来都有不少困难。一是专业能力弱。收益性较强的养老服务往往专业性强，进入门槛较高，一般需要获取一定的资质才能提供。大多数物业服务企业不具备提供这些养老服务能力。企业需要重新设立专门部门或专门机构，或者联合专业机构才能开展，或只能做一个中介平台。进入门槛低的养老服务，往往收益性差，企业缺乏兴趣。二是成本控制弱。在小区层面开展非集中式养老服务，或开展非批量化养老服务，规模经济性差，单位成本高，竞争性不强。

（5）运营模式不明。虽然"物业+养老"已有十几年历史，但整个行业始终还没有找到有活力、有生命力并可复制、可推广的运营模式，为此还只能在小范围象征性地开展。这方面需要找到痛点所在，激励企业加快模式创新。

（6）政府支持不足。试点项目的当地政府及社区都有心给予帮助，也在积极寻找政策支持资源。但"物业+养老"毕竟是一项新生事物，受到很多现有政策制约，支持难度较大。比如城市规划条例、消防条例、建筑规范条例等对场地改造的限制，也缺乏明确财政资金支持渠道。

4.5.2 根源分析

以上六个痛点、难点，可归纳为三个层面的矛盾：企业对经营义务的营利性要求与养老服务的公益性、普惠性要求之间有显著冲突；物业服务企业的供给能力与养老服务的特殊需求之间有巨大落差；物业服务企业与业主群体在当前物业服务模式及治理社区框架下在利益上有较大的对立矛盾。

养老服务毕竟是一项高度特殊的服务，专业化和精细化程度都很高，甚至还有一定的风险性，进入门槛较高，提供服务人员要求有一定的资质或至少一定的较高素质，这与物业服务企业原来提供的服务项目有较大的差别，现有人员素质与之相比有较大距离。根据《物业管理行业发展指数报告2020》，中国物业服务行业近700万从业人员中，80%为一线操作人员，农村务工人员居多，本科生比例不足7%，从业人员总体技能储备和知识水平较弱。此外，物业服务企业提供居家社区养老，目前才刚刚得到政策认可，但还没有可参照的规章制度，甚至连规范标准都还没有，很多政策配套严重不足，需要很多的协同性治理。

"物业+养老"实践中一个最大的困难是，企业生存与发展的营利性与养老服务公益性、普惠性之间的矛盾。物业服务企业作为市场化的营利性组织，开展任何业务，包括开展养老服务，不能不考虑成本的可回收问题，这就有可能与普惠性养老服务所要求的低廉甚至免费供应内生存在冲突。企业毕竟是需要有盈利才能持续发展，资源和业务能力也是有限的，只能选择对其最有收益的业务去开展。大多数物业服务企业只能驻守一个或少数几个小区，规模性较差，无论开展居家养老服务还是社区养老服务，业务十分琐碎，业务收入十分微薄，业务成本可能非常高昂，大多数物业服务企业望而却步。此外，我国这个阶段的大多数老人对于养老服务都视为社会福利，没有支付意愿。如果没有足够的政府购买服务介入，让物业服务企业去提供普惠性养老服务肯定举步维艰。但如果物业服务企业不能通过有效的经营，降低单位服务成本，政府购买服务成本过大，也将不可持续。之所以"物业+养老"存在价值，就是政府和社会各方面寄希望物业服务企业能够充分发挥其效率性、邻近性和对老人熟悉和容易得到信任，并对老人服务需求识别精准性等方面的独特优势，培养居民对养老服务的付费意识，降低养老服务的总体社会成本。哪怕企业提供的服务有很大一部分最后是通过政府购买服务买单，也要让政府和社会看到养老社会成本下降的经济效益。物业服务企业要努力创新探索，丰富服务内容，制定合理定价，尽快找到用户、企业、政

"物业+养老"服务新模式
——发展前景与案例解析

府三方都满意且合适的运营模式。但在没有找到这样的运营模式之前，大多数企业是缺乏积极性进入养老服务领域中的。

当物业企业有意愿、有能力开展养老服务的时候，又遇到诸多阻塞，来自业主的不认同乃至抵制，是最具有制约性的。试点中发现的场地矛盾、非受益业主的不认同与抵制等问题，归根结底，是当前社区治理结构下物业服务企业与业主群体难以避免的利益矛盾。场所使用权的归属、企业开展服务的权限争议，从根儿上来说，需要对物业服务企业在小区中到底是在发挥什么样的角色和功能定位进行反思，并对社区内的物业服务，到底属于市场服务还是准公共服务进行更深层次的认识。物业服务的购买是一项公共选择，不能个体购买，只能集体购买，其收益有高度外部性，成本却高度内部化，个体业主在物业服务享受上具有非排他性，在决策上存在非自愿性。要真正突破这方面的制度障碍，就需要对物业服务企业的运营模式进行重新设计，对社区内的物业服务的性质进行重新认识，也需要与基层社会治理和社区治理的模式变革进行互动。

4.6 "物业+养老"落地难的化解思路

课题组针对以上提到的三个难点的根源，提出了以下化解思路。

4.6.1 推进物业企业的服务集成以应对养老服务的专业性要求

化解物业企业服务能力与养老服务的专业性、特殊性要求之间的供需矛盾，其实是容易的。

曾有物业专家将物业管理的商业模式归纳为物业服务供应商、物业服务集成商、物业顾问服务商、物业资产运营商、物业资源开发商和物业保障服务商。这位专家还认为，物业管理行业在未来的三十年内想要实现持续的进步，就必须要改进和创新现有的物业管理商业模式。其中的物业服务供应商，顾名思义就是服务的直接提供者。目前，我国大部分保持着传统管理模式的中小型物业服务企业以及从事保安、保洁、绿化、维修等各类小区和社区中必须为专业的服务企业。

自2016年起，物业管理人员的从业资格限制和物业服务企业的资质核定相继被取消，物业行业市场的大门被打开，越来越多的小微企业进入这一行业，成为物业服务供应商。于是，面对着居民日益增长的对更优质、全面社区服务的需要，近年来已有一批物业服务企业突破传统的模式，逐渐向物业服务集成商转型，如万科物业、保利物业、科瑞物业等。而物业服务集成商又被称为物业服务总包模式，目前世界上的一些发达国家和地区都采用了这样的物业服务商业模式。这种模式的实质在于，物业服务企业可以根据业主的需求，运用自身的策划、组织、沟通、协调以及监管等能力，帮助业主向服务供应商购买到优质、及时、专业、实惠的物业服务。

物业服务集成商提供住宅小区物业服务的运作逻辑，不是业主们向物业服务企业直接购买服务，而是业主们委托一个集成商"物业服务企业"来代表大家从市场上集中采购服务，再给予相应补偿及报酬。从这点上看，物业服务集成商提供物业服务与开发商提供住房的逻辑是一致的。开发商也并不直接建造住房，而是将满足人们居住需求的各种硬件设施（房屋与基建设施）与软件配套（公共服务公共资源的享受权利）统一定制、集中采购，打包集成在小区里后再散售给购房者。物业服务集成商原则上也可以不直接提供任何服务，就是将小区业主（实际居住者）需要的各种居家生活服务集成后出售给小区居民们。保安、保洁、保修、保绿等各种小区物业常规服务都是可以外包或企业从外采购获取。之所以有时人们看到物业企业往往由其员工直接提供这些常规物业服务，只是企业从自身利益出发，感觉内部采购比外部采购更划算，但这并非物业服务运作的必然要求。同样，对于养老服务也是，既然物业服务集成商本身就是一个服务集成平台，那专业技术要求再高的养老服务，物业企业也可以外来采购获得。或者企业作为中介，引入专业化养老服务。所以物业企业服务能力与养老服务的专业性、特殊性要求之间，并不构成本质矛盾。

4.6.2 增进物业企业的社会属性以适应养老服务的普惠性要求

化解物业企业营利要求与养老服务的公益性、普惠性要求之间的属性矛盾，需要从提高物业企业的社会属性着眼。

物业企业作为企业要延续下去，就要求投入到经营业务的资金可循环。作为企业要发展壮大、要在激烈的市场竞争中能生存而不被更大的企业所兼并，就要求投入到经营中的资本不断有增长。从单个小区的物业服务来说，就意味着每个物业经营项目都要成为母公司的一个利润中心。只有有利润前景，投资者才会不断增加对物业产业链的资本投入，只有不断有资本流入，物业服务的供给能力才能不断增长。"获利性"与"服务供给能力"之间形成了内生化的正反馈机制，相互促进。

但政府在推广物业企业这样的市场组织、社会力量进入养老服务领域时，首要的出发点是扩大公益性基本养老服务的覆盖和提高普惠性养老服务的供给。公益性基本养老服务是一种公共服务，原则上要免费提供，意味着投入资金有去无回；普惠性养老服务价格要受到管制，意味着运营者最多保本微利。

诚然，政府可以通过政府购买服务机制，作为公益性养老服务的最终买单者，但不可能成为所有普惠性养老服务的最终买单者。如果政府成为养老服务的全部买单者，不说是否具有可行性，这本身就违背了政府发动物业企业这样的市场组织进入养老服务领域的另一个出发点，即提高养老服务供给的可持续性，同时也与扩大养老服务供给不断增加的初衷相违背。客观来说，在当前中国政府承担越来越多社会保障和公共服务，同时经济发展面临国际经济技术环境复杂多样和人口老龄化等冲击，各方面的财政支出压力很大，在社保和养老保障的财政资金压力已经很大，能做到为基本养老服务兜底已经很不容易，不可能再为惠普性养老服务承担过多支付保障。

就企业而言，"获利性""养老服务供给的可持续性和增长性"和"养老服务的公益性和普惠性"三者之间似乎构成了不可能三角。

如何合理平衡"获利性""养老服务供给的可持续性和增长性"和"养老服务的公益性和普惠性"三者之间的矛盾，就成为政府推动物业企业这类市场组织进入公益性、普惠性养老服务领域的最核心挑战。

一个解决思路是，在约定合同期内和满足约定服务质量考核的前提下，让物业企业承担微利无利甚至亏本的公益性、普惠性居家社区养老服务的同时，也授予其开展增值性居家社区养老服务的优先特许权，开放相关价格，满足部分有购买能力老人对高层次、高品质居家社区养老服务的需求。这样"肥瘦搭配"，形成交叉补贴，让一部分的居家社区养老服务通过企业的市场化运作在资金上能够实现自循环，而不需要政府过多额外的公共资金注入。

一个具体方案是，将部分有条件也有志于提供公益性、普惠性居家社区养老服务的物业企业认定为社会企业。给予社会企业在税收减免和业务开展等方面特别待遇的同时，也在业务范围、服务质量、营利性水平上等方面对企业提出相应的要求。当提供公益性、普惠性居家社区养老服务的物业服务企业被视为社会企业后，不仅有资质直接提供或作为中介平台和管道来组织提供相应的养老服务，也有资质和优先资格开展增值性居家社区养老服务。

所谓社会企业，是近几十年来在全世界范围内兴起的一种新的企业发展理念，核心思想是用企业化行为去解决社会公益问题。社会企业不是一种新的企业类型或业态，而是对企业行为的一种认定，是对那些在愿景和行为上都"知行合一"、坚持努力解决社会问题、促进社会福祉提高、而非追求自身利润最大化的企业的认可。所谓社会企业，可以说就是富有社会责任感、以提高社会公益为首要宗旨的企业。

国内近年来，社会企业理念的传播和实践发展也出现一个热潮。据有关专业机构统计，目前中国经过专业认定的社会企业已经多达数千家，社会企业已经进入到很多具有强烈社会公益性的领域，比如环保节能、医疗卫生、弱势群体、社区营造、文化艺术、乡村振兴、就业创造、普惠金融等。不少地方政府，尤其北京和成都，在引导社会企业发展也有很多重要举措，北京市有关部门还组织了对社会企业的资格认定。但引入社会企业概念理念到养老服务领域，尤其居家社区养老中还不多见。

社会企业不是慈善机构或志愿团体，也不是非营利组织，社会企业本质上还是企业，可以获得合理利润，可以追求业务增长，只是在用商业化、市场化的方式解决社会问题，达到公益的目的，其要害是不唯利是图，并在利润分配上有一定限制，比如利润相当高的比重要重新投入规定业务。政府还要每年对社会企业从事预定业务的投入量和投入（服务）效果进行考核，否则取消相应经营特许与政府补贴、税收优惠、场所用地特许等支持政策。与慈善机构和志愿团体相比，社会企业的财务具有可持续性和自我发展性，社会捐赠的减少不会对其公益产品、服务的提供造成太大的影响。

利用社会企业思维来实现"获利性""养老服务供给的可持续性和增长性""养老服务的公益性和普惠性"三者之间的矛盾，具有多方面的好处。首先是充分利用企业对市场需求的敏感性和响应活力，更好实现养老服务的供需精准匹配，提高养老服务的效果性；其次，利用企业对压缩成本的内在竞争机制，避免养老服务的浪费，提高财政公共资金的使用效率；最后，将企业利润激励机制与社会公益要求有机结合，努力让养老服务供给可同时兼顾增长性、可持续性和公益性、普惠性，实现社会、居民和政府的多赢。

推动物业企业发展居家社区养老服务，只是引导物业企业转型成为社会企业的一个契机。从整个行业角度来看，也到了要考虑物业企业要不要整体性转为社会企业的时候。至少在一些非高端、政府对居民有较多托底物业与公共服务责任的住宅小区，是时候考虑只有那些被认定为社会企业的物业企业才能进入。

很多慈善机构等社会组织在转为社会企业时往往会面临缺乏销售渠道、产业链构建缺失等问题，因此发展缓慢而艰难。与之相比，企业在转型成为社会企业时就有非常大的优势。企业本身的管理经验、方法，现成的销售渠道和产业链，已有的优势和资源，都能够帮助刚刚转型的社会企业较快地发展起来。

因此，也是时候考虑将国有物业企业整体转型为社会企业。虽然那些承担老公房物业服务的国有物业企业从功能定位和运作机制上早已经具有很强烈的社会企业性质，但可以参考社会企业的理念和管理机制，进一步强化国有物业企业的社会企业属性，并匹配相应的责、权、利。

在物业企业转型为社会企业方面，四川省走到了前列。2019年12月发布的《中共四川省委关于深入贯彻党的十九届四中全会精神　推进城乡基层治理制度创新和能力建设的决定》，第四章全面加强城乡基层治理能力建设的"提升社会统筹能力"一节中明确提出，"支持物业服务等企业转为社会企业"。将物业服务企业整体性或部分特定板块转为社会企业，会有利于物业服务企业的社会属性进一步增强，但也对物业服务行业产生根本性冲击。同时作为一项基层治理创新的重大变革，也意味着物业企业与业主群体、社区组织之间的关系，会发生根本性重构。这些问题还需要在未来的研究中进一步探索。

4.6.3 推动物业服务的模式创新以促进物业企业与业主的利益协同

化解物业企业与业主群体在现行物业服务模式下的矛盾对立，需努力推动物业服务模式创新，进而带来社区治理模式创新。

社会期冀的公益性、普惠性产品与服务供给的"获利性""可持续性和增长性""公益性和普惠性"三者之间的矛盾，在其他场景中也经常可见，但当服务提供者是物业企业的时候，就增添了更多的复杂性。

住宅小区的物业服务是一种很特殊的市场行为。大部分市场行为是买家与卖家进行1对1的谈判与博弈，买家的收益与成本都内化在自身个体上，收益没有外溢，没有产生所谓的"外部性"。这时候亚当斯·密所说看不见的手——基于自利出发动机的市场机制所推动的交易活动，就足够让买家和卖家都同时满意，实现所谓帕累托最优——社会福利的最佳状态。

但通常来说，住宅小区的业主是很难以1对1的形式与物业服务企业进行势均力敌的对抗。首先，单个业主能够获取的关于物业的信息有限，物业服务企业却可以利用组织优势搜集、掌握全体业主的信息，这样的信息不对称就使得单个业主很难对物业行为、承诺的真实有效性进行准确判断。其次，在双方产生矛盾的情况下，与单个业主相比，物业服务企业一般都具有更强的能力、更充足的资金、更多的渠道去应诉，甚至与第三方结成利益联盟来获得对抗的胜利。

所以住宅小区物业服务的特点是，一般是多对1的谈判与博弈。物业服务是多个业主共同从1个物业服务提供者那里购买物业服务。这同时又会带来多方面的难题：

（1）多个主体之间形成决策行动的协商成本很高。业主之间需求不同，偏好不同，支付能力不同，利益诉求不同，表决程序复杂，协商成本很高，往往难以达成一致意见，不易形成统一决策行动。

（2）业主群体共同购买的物业服务本质上是一种（俱乐部式）准公共品。公共品的特征是非排他性，即只要是小区居民，就可以不受任何障碍地无差异获取。而参与公共品购买决策和对已购买公共品进行评价，却需要搜集信息需要投入成本。当存在多个行动主体的时候，总有一部分行动主体会"免费搭车"，挫伤其他人参与决策的积极性。或者，部分行动主体利用权力优势、信息优势垄断决策权，让小区公共品及公共资金更多为个人私利而非集体利益最大化去设计。这两个原因共同导致小区物业服务中经常出现"甲方虚位"或"甲弱乙强"现象，进而导致业主与物业经常相互不信任，矛盾纠纷很多。

住宅小区的业主们固然可以通过组成业主委员会来把多对1的博弈降为1对1的博弈。但一方面，因为各种原因，全国范围内住宅小区的业主委员会成立率并不高，很多小区好不容易成立了业主委员会，还经常因矛盾冲突问题而解散；另一方面，即使小区成立了业主委员会，业主委员会也只有很少数的几个人，业主们与业主委员会之间也存在着多对1的委托—代理关系之间的博弈。很多小区要么履职能力不够，要么有自身利益的诉求，要么容易被物业企业捕获，成为物业企业利益代言人，而非站在全体小区业主共同利益最大化的角度上。

近年来，国家高度重视基层社区治理，大力推动社区治理创新机制，不少地方基本形成"居委会+业委会（物业管理委员会）+物业企业"的小区治理"三驾马车"机制，也有很多地方提出发展党建引导下的"小区党组织+业委会+物业企业"的小区治理三方联动格局。这些举措对改善社区治理起到了不少效果，但仍然不能完全化解物业企业与业主们之间的博弈难题。居委会也好，小区党组织也好，从组织性质和组织能力上都不可能越俎代庖过多，只能在小区一些重大纠纷中发挥调节作用。小区大量的日常居住服务购买与评价、续约的事务性决策，还是需要业主们与物业企业之间直接面对面协商定夺。

因为业主和物业之间的相互不信任和矛盾，物业企业如果开展在物业服务合同约定以外的其他业务，会受到来自业主的很多抵制和反对，场地获取更是难上加难。本身新业务的开展就是一轮新的多对1的谈判博弈。原来的物业主业服务的运营机制与流程，是建立在多年全国范围业主与物业谈判博弈磨合的基础上才初步稳定的模式。物业企业如果引入居家社区养老业务，业主中必然有支持也有反对，意见很难统一。如果物业企业开展的居家社区养老服务都是上门服务或线上远程服务，不需要小区内公共资源投入，还相对好说。但一旦涉及需要利用小区内场地等公共资源（甚至小区内道路、安静氛围也会被一些业主视为小区内业主应集体享有的公共资源），冲突和矛盾就会大很多，甚至无法化解。试点中就出现不少这样的案例。此外，还有一些业主会质疑物业企业未经业主集体授权就在小区内开展新业务项目的合法性。比如，有一些业主是对身边存在养老服务有避讳的。

化解物业企业与业主群体在新增业务导入和公共资源利用的矛盾，可能需要对物业服务整个模式进行颠覆性变革。虽然对比研究已经超过了本课题的研究任务，但本书的课题组提出了一些初步的想法和思考。

业主群体对物业企业的不信任、不满意，究其根本，一个极其重要的原因在于当前物业管理过程中普遍的不公开、不透明；另一个原因则是物业服务企业对于业主委托的过度代理。这也导致除了业主委员会成员之外的绝大部分的业主群体对于物业管理过程无从知晓、无权参与。

可能的一种解题模式是引入信托制物业服务模式。信托制物业服务模式是近年国内一些城市新兴探索的新型物业服务模式，成都在这方面的实践探索走在了全国前列。自2019年3月起，信托制物业服务模式的试点工作就在成都市武侯区展开。截至2021年12月，成都市已有200多个小区（院落）正在推行信托制物业服务，其中52个小区（院落）已经完成了信托制物业导入，试点小区的物业费收缴率从三四成提高至九成以上，小区居民的满意度得到大幅提升。目前，在成都市委城乡社区发展治理委员会等相关单位的支持与指导下，《住宅小区（院落）信托制物业服务标准》（征求意见稿）已完成起草工作并向社会公开征求意见。

在信托制物业服务模式下，业主需要将小区公共事务的处理权委托给物业企业；而物业企业需要遵守法律规定的信义承诺，收取固定金额或固定百分比的符合市场水平的、有尊严的酬金，在利他原则下按照业主群体与物业企业共同签署的合约中确定的内容为业主提供服务、进行管理，对业主负责而不是对业主委员会负责。与以往模式的不同之处在于，这个信托之物业服务模式下的物业管理过程是公开透明的，每一位小区业主都有权、有渠道、有便利去了解和监督与物业管理过程相关的一切财务信息、采购情况等。不仅如此，业主还可以参与到各项相关决策的制定中。信托制物业服务模式的核心就是要通过一系列机制设计，推进业主群体和物业企业之间的相互信任、合作互惠。

物业企业在小区的项目部不再仅是母公司的利润中心，而更多作为小区业主群体的物业服务受托人，以小区业主群体利益为中心开展各类物业服务的集成供给，制订详细服务预算，按计划完成服务供给和达到预期服务质量，并得到合理报酬。在遵守信义承诺的基础上，摒弃企业面对客户时天生贪婪和逐利的本性，保留在市场中的敏锐性、判断力，同时兼顾了小区业主的信任与服务的优质。

业主群体之间形成公开透明机制。通过"双密码"之类机制，业主之间可以互相查看缴费情况和参与对物业服务的决策与评价情况。未缴迟缴物业费者、"免费搭车者"会在社区权利权益方面受到一定的惩罚措施。在业主群体和物业企业之外，还有第三方的信托监察人负责监察物业企业提供的服务，这一职责通常由社区、街道或是其他专业机构承担。

在信托制物业服务模式下，业主群体形成基于共建、共享、共治的合力，作为一个有凝聚力、有共识的集体，与物业企业小区项目部进行建立在相互信任基础上的供需合作。但在两者之外还应有第三方的助力。

企业社会创新（Corporate Social Innovation，CSI）最早是Kanter（1999）提出的概念，我国学者此后将其引入，并定义为：企业以社会责任为驱动力，视社会问题为企业新机会的来源，在实现商业创新（如开发新产品、创造新市场等）的同时，达到一定的社会目标，满足一定社会需求的创新范式（刘宝，2011）。在传统的认知中，企业承担社会责任可能是一种被动的行为，是公众对于企业的期望，有时可能成为企业的负担。但企业社会创新是一种主动的、符合企业发展规划的策略，企业可以通过提出并实施创新性的方案，同时实现微观层次的企业发展与宏观层次的社会需求，缩小公共物品和私人物品之间的鸿沟。

【案例】 成都市武侯区火车南站街道风华苑小区：从信任缺失到互信互助

风华苑小区建成于2001年，物业模式采用的是包干制，居民按照0.8～1.2元/平方米的标准向物管公司支付固定物业服务费用，盈余或者亏损均由物管公司享有或者承担。

因为时间较久，小区老化问题越来越集中，需要花钱的地方越来越多。物业公司认为，应该涨物业费，否则就是亏着干。但小区业主不认同：小区刚建成时，维修事情少，物业公司肯定是挣了钱的。

2020年，风华苑小区启动物业公司招标投标程序，成都智乐物业服务有限公司中标。接手初期，智乐物业延续了包干制做法，但业主们对物业公司的服务并不满意。很多业主认为，物业公司只拿钱不干活。相互之间很不信任。

后来，武侯区委社治委在全区开展"信托理念"物业试点，风华苑也成了试点小区之一，物业管理模式从包干制转为信托制。

自此之后，小区内当月的每一笔花费全部公开上栏，就连一支圆珠笔的支出都一清二楚："购买LED灯泡花费68元，购买50米皮尺花费22.8元……"当有业主对物业公司提出新的服务要求时，新增的成本就需要业主们再多缴费。

物业公司公开财务明细，他们只收取当月小区业主缴纳的物业费以及小区公共收益总和的一个固定比例作为利润。2021年5月，风华苑小区的物业缴纳费及公共收益总计为93287.87元，按照15%酬金提取比例计算，物业公司当月获得的利润是13993.18元。小区业主委员会主任曾俊表示，"专款专用让物业企业不可能通过降低维护品质来获利。要想获得应有的利润，物业只有通过用心服务，才能提高每月业主的物管费缴纳率。"尽管小区还有不少问题需要解决，但因财务公开后，业主对小区的经费存量都有一定认知，并不会过多质疑物业"拿钱不办事"，目前小区业主的物业缴纳率已从73%提升至99%。

——建立共有基金，重构财产权属关系。将物业费和停车费、广告费等小区收入设为共有基金，属于全体业主共有，物业公司按照约定比例提取酬金，剩余部分全部用于小区服务。

——搭建公开平台，保障业主财务知情权。在实行共有基金"双密码"账户管理的基础上，研发信托物业信息平台，每位业主可以在手机上随时查看每一笔收支账目，以及所有财务凭证，大到分门别类的总账、小到保洁物资的采买等，所有数据实时更新，全部账目明明白白。

——推行开放预算，保障业主自主决定权。业主是小区主人，小区怎么管，业主说了算。年初，物业公司和业主委员会牵头，邀请业主广泛参与，按照质价相符和量入为出的原则，协商确定物业标准，编制收支预算，充分保障业主自主权。

——创立监察人制度，实现多元协同共治。将社区、小区党组织和居委会以及聘请律师、会计师等确定为监察人，写入信托物业合同，明确其享有与业主同等监督权，既可监督物业公司履职，也能监督业委会行权，打通了党组织、社会主体参与小区治理的制度化渠道。

信托制物业企业，与社会企业化的物业企业有很多共通之处。将两者结合形成的实施信托制物业服务模式的社会企业化物业企业，可以说就是一种企业社会创新，也可以视作一种社区治理方式，它减少了传统模式下业主群体与物业企业在社区内的纠纷，如果与党建引领结合，将对社区的运行、治理有着较大的积极作用。在党建引领下，社会企业化物业企业对于信托制物业服务模式的实施只有实现一定的规模化，才能从社区治理方式向社会治理方式演变，企业的创新才能真正具有社会影响力，更有质量地回应和解决社会问题。

课题组建议，可考虑在居家社区养老服务试点及推广开展过程中，推动有条件有愿望的试点物业企业转型为社会企业，并以信托制服务模式与小区业主集体签订新的物业服务合同，并把居家社区养老服务的供给及服务标准明确在物业服务合同范本之中。

在具体实施中，可借鉴国外对于社会企业的扶持经验。有一些国家是通过公共采购的方式对社会企业进行扶持，以菲律宾为例，菲律宾政府规定每年政府在购买服务时，至少有10%的服务是购买自社会企业的。斯洛文尼亚更是将这个比例定为30%。也有一些国家采取了财政支持的方式。如斯洛伐克在解决弱势群体就业的社会企业创立的第一年，为其员工提供50%的工资，之后逐年递减，最后不再提供。通过这种方式，能够让社会企业逐步适应，实现自身的稳步发展。

将这些经验移植于居家社区养老服务试点及推广开展过程中时，可以成立专门的社会企业认证机构，对实施信托制物业服务模式的社会企业化物业企业进行认定。对政府购买养老服务的资金池中，安排固定比例用来购买提供的服务，或是对于社会企业从业员工的工资进行补贴。还可以考虑建立社会企业化物业企业的跨界网络，网络中既有物业企业、服务供应商，也有政府部门、非政府组织，促进跨部门之间的合作。

第5章

对下一步工作的
展望与建议

2021年11月24日发布的《中共中央国务院关于加强新时代老龄工作的意见》(以下简称《意见》)在要求创新居家社区养老服务模式以健全养老服务体系时候提出:充分发挥社区党组织作用,探索"社区+物业+养老服务"模式,增加居家社区养老服务有效供给。这表明,"物业+养老"或"物业+社区+养老服务"已经被确立为新时代老龄工作尤其是健全养老服务体系、创新居家社区养老服务模式中的重要任务,是推进各项优质服务资源向老年人的身边、家边和周边聚集的重要途径。

课题组认为,根据《意见》精神,未来"社区+物业+养老服务"前景很大,试点中得到的老人、居民、企业及地方政府与社区等各方的反馈,也证明了该养老模式进一步扩大的必要性、可行性与优越性。但如《意见》所要求,推进"社区+物业+养老服务"落地,要充分发挥社区党组织的作用,要以增加居家社区养老服务有效供给为根本出发点。在此基础上,课题组还建议,未来"社区+物业+养老服务"模式的进一步探索,应本着循序渐进的原则,尊重需求差异化和各地实施条件的差异性,鼓励供给模式多样化和持续创新,与智慧物业发展、城市发展与治理的数字化、智慧化转型紧密结合,并强调与现有居家社区养老模式方式形成互补而不是替代,成为积极应对人口老龄化国家战略的组成部分。在更高的战略层面上,要与物业服务行业转型升级、物业服务运营模式变革、"物业+生活"的推进紧密结合,并与物业企业社会属性增强、住宅小区物业服务模式转型以及基层社区治理模式变革等共同前行。

5.1 总体思路

课题组对下一阶段试点工作提出以下总体思路:

（1）"物业+养老"不可能采取一个模板，要因社区、因小区、因企业施策。试点工作的目标不是产生一个统一的放之四海而皆可用的模式，而是展现多样化模式和指出丰富的潜在可能性。"榜样的力量是无穷的"。试点要给出一系列的菜单式自选组合，让各地政府部门、街道社区与企业协商选择，或从中受到启发启迪，进行再创新，实现"顶层设计"与"基层创新"的交互促进。坚持以需求为导向，尊重业主自愿选择和多样化差别化诉求，精准识别需求，提高用户认同感和参与度。同时也充分考量物业企业的资源承载能力、服务供给能力，灵活选择物业养老服务的社区/小区/家庭嵌入方式。

（2）"物业+养老"采取分步走的方案，先易后难，先社区后居家。目前看来，物业服务企业直接提供居家养老的难度较大，提供或参与提供社区养老的可行性较大，这方面不仅试点企业有这方面的经验，各地的非试点企业也有不少成功案例。所以应先鼓励物业服务企业因地制宜，积极引导与街道社区开展合作，通过自建或运营嵌入社区的养老服务机构，开展灵活多样的社区养老服务。经过经验积累和能力培养，再结合企业自身条件和自身需求，探索居家养老服务。

（3）"物业+社区+养老服务"是居家养老和社区养老的新形态，不是对现有居家社区养老的替代，应与现有居家社区养老力量相互合作、相互融合、相互支撑。有条件的物业企业可以先从自建养老机构或承运政府社区养老中心开始，向周边小区产生辐射，"航空母舰+小舢板"的模式，从而让物业养老与机构养老、社区养老有机融合。物业服务企业开展养老服务一定要立足自身特点，充分发挥自身独特优势，开展的服务内容原则上应具有较高的不可替代性，不与其他市场主体及社区机构产生同质化竞争。

（4）"物业+养老"需要放在"物业+生活"的大框架下推进。要与物业服务企业提供其他方面的生活服务形成合力和相互支持，从着眼物业服务行业的转型升级来加快推动模式创新。而这不仅需要物业服务企业自身服务能力及资源整合能力的提升，也涉及标准物业服务范本及相关资质准入标准的调整。同时，试点工作要以养成居民对养老服务的付费意识为重要出发点，不能让居民当作政府付费的养老公共服务新扩展。部分公益性服务可以纳入政府购买服务，但服务板块要能独立核算，并要有至少部分服务能实现投入—产出资金的可循环。

（5）"物业+养老"的推进需要与居住小区物业服务模式变革、基层社区治理改革紧密结合。"物业+生活"不仅是产业机遇，更是基层社区治理深化和治理模式创新的重要组成部分。要将物业服务与社区治理进行有效整合，与推动城市管理服务下沉结合，让人、财、物和责、权、利对称下沉到城乡社区，增强城乡社区统筹使用人、财、物等资源的自主权。把物业服务视为准公共服务，赋予物业企业更多的社区服务功能，同时推动有条件、有意愿的物业服务企业转型为社会企业，赋予相应责、权、利。在党建引领和街道社区的组织下，鼓励物业企业参与更多社会基层治理事务，以这个为法理依据，赋予物业企业优先使用小区或社区公用场地用于养老等生活服务的特权，促其成为"社区生活服务集成提供者"，但同时也给予更多的责任要求，接受街道社区的更多直接指导。可考虑创设物业管理委员会制度作为对业主自治机制的补充和落实物业管理属地责任的举措。物业管理委员会由街道、居委会、物业和业主代表共同组成，可临时代行业主委员会职责，也可长期设立，形成与业主自治的配套，也可考虑与"信托制物业"试点结合推进。可考虑在居家社区养老服务试点及推广开展过程中，推动有条件、有愿望的试点物业企业转型为社会企业，并以信托制服务模式与小区业主集体签订新的物业服务合同，并把居家社区养老服务的供给及服务标准明确在物业服务合同范本之中。

（6）"物业+养老"要与"物业+生活"一样，紧密结合智慧物业的发展，成为城市数字化与智慧化、生活数字化与智慧化、治理数字化与智慧化转型的一部分。要广泛利用最新信息技术和人工智能技术，推进"整体智治"，实现公共治理创新与信息技术革命的互动融合。

（7）"物业+养老"要成为积极应对人口老龄化国家战略的一个组成部分。要与社区与居家的适老化改造紧密结合，相互依托。依托物业和社工团队，发动组织志愿助老活动，开展丰富多彩的老年学习社交活动，在着眼提高老年人生活品质的同时，也着力挖掘老年人的宝贵智力资源经验资源，与开发银色经济相结合。

5.2 具体建议

课题组在服务内容的选择、服务模式的创建、试点推进的保障三方面提出具体建议。

5.2.1 服务内容的选择

当前鼓励物业服务企业开展提供养老服务，亟须解决"提供什么""谁来提供""如何提供"和"谁来买单"四大问题。其中，"提供什么"是最迫切需要解决的问题，"提供什么"应该坚持一个基本原则，必须体现物业企业在这方面具有独特优势，有较高的不可替代性。也就是要落实总体思路的第二条，物业养老是对机构养老、社区养老的互补而不是替代，也要避免与互联网机构等开展的"互联网+养老"产生同质化竞争。

物业服务企业相对其他可能提供养老服务的企业或机构而言，具有六大突出优势：邻近性、常驻社区、信任度高、精准识别需求、与主营业务有交叉、在小区有场地，用好这六大优势来兼顾平衡好养老服务覆盖性、普惠性和供需匹配性三者要求，是"物业+养老"活力的基础。

物业服务企业在开展居家社区养老服务中应该坚持有所为有所不为，从以上服务项目中选出自己不仅有能力提供并还具有相对优势的部分聚焦发展。尤其在试点起步阶段，试水企业要把有相对优势的业务做起来并做成品牌，形成一套可复制、可推广的标准，让客户满意，为之后的推广普及打下良好基础。这就需要认真分析物业服务企业，相对其他可能提供养老服务的企业或机构而言，到底有什么特殊性，再结合各种养老服务的特征，来识别出相对竞争优势。比如：

第一，突出响应性快的优势。领近性和常驻社区意味着物业服务企业不仅能对老人跌倒、中风等突发紧急事件做出最快速的线下反响，而且是24小时覆盖。这是嵌入社区程度再高的社区养老机构也难以比拟的。疫情期间诸多小区实行封闭政策，外部人员难以进入，物业服务企业的响应优势在疫情期间更加显著。在未来，线下救急响应，经过规范后，应该成为物业服务企业提供服务内容的标配，并应融入社会智慧化救急体系的一部分。

第二，场地优势的挖掘是根本。物业服务企业如要开展养老服务，务必用好场地优势。相比外部养老服务提供者，物业服务企业更低的场地成本，是竞争优势的主要来源。尽管当前还存在不少制度障碍，物业服务企业常驻小区，其物业服务用房可通过改造兼备居家养老服务站点功能。部分小区闲置低效物业用房较多，可进一步改造成为日间照料、银发餐厅等场所。物业还可以基于场地优势提供康复器械、健身器材、文娱影像乃至适老化家具等的租赁，增加老人对这些资源的可及性，也就让社会养老资源增加对老人的覆盖性。同时，除了供给活动的固定场地之外，物业企业还有散布在小区各处的宣传空间，如宣传栏、楼道/电梯内部的宣传屏幕等，有助于定时、定点、定向地推送与物业养老相关信息，有助于服务的宣传及推广，培养老人及其家庭的物业养老服务消费意识。

第三，用好信任感高的优势。物业服务企业长期担任小区管家的角色，服务人员与老人朝夕相处，在老人那里信任度高。因此物业服务企业人员经过一定培训后，就可以开展养生调理、精神慰藉和情感陪护等方面的服务，上门服务容易，覆盖性高。同时，物业服务企业也担任小区成员联结者的角色，通过长期的服务和定期举办小区活动，让物业与小区成员之间具备高度的黏合性。因此，在举办老年学习社交活动时，可依托原有的组织基础、群众基础、活动基础，得以高效展开。

第四，发挥供需精准匹配的特长。物业服务企业特别需要能充分利用并熟悉老人状况与能精准识别其需求这点优势。政府主导的社区养老，提供服务内容需要统一和规范，往往基于"顶层设计"，个性化不足，供需匹配性较差，造成不少资源浪费。市场化养老机构通过价格机制能减少供给浪费，但又形成对低收入老人的屏蔽，难以达到养老服务的普惠。将物业服务企业进入到养老服务体系中，就是要在大量个性化很强的生活类和保健类养老服务中，通过适当引入价格机制、高度定制化等手段，增加供需匹配的精准性，减少不必要的资源浪费，降低养老服务社会总成本，依此来增加社会效益。

第五，与主营业务、其他业务展开协同效应。物业服务企业可以基于与现有主营业务的结合开展养老服务。物业服务企业提供的小区保卫、保洁服务，可与给老人的助餐、助浴、助洁和快速收送等服务有机结合；所提供的水电与房屋维修等服务，可与老人住所与家具的适老化改造相结合。物业服务人员具备前置服务技能储备优势，服务过程也产生成本优势。当前住房建设部等正在推动"物业+生活"，在"小社区，大服务"的框架下，物业企业正在把服务内容向诸如托幼、家政、文化、健康、经纪、旅游、教育等领域扩展延伸，养老服务的开展很需要与这些服务开展形成协同效应。

第六，做好公益服务与盈利服务的协同。物业企业在应急服务等方面有无可替代的优势。然而应急响应服务具有人道主义性和公共品性，应该以免费或政府购买服务为主，因其频率性较低，专业化也比较高，物业服务企业将只是参与过程中的部分环节，不会成为企业收入重要来源，然而可以促进用户对企业的信任感提升，有利于业主认同感提高，为其他业务开展打下基础。从可形成稳定大量收入角度，物业服务企业还是要紧紧抓住常驻社区和空间邻近的独特优势，聚焦那些频率性高、专业性不强又有成本敏感性的生活服务，比如助餐、助浴、助洁、助行等，并扩展到助医、助诊、照料看护等。物业服务站点位于小区内部，工作人员随时可开展上门服务，到位及时，成本天然具有优势。

5.2.2 服务模式的创建

"物业+养老"并非完全新生事物，在实践中已经存在了十多年。最初"试水"的企业，出发点各不相同。有的是履行企业社会责任，有的是打造企业文化，还有的是为增加客户满意度，为企业品牌及母公司集团品牌考虑。自然，也有更多企业是为了扩展业务范围，寻找新的增值点而来。所以有的企业可以容忍业务亏损甚至长期亏损，哪怕一直免费供给都可以，但有的企业就不行，一定要找到可盈利的商业模式才会去。针对这复杂的多样性出发点，在试点中也不能"一刀切"。在服务模式创建上应该注意以下四点：

第一，区别对待，分类施策。无论企业愿意免费或廉价提供，还是瞄准高端客户群希望尽快产生利润回报，只要不违反规则制度和不会造成不良社会后果，都要允许和鼓励。即使"物业+养老"在相当一段时间内可能仅是部分品牌物业的"试水场",也从增量收益角度给予支持。先有局部落地,再有推广普及。要在不同类型中,各自形成一批可复制、可推广案例。

第二,尊重企业作为创新主体的角色。无论从服务内容、服务品质与标准、服务定价,还是服务主体提供者与服务提供方式,都要充分尊重企业的创新自主权,政府不越俎代庖,避免做过多干预和不恰当的"指导"。

第三,顶层设计和基层创新相互促动。尊重自下而上的自由探索,但自上而下的顶层设计仍然需要。如果没有政府创造适宜社会和市场环境、消除政策障碍,企业难以看到创新空间,有创新空间也难以落地。政府对政策障碍的识别和政策支持清单的创建,则需要根据企业的创新实践才能产生。

第四,与机构养老社区养老紧密融合。有条件的物业企业可以先从自建养老机构或承运政府社区养老中心开始,向周边小区产生辐射,"航空母舰+小舢板"的模式,从而让物业养老与机构养老、社区养老有机融合。企业可先与街道签约,再进入小区。在小区站稳脚跟后,做轻资产型的模式输出。

5.2.3 试点推进的保障

纵使物业服务企业开展居家社区养老服务的必要性十足,潜在社会效益巨大,一些企业也动机强烈且具有一定的优势,"物业+养老"试点与推广之路仍会面临诸多挑战。以下主要从政府如何助力的角度提出六点建议和重点关注事项。

第一,加强各部门协调,推进协同创新。政府在试点和推广中主要做好服务保障工作,增强与企业的信息沟通交流,加强"条条块块"各部门、各方面的协调,用好存量政策资源,增强相关部门共同参与政策创新的激励,尽快克服现有规章制度对企业运营模式创新的束缚,做好顶层制度建设。同时,政府也要会同行业协会与社区有关组织,做好事前准入、事中监督和事后监管工作。尽快组织专业研究机构,开展居民对居家社区养老的潜在需求、小区的人口结构、设施与治理现状、物业企业现有队伍与能力等基本面的调研。在已经试水开展"物业+养老"的项目中,及时组织第三方对业主和用户的满意度进行调研,形成业主和用户的反馈机制,督导企业改进服务内容和服务模式。

第二，推动专业人才培养。人才队伍是业务开展的根本。大部分物业服务企业都缺乏独立建设养老人才队伍的能力。除了企业要主动通过招聘、引入和培训建立人才队伍，政府在这方面也要发挥统筹引领作用，包括对养老服务人才建立培训体系、设定技能标准、组织公益培训、给予培训补贴，撬动更多社会资本参与培训，吸引更多人才进入养老服务领域。值得注意的是，当今诸多物业企业在进入养老领域时面临"非养老机构人员不得参与培训"的最大难点，基本门槛都无法跨入，更无法拿到政府的相关人才培训补助。针对此，政府应灵活调整养老人才培训的准入门槛，为物业养老企业打通发展通道。

第三，进行融资创新和提供融资扶持。物业服务企业开展居家社区养老服务具有一定的前期投资门槛，这对物业服务企业的资金运转构成压力。"物业+养老"涉及场地成本、设备购置、人员聘用等多方面的投资，并且受运营模式限制，这部分投资的回收期会较长，政府需要给予一定的融资支持。探索与"以房养老"试点推进的结合。

第四，进一步完善养老服务的政府购买服务制度，积极探索养老服务保障模式创新。将物业服务企业纳入政府购买养老服务序列，规范相关准入制度与质量标准、收费标准。探索养老券制度，由老人自行选择企业及服务种类，企业按季度到政府部门兑换。积极探索提取医保、长护险和住房公积金等支付养老服务的改革，如子女住房公积金可提取用来支付父母的居家社区养老服务。扩大子女养老支出的税收抵扣。该有的税收优惠与政策扶持要及时给到。

第五，做好案例的宣传推广。政府有关部门、业界及协会和研究者共同努力，推广普及"物业+养老"或"社区+物业+养老"的概念和最新案例，多组织学术研讨和经验交流会议，进行更多媒体宣传报道，引发更多模式创新，收集更多社会反馈，创造良好舆论环境。

第六，加强对试点工作的组织机制保障。政策试点是我国政策推广中常用的工具手段，但并非都能成功。政策试点经常遇到的一个难点是缺乏现有体制内组织资源的支持，尤其是中央部委跳过省市层级政府直接安排基层政府部门来落实政策试点工作。本次试点工作还更是直接安排企业来对接，更加增加了工作难度。试点企业难以找到直接对接的政府部门，对接的基层政府部门也难以找到直接上级政府部门获得体制内组织资源支持。一般来看，在中国得以成功推动的政策试点往往是央地有效互动和高校协同的结果。如果央地间互动与协同不足，政策实施要素保障不完备，支持试点往往就止步首轮而难以进一步扩展，最后不了了之。针对本次试点工作，建议加强中央部委和地方基层政府的互动，落实属地化管理，明确责任边界和责任主体，由体制内的相关责任人专门负责，并按季度或月份进行阶段性成果汇报，不让初衷目标在试点过程中模糊化和虚化。同时，课题报告还建议设定"试点工作先进个人"之类的奖励表彰机制来激励各级政府和社区基层干部的参与积极性，组织评选"试点项目优秀案例"并写入相关政策文件或推广材料中，以此激发试点项目的参与热情。

参考文献

[1] 曹煜玲.中国城市养老服务体系研究[M].北京：中国财政经济出版社，2014.

[2] 《大城养老》编委会.大城养老：上海的实践样本[M].上海：上海人民出版社，2017.

[3] 高传胜.老有所养，当问谁：包容性发展视角下养老保障与老龄服务再思考[M].南京：南京大学出版社，2019.

[4] 葛蔼灵，冯占联，等.中国养老服务的政策选择——建设高效可持续的中国养老服务体系[M].北京：中国财政经济出版社，2018.

[5] 国家发展改革委社会发展司，民政部社会福利和慈善事业促进司，全国老龄办政策研究部，等.走进养老服务业发展新时代：养老服务业发展典型案例汇编[M].北京：社会科学文献出版社，2018.

[6] 郭林.中国社会养老服务资源优化配置[M].北京：社会科学文献出版社，2020.

[7] 纪晓岚，刘晓梅，刘燕，等.老龄化背景下养老社区发展研究[M].上海：华东理工大学出版社，2016.

[8] 卢守亭，贾金玲，等.人口老龄化与养老服务体系建设：来自河南省的调查分析报告[M].北京：社会科学文献出版社，2018.

[9] 王琼，王敏，黄显官，等.我国养老服务综合配套改革实践与创新[M].成都：西南交通大学出版社，2017.

[10] 王林森.城镇居家养老服务供给能力研究[M].南京：南京大学出版社，2019.

[11] 张岩松.养老服务业发展与个案研究[M].北京：清华大学出版社，2015.

[12] 张文娟.中国社会养老服务体系建设[M].北京：社会科学文献出版社，2017.

[13] 赵一红.我国城市社区综合养老服务体系建设状况分析[M].北京：社会科学文献出版社，2019.

[14] 卢旭华.物业管理与敬老养老相结合：养老实现途径的新探索——以成都市天天新物业管理有限责任公司"养老"创新服务为例[J].中共杭州市委党校学报，

2008（2）：94-96.

[15] 孙松林，许红寨.物业管理企业助力居家养老的意义[J].现代物业，2008（2）：90-91.

[16] 许红寨，孙松林.试论一种新型的养老模式——政府主导、家庭担负、社会参与、物业管理企业执行的养老模式[J].现代物业，2008（2）：97.

[17] 陈德述，等.居家养老模式新探索——记成都市天天新物业"养老"创新服务.城市开发，2009（7）：36-38.

[18] 王博，张许峰.物业能否领衔社区养老[N].河北日报，2020.

[19] 焦建民.物业管理之社区养老服务新模式[J].城市开发，2010（13）：66-67.

[20] 李建恒.社区养老：物业服务企业应有所为且大有可为[J].中国物业管理，2010（9）：35-37.

[21] 谢家瑾.谈物业管理与社区居家养老的结合[J].中国物业管理，2010（9）：1.

[22] 杨艳雪，崔婷婷.发展我国居家养老物业服务的策略探析[J].价值工程，2010，29（8）：64-66.

[23] 卓达物业.社区养老模式[J].中国物业管理，2011（1）：21.

[24] 鼓励物业服务企业开展社区养老服务的政策建议[J].中国物业管理，2011（3）：22-23.

[25] 包青年.企业组织参与非营利服务项目的实践与探索——苏淮物业养老服务项目研究[J].中外企业家，2011（18）：64-65.

[26] 蔡静霞.保利地产："探路"养老物业[J].房地产导刊，2011（6）：72-74.

[27] 陈叶秀，应南，马春艳.物业服务企业应介入社区养老[J].现代物业（上旬刊），2011.10（7）：274-276.

[28] 贺斌，丁莉娅.社区养老：物业应发挥天然优势[N].中国财经报，2011：1.

[29] 霍兴文.建议物业公司参与社区养老服务[J].乡音，2011（12）：23.

[30] 焦建民.物业管理馨人生　社区养老寄丹心——回首我的16年物业管理从业路[J].中国物业管理，2011（6）：22-23.

[31] 李晓帆，黄颖，张魁勇.70岁以上可发补贴　物业服务向养老延伸[N].成都日报，2011：2.

[32] 钱津津，等.老龄化社会背景下的养老服务模式探索——以杭州地区物业服务养老体系构建为例[J].青年文学家，2011（20）：241.

[33] 王雪梅，郭铭华.田在玮委员建议：鼓励物业开展社区养老服务[N].黑龙江日报，2011：1.

[34] 谢家瑾会长一行调研卓达社区养老服务工作[J].中国物业管理，2012（11）：2.

[35] 以物业服务为平台 构建社区养老新模式——卓达物业开展社区居家养老服务的实践探索[J].中国物业管理，2012（7）：32.

[36] 物业服务"握手"社区养老[J].城市开发，2012（21）：8-9.

[37] 陈勇."养老产业"助传统物业服务破题[J].城市开发，2012（19）：80-81.

[38] 黄洁娟.浅谈物业管理与社区居家养老的结合[J].东方企业文化，2012（8）：99.

[39] 霍兴文.物业公司应参与社区养老服务[J].乡音，2012（1）：13.

[40] 谢家瑾，刘寅坤.美国、加拿大社区养老考察调研报告[J].中国物业管理，2012（12）：29-39.

[41] 大庆油田物业探索社区养老[J].中国物业管理，2013（1）：50-51.

[42] 物业服务企业开展社区养老的优势及体会[J].中国物业管理，2013（1）：42-43.

[43] 谢罗群.成飞物业探路社区养老产业[J].中国物业管理，2013（1）：37-39.

[44] 居家养老——悦华置地的转型探索之路[J].中国物业管理，2014（1）：21.

[45] 达尔文物业：进军养老资产管理[J].中国物业管理，2014（12）：54.

[46] 褚露虹，等."以房养老"的发展之道[J].现代物业（中旬刊），2014.13（8）：69-70.

[47] 冯刚.台湾养老服务考察报告[J].中国物业管理，2014（9）：48-49.

[48] 冯静.民召物业的虚拟养老服务[J].城市开发，2014（14）：47.

[49] 付静.物业管理视角下我国养老地产的发展研究[J].才智，2014（19）：303.

[50] 何景梅，马云俊，王海燕.浅议物业企业参与居家养老服务的意义[J].经济研究导刊，2014（19）：25-26.

[51] 何景梅，王海燕，马云俊.物业企业参与居家养老可行性研究[J].现代商贸工业，2014.26（24）：34-35.

[52] 卢子敏.社会嵌入理论视角下物业养老模式问题研究[J].经济论坛，2014（12）：144-148.

[53] 倪娜.空巢老人社区居家养老公共文化服务体系构建初探[J].现代物业（中旬刊），2014.13（11）：72-76.

[54] 钱晓君，韩玉，陈丝雨.养老物业推广价值研究[J].东方企业文化，2014（17）：230.

[55] 秦连彬.淮安市32家物业服务企业拓展居家养老服务[J].中国物业管理，2014（6）：2-3.

[56] 任广民.国有企业煤矿社区养老服务之路[J].中国物业管理，2014（3）：74-75.

[57] 宋立秋.物业管理要在社区养老上有所作为[N].吉林日报，2014.

[58] 吴鸿根.物业服务企业参与居家养老服务对策研究[J].上海房地，2014（2）：54-55.

[59] 乐享银龄 相伴一生——达尔文国际酒店物业创新社区养老实践[J].中国物业管

理, 2015 (7): 4.

[60] 卓达: 创建以物业服务为平台的养老社区 [J]. 城市开发, 2015 (19): 38-39.

[61] 养老服务15年: 云馨物业养老事业简述 [J]. 城市开发, 2015 (6): 2.

[62] 本刊编辑部, 学习先进发展经验, 探索养老服务模式新途径——中国第二届国际老龄产业博览会暨"物业管理与社区居家养老服务"论坛在广州举行 [J]. 城市开发, 2015 (21): 46-47.

[63] 本刊综合, 社区养老与物业管理 [J]. 城市开发, 2015 (15): 22-25.

[64] 曹珊珊. 未来, 物业管理将成为居家养老"主角" [J]. 城市开发, 2015 (1): 46-47.

[65] 胡在新. 守正与创新——从物业服务到居家健康养老服务 [J]. 中国物业管理, 2015 (10): 56-57.

[66] 李志建. 长城物业关于居家养老模式的思考 [J]. 城市开发, 2015 (21): 50-51.

[67] 林柱. 如何有效激活既有物业发展养老? [J]. 城市开发, 2015 (14): 76-78.

[68] 鲁捷, 王粤钦, 穆林林. "三位一体"社区养老模式与物业服务创新 [J]. 城市开发, 2015 (13): 76-77.

[69] 尚剑. 感受乌镇雅园——谈绿城物业养老模式 [J]. 中国物业管理, 2015 (6): 77-79.

[70] 尚剑. 感受不一样的乌镇——浅谈绿城物业养老模式 [J]. 住宅与房地产, 2015 (13): 18-22.

[71] 谢罗群. 中国第二届国际老龄产业博览会暨"物业管理与社区居家养老服务"论坛在广州举行 [J]. 中国物业管理, 2015 (11): 20-21.

[72] 谢罗群. 达尔文物业"试水"居家养老服务——专访北京达尔文国际酒店物业管理有限公司总经理窦勇志 [J]. 中国物业管理, 2015 (11): 51-53.

[73] 张海. 金融街物业的养老实践 [J]. 中国物业管理, 2015 (11): 58-59.

[74] 朱婀丹. 探讨物业服务企业如何在居家养老中发挥作用 [J]. 价值工程, 2015.34 (3): 192-193.

[75] 养老事业, 可以做、值得做、努力做——物业服务企业创新养老服务模式研讨班 (第三期) [J]. 中国物业管理, 2016 (5): 4-6.

[76] 保利物业: 医养结合打造"中国式养老" [J]. 中国物业管理, 2016 (1): 21.

[77] 养老服务进驻小区, 物管如何开展增值服务? [J]. 现代物业 (中旬刊), 2016 (8): 76-80.

[78] 单建忠. 科技助推居家养老 [J]. 中国物业管理, 2016 (11): 28-29.

[79] 董克义. 社区养老与物业企业 [J]. 城市开发, 2016 (21): 85.

[80] 葛婷婷. 绿城物业养老服务经验谈 [J]. 城市开发, 2016 (21): 87.

[81] 胡真，等.物业企业是时候参与养老事业了吗？[J].住宅与房地产，2016（1）：19-23.

[82] 黄晨.让物业公司逐步融入社区居家养老服务[J].上海人大月刊，2016（9）：20-21.

[83] 姜军，廖月华.群策众力，共同探索养老服务事业——专访养老物业服务企业联盟轮值主席、保利物业管理有限公司董事长胡在新[J].中国物业管理，2016（3）：46-47.

[84] 林欣欣.鼓励物业服务企业开展社区养老服务[J].中国物业管理，2016（3）：4.

[85] 刘崇.广州地区社区居家养老物业管理[D].广州：广州大学，2016.

[86] 鲁杨.养老物业服务体系构建的必要性和可行性研究[J].现代物业（中旬刊），2016（6）：102-104.

[87] 罗楚琦.长城物业居家养老服务新实践[J].城市开发，2016（17）：24-25.

[88] 牛志东.河南省安阳市：物业养老服务新模式应运而生[J].中国民政，2016（3）：49.

[89] 王亚辉.物业管理，如何接盘九成养老服务？[J].现代物业（中旬刊），2016（8）：109-112.

[90] 魏双燕，何景梅，赵阿男.物业企业参与居家养老服务方案[J].现代商贸工业，2016.37（13）：63-64.

[91] 魏小宁，赵新旺，范忠玉，长庆油田养老服务体系建设调查与实践[J].现代物业（中旬刊），2016（9）：80-85.

[92] 谢罗群.社区养老的达尔文模式——专访北京达尔文国际酒店物业管理有限公司总经理窦勇志[J].中国物业管理，2016（9）：50-52.

[93] 张晓琳.物业服务企业参与社区居家养老模式研究[D].天津：天津大学，2016.

[94] 赵伟强.服务养老　巨龙腾飞——访九巨龙房地产开发集团盛源文化旅游开发有限公司总经理徐衍博[J].中国物业管理，2016（1）：18-19.

[95] 周心怡，刘峰.社区居家养老服务怎么玩儿？[J].中国物业管理，2016（9）：44-45.

[96] 配餐入社区养老积跬步——广州珠江物业酒店管理有限公司试水社区养老[J].中国物业管理，2017（8）：35.

[97] 江西新建小区须配建养老服务设施[J].中国物业管理，2017（2）：3.

[98] 第四届中国国际老龄产业博览会，保利和悦会品牌发布暨社区居家养老论坛召开[J].中国物业管理，2017（11）：2.

[99] 北京国安养老产业投资管理有限公司.探索居家社区养老物业服务新模式[J].中国机关后勤，2017（12）：48-50.

[100] 陈秋红，包阔.推进物业服务企业开展居家养老的对策研究[J].中国商论，2017

（16）：143-144.

[101] 甘露纯，毛冬月，康琪雪.养老地产对物业服务的差异性需求[J].现代物业（中旬刊），2017（Z1）：74-81.

[102] 高春奎.居家养老与物业管理体系相互衔接问题研究[N].决策论坛——创新思维与领导决策学术研讨会2017：中国北京.2.

[103] 李莹，王钧.论物业养老服务体系有效构建[J].赤子（上中旬），2017（3）：186.

[104] 刘宇星，肖元平.新常态下的中国式养老问题研究——以保利物业为例[J].住宅与房地产，2017（24）：280.

[105] 吕正辉.物业企业开展居家养老服务的机会与策略[J].当代经济，2017（36）：118-119.

[106] 缪迅.物业+居家养老新模式[J].中国老年，2017（18）：43.

[107] 陶海燕.物业服务与居家养老相结合的经济社会价值[J].现代物业（中旬刊），2017（1）：87-88.

[108] 汪城.物业管理参与社区养老"快进键"[J].城市开发，2017（1）：76-78.

[109] 王莹.物业管理企业成为居家养老服务主体的必然性[J].企业改革与管理，2017（2）：205.

[110] 吴鸿根.物业企业参与居家养老服务路径探讨[J].上海房地，2017（9）：48-51.

[111] 徐爱民，杜建军.政府为主导物业公司与社区医院为两翼的居家养老模式探索[J].农家参谋，2017（20）：298.

[112] 徐倩莹.论基于养老物业服务的全面预算管理[J].智富时代，2017（4）：338.

[113] 许婕.物业"嫁接"养老的机遇与挑战[J].家庭服务，2017（2）：14-15.

[114] 亿达服务跨界做养老：还老人尊严，探索物业企业进军养老产业新模式[J].城市开发，2018（15）：86-87.

[115] 云馨物业：开辟"物业+养老"新模式[J].城市开发，2018（5）：80.

[116] 保利物业深耕社区居家养老，打造社群服务生态圈[J].城市开发，2018（5）：44-49.

[117] 卓达物业："物业+全龄化社区养老"典范[J].城市开发，2018（5）：83.

[118] 白明生.谈物业管理与社区居家养老的结合[J].今日财富，2018（10）：91.

[119] 陈海燕.物业企业参与社会化养老服务探讨[J].现代物业（中旬刊），2018（6）：18.

[120] 郭亮.物业服务企业进入养老产业大有可为[J].城市开发，2018（21）：66.

[121] 李亚希.亿达服务试水社区养老产业[J].中国物业管理，2018（9）：56-57.

[122] 刘博妍.物业服务企业介入社区居家养老的研究[J].沈阳师范大学学报，2018，46.

[123] 刘慧，张志红.物业服务企业提供居家养老服务的定位分析——以石家庄为例

[J].石家庄学院学报，2018，20（1）：24-27.

[124] 鲁捷，赵智祎.物业服务企业参与社区居家养老的优势与意义[J].现代经济信息，2018（10）：89.

[125] 缪悦.我国智慧社区居家养老服务体系的PEST-SWOT分析及其初步构建[J].现代物业（中旬刊），2018（11）：107-109.

[126] 谭格非.居家健康养老项目是物业公司优质的投资标的[J].城市开发，2018（9）：75.

[127] 田野.深化多元经营拓展养老市场[J].中国物业管理，2018（11）：26-27.

[128] 吴晓明.全国物业百强企业高调亮相SIC老博会物企深入探索养老产业——亿达服务养老品牌"璞养芳华"从东北走向全国[J].中国物业管理，2018（11）：14-15.

[129] 吴雪娟，窦丽琛，付艳涛.以"物业+"养老融合模式推进河北省城镇"居家养老"服务落实[J].产业与科技论坛，2018.17（11）：105-106.

[130] 谢意浓，谢荣华.物业服务企业开展社区居家养老服务实践路径研究[J].科技经济导刊，2018.26（23）：182-183.

[131] 余雪雪，毛吉军.新型城镇化下养老社区的物业服务体系建设调查研究——以阜阳市为例[J].广西质量监督导报，2018（9）：51-32.

[132] 张林华，等.对话：将医院物业服务与社区养老有机结合[J].城市开发，2018（9）：76-77.

[133] 张志强.物业企业参与居家养老服务对策研究[D].青岛：山东科技大学，2018.

[134] 居家养老开启达尔文业主老年幸福生活新模式[J].中国物业管理，2019（12）：63-64.

[135] 岑艺.物业企业如何更好介入居家养老服务[J].上海商业，2019（6）：59-60.

[136] 陈静博，朱陈陈.新型城镇化进程中皖北地区物业管理参与社区居家养老状况调查研究[J].山西青年，2019（21）：68.

[137] 陈玉峰.养老地产与物业管理新模式研究[D].青岛：青岛理工大学，2019.

[138] 陈玉峰.居家养老与物业管理体系相互衔接问题研究——以青岛市为例[J].住宅与房地产，2019（5）：5.

[139] 江文娟.物业服务企业开展居家养老服务的研究——以安徽省为例[J].宿州学院学报，2019.34（1）：31-34.

[140] 李平.物业服务企业参与社区居家养老的研究[D].北京：北京林业大学，2019.

[141] 李志建，李苏洋.物业养老服务的机遇与思考[J].城市开发，2019（15）：54-55.

[142] 宋喜龙.河南省物业服务与社区居家养老的结合之道[J].现代商贸工业，2019.40（29）：62-64.

[143] 徐顽强，张婷.构建"五位一体"的物业养老服务体系[J].中国房地产，2019（36）：31-38.

[144] 赵晓东.智慧家居，在物业型居家养老中王者归来[J].城市开发，2019（23）：78-79.

[145] 赵智祎.物业服务企业介入社区居家养老问题与对策研究[J].沈阳师范大学学报，2019：43.

[146] 陈伟.物业企业参与社区养老的模式研究——以杭州市为例[J].住宅与房地产，2020（12）：7.

[147] 陈玉峰.新型物业管理模式与社区居家养老的结合[J].住宅与房地产，2020（4）：9.

[148] 端玲.物业服务企业开展居家养老服务的对策研究[J].现代营销（经营版），2020（11）：40-41.

[149] 贾梦超.西木公司既有物业改建养老服务设施问题研究[D].北京：中国政法大学，2020.

[150] 林常青.建立健全养老服务体系，全力推进养老服务社会化、专业化与规范化[J].中国物业管理，2020（5）：6-7.

[151] 林力.物业管理+养老服务模式研究以麒麟物业公司为例[D].福州：闽江学院，2020.

[152] 刘际平.物业服务企业开展居家养老业务的途径探析[J].开封大学学报，2020，34（1）：30-32.

[153] 刘少才.塞浦路斯：养老·住房·物业[J].住宅与房地产，2020（19）：58-60.

[154] 鲁捷，倩倩，张帅.物业企业参与社区居家养老服务的优势与建议[J].住宅与房地产，2020（16）：35-37.

[155] 鲁捷，倩倩，朱妍.物业企业参与居家养老服务思与探[J].城市开发，2020（9）：76-78.

[156] 王丹，安雁嵘."互联网+"背景下物业服务企业融入社区居家养老的探究[J].智能计算机与应用，2020，10（1）：301-303.

[157] 谢罗群.发放疫情补贴 推广家庭养老——专访上海市人大代表张金秀[J].中国物业管理，2020（5）：12-13.

[158] 薛文静，陈党.浅析养老地产与物业管理的结合[J].智能城市，2020，6（5）：36-37.

[159] 于泽浩."物业+养老"模式助力养老服务精准递送[N].中国人口报，2020.

[160] 余雪雪，王雅，朱陈陈.新型城镇化背景下养老社区的物业服务体系建设调查研究[J].广西质量监督导报，2020（2）：23-24.

[161] 赵晓东.智慧家居，在物业型居家养老中王者归来[J].城市开发，2020（1）：68-70.

[162] 朱陈陈，等.经济欠发达地区物业企业开展社区居家养老服务研究——以皖北为例[J].山东农业工程学院学报，2020，37（8）：58-62.

[163] 朱陈陈，等.物业企业开展社区居家养老服务满意度研究——以安徽省为例[J].山东农业工程学院学报，2020，37（10）：92-96.

[164] 光荣与梦想，开元旗下养老品牌成长之路[J].中国物业管理，2021（3）：82-85.

[165] 智慧养老的海宇物业样本：居家养老知行合一[J].中国物业管理，2021（3）：13.

[166] "物业服务+养老服务"应形成合力[J].中国社会工作，2021（5）：11.

[167] "物业+养老"的"泉"新探索[J].城市开发，2021（6）：32-33.

[168] 让物业服务真正"渗透"养老[J].城市开发，2021（6）：36-37.

[169] 陈蔷."物业服务+养老服务"模式研究[J].住宅与房地产，2021（3）：10-12.

[170] 丁兰.物业企业参与社区养老服务困境与对策研究[D].保定：河北大学，2021.

[171] 江文娟.基于层次分析法的"物业+养老"的策略优选——以安徽省合肥市为例[J].合肥工业大学学报（社会科学版），2021.35（2）：60-65.

[172] 老高.居家养老，知行合一——重庆海宇物业的探索与实践[J].住宅与房地产，2021（10）：48-50.

[173] 李志建."物业+居家社区养老"的探索与实践[J].住宅与房地产，2021（13）：36-38.

[174] 梁景辉.对传统物业租赁企业发展养老服务业的探讨[J].大众投资指南，2021（1）：187-188.

[175] 刘凯敏.勤好的物业+养老之路[J].城市开发，2021（6）：38-39.

[176] 刘乃雯.吉林省物业服务企业参与社区居家养老服务的问题与对策研究[D].长春：长春工业大学，2021.

[177] 刘乃雯，汪泳.吉林省物业服务企业参与居家养老服务对策研究[J].广西质量监督导报，2021（3）：49-50.

[178] 彭方艳.眉山："物业+养老"居民都说好[J].中国社会工作，2021（11）：26.

[179] 唐锷.精致养老，美好的家——长城物业养老服务的实践与建议[J].城市开发，2021（6）：26-27.

[180] 张玲.十年养老，居家可期——绿城椿龄康养"物业+居家"养老服务分享[J].城市开发，2021（6）：24-25.

[181] 赵国际."物业+养老"提升老人幸福感[J].中国社会工作，2021（2）：33.

[182] 赵征焰.居家养老知行合一——重庆海宇物业的探索与实践[J].城市开发，2021（6）：44-46.

[183] 胡宏伟，等."嵌入式"养老模式现状、评估与改进路径[J].社会保障研究，2015，2.

[184] 陈杰，刘寅坤，张宇，等.物业服务企业提供养老服务的意义、实施难点与对策建议[J].中国物业管理，2021（10）：49-54.

[185] 浙江椿龄科技集团有限公司.诚园"物业服务+养老"模式路径研究[J].中国物业管理，2021（10）：55-59.

[186] 陈敏，陈燕，曹菁，等.社区养老赋能企业多元化发展[J].中国物业管理，2021（10）：60-65.

[187] 顾渐萍，桂晴."物业服务+养老服务"政策与重庆试点案例[J].中国物业管理，2021（10）：66-71.

[188] 万洁，段绍旗，刘方媛，等.应需响应，探索"物业服务+养老服务"可持续发展模式[J].中国物业管理，2021（10）：72-76.

[189] 陈杰，张宇，石曼卿.当前居家社区养老服务体系存在的短板与创新——兼论"社区+物业+养老服务"模式推广问题[J].行政管理改革，2022（6）.

[190] 胡祖铨.我国机构养老服务的模式分析[EB/OL].国家信息中心网站，http：//www.sic.gov.cn/News/459/4999.htm.

[191] 沈轶.国外社区养老发展的经验简介[EB/OL].吉林省人民政府发展研究中心网站，http：//fzzx.jl.gov.cn/yjcg/yjcg_2016/201607/t20160712_3721453.html.

各物业公司开展居家社区养老服务案例

一、远洋亿家物业服务股份有限公司在北京远洋天地开展居家社区养老服务案例

（一）基本情况

1.试点项目概况介绍

在住房和城乡建设部、中国物业管理协会、北京市民政局、北京市住房和城乡建设委员会等政府主管部门的指导下，远洋亿家物业服务股份有限公司（以下简称"远洋服务"）申报的北京远洋天地项目入选了物业服务企业开展居家社区养老服务的首期试点。

北京远洋天地项目位于北京市朝阳区东四环路慈云寺东南，隶属朝阳区八里庄街道远洋天地社区，总建筑面积约为68.8万平方米，包含居民楼24栋，于2001年完成交付。截至2021年年底，北京远洋天地社区共有家庭3339户，常住人口约为1.06万人，小区居民的人均收入属于中高水平，整体素质较高。其中，60岁及以上在册老年住户共991人，约占总居住人口的9%；60～69岁老年住户449人，占老年住户总数的45%；70～79岁老年住户363人，占老年住户总数的37%；80～89岁老年住户164人，占老年住户总数的16%；90岁及以上老年住户15人，占老年住户总数的2%。远洋天地项目平面图如图附1-1-1所示。

2.参与试点的出发点

作为一家口碑优良的综合性物业管理服务提供商，远洋服务深刻理解国家推动养老服务的重大意义及其带来的机遇。远洋服务秉承"服务城市发展，

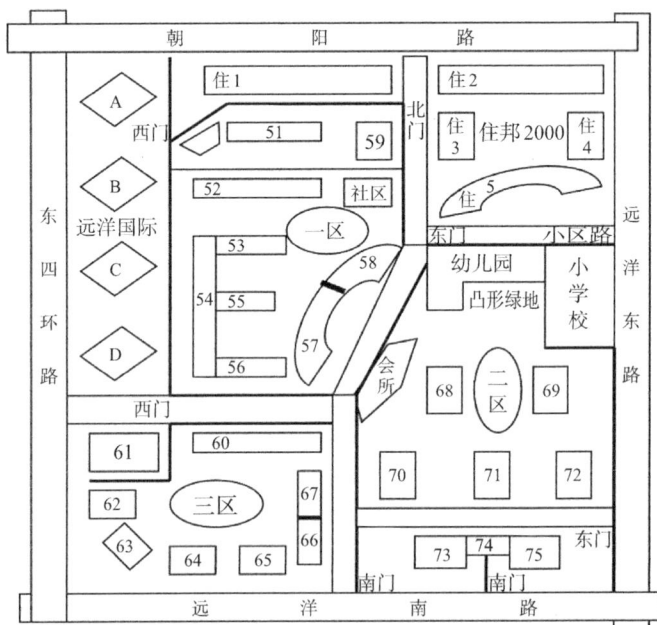

图附 1-1-1　远洋天地项目平面图

打造美好品质"的企业使命，结合母公司远洋集团控股有限公司（以下简称"远洋集团"）"建筑·健康"的开发建设理念，积极响应国家相关政策号召，充分发挥自身常驻社区、贴近居民、响应快速的优势，特此申报此次试点。

在提供全方位、全龄化的物业服务的同时，远洋服务希望能够构建畅通渠道，整合优势互补的各类资源，共同合力打造"老有所养，老有所依，老有所为，老有所乐"的社区高品质养老服务标准，让更多老人能更好地安享"住在自家、乐在社区"的幸福晚年。在此基础上，探索形成有物业服务品牌延展识别度、有商业推广价值、可复制的居家社区养老服务试点经验和经营成果，助力提升物业企业的品牌价值，并以物业管理的"小文章"，助力国家发展的"大格局"。

3.试点开展前的前期基础

在"物业服务+养老服务"试点工作开展前，远洋服务在社区中已经有了一定的养老服务工作基础。多年来，远洋服务坚持为北京远洋天地项目常住的近千位老人开展每年两次的义诊健康讲座，普及日常健康护理知识，提供血压血糖测量服务；并联动社区诊所，不定期对社区内高龄、独居、空巢老人进行入户关怀，提供上门服务，让这些老人充分感受了"身边、床边、周边"的贴心服务。如图附1-1-2所示的是远洋服务组织的老人关爱主题活动现场。

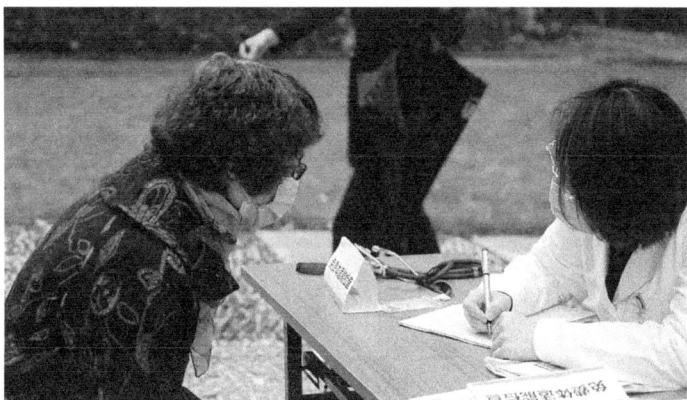

图附1-1-2　远洋服务组织的老人关爱主题活动现场

4.实施主体与组织架构

远洋服务成立于1999年，是远洋集团旗下的综合性物业管理服务商。秉承着"懂心意、有新意"的服务理念，远洋服务将社区居家养老视为未来的核心服务之一，并进行了资源整合和业务规划，希望将企业的服务理念延伸到对老人业主的日常服务当中。

试点工作的实施主体是由远洋服务总部增值业务部与远洋天地项目共同组建的居家养老试点专项工作小组（以下简称"专项工作小组"）。其中，总部增值业务部作为牵头主体，负责打磨业务定位、规划服务内容、整合业务系统以及完成品牌定位的顶层设计；远洋天地项目则作为业务运营主体，协同总部调研、形成完整的服务内容并对接业务的顺利落地和良性持续运营。由于工商注册未完成，以及场地待落实（驿站/老人服务中心）暂不需要专人运营，目前试点项目未设立独立的实体组织。财务方面，与零售服务平台合并核算。

在具体的人员职责上，老人服务中心经理负责的是老人服务中心的整体工作，并对专项工作小组进行日常管理；专项管家负责对应服务项目的运营管理，并为社区老人提供管家式咨询服务；服务助理负责养老服务的落地执行，向老人客群提供直接服务；非全职的义工团体则是阶段性地为老人提供专项服务。如图附1-1-3所示为试点项目组织架构。

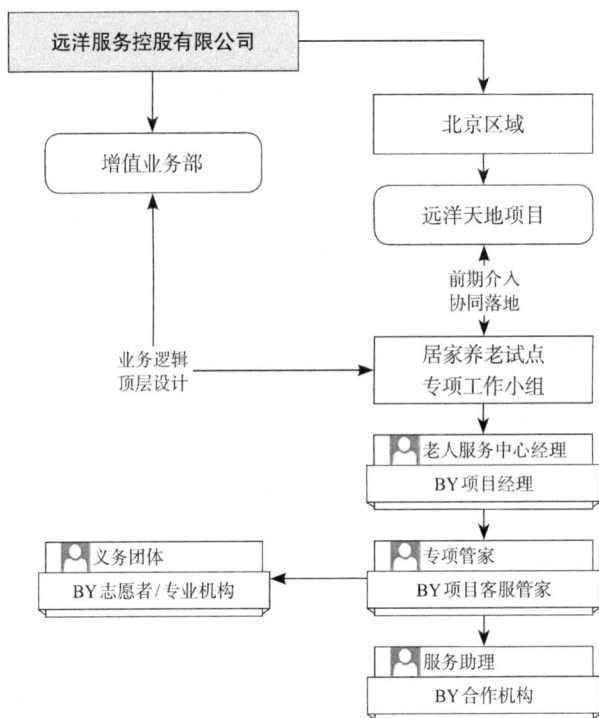

图附1-1-3　试点项目组织架构

（二）工作开展

1.需求调研

基于深入全面了解客户群体、大范围收集养老服务需求以及有效指导产品设计的调研目标，远洋服务与北京林业大学的科研团队进行紧密合作，从客户视角验证需求、公司视角规划业务、服务视角标准落地三个步骤开展了社区居家养老的客户需求调研。

2021年6月至7月，由远洋服务负责人带队，总部增值业务部2人、远洋天地项目客服团队3人、北京林业大学科研组4人组成的调研团队在北京市远洋天地项目开展了为期1个月的客户需求调研工作。

调研工作整体采用的是定量问卷调研与定性深度访谈相结合的方式，兼顾了广度与深度。线上问卷对前期业务规划进行了可行性验证，包含了受访者的基础特征信息采集、五大生活场景下12项业务类型的关联跳转问题设置，以期验证目标客群对开展居家养老服务的接受度；还调查了老人在生活场景下对各项业务的需求程度。开放式的深度访谈则对调研数据背后的逻辑因果进行了挖掘和关键信息补充，有助于专项工作小组深入理解目标客群的真实核心诉求。

表附1-1-1、图附1-1-4为线上问卷的设计思路与具体内容；如表附1-1-2所示为线下访谈的设计思路与具体内容。

线上问卷的设计思路与具体内容　　　　　　　　　　表附1-1-1

服务板块	服务项目	问题设计思路
居住安心	房屋适老化改造	1.硬装改造、软装配饰、家具需求的程度（需要/不需要，计划实施时间，价格）
	远程监护系统安装	2.需要比例，类型，价格
饮食放心	助餐/社区食堂	3.社区有食堂，价格，送餐与否接受度
	慢病食疗产品销售	4.慢病类型，销售途径、价格、报销途径
生活省心	老人生活服务卡	5.家政、保洁、维修、家电保养、空调清洗、家具维修等，内容明细做勾选
		6.次卡/年卡/专项卡选择意愿
		7.对应选择类型的价格区间接受度
	物品代购	8.是否需要，配送到家意愿度选择
娱乐悦心	老人旅游专线	9.是否需要，价格接受度
		10.线路选择（国内、国际、周边）
		11.时间选择（日常、周末、时长）
		12.价格区间选择
	老人活动中心	13.是否需要，功能建议
助医用心	专项健康档案	14.是否需要（隐私敏感度）
	就医绿色通道	15.是否需要
	陪诊服务	16.是否需要，价格接受度区间
公益暖心	应急援助	17.救护知识培训的需求度

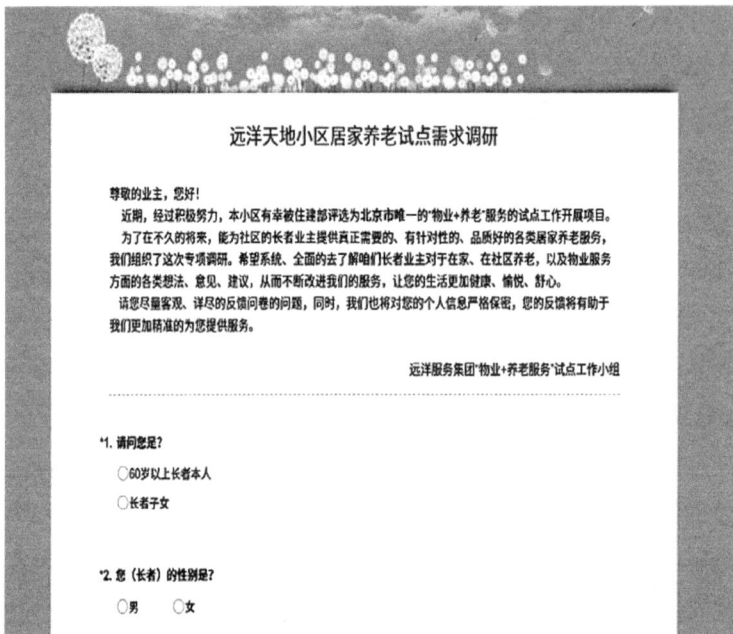

图附1-1-4　线上问卷的设计思路与具体内容

线下访谈的设计思路与具体内容　　　　　　　表附1-1-2

访谈模块	时长
第一部分：热身与访问介绍	5分钟
第二部分：长者业主基本情况了解	10分钟
第三部分：日常社区物业服务感知的切入	10分钟
第四部分：居家养老需求和关键服务环节评价	30分钟
第五部分：开放性需求挖掘和收尾	5分钟

　　此次调研共收集了有效问卷85份、访谈结果7份，样本量占社区老年人总数的8.6%。其中，60～70岁的受访者占样本量总数的54%；71～80岁的受访者占41.2%；81～90岁的受访者占4.7%。调研样本分布情况与社区老人实际分布情况基本一致，抽样数据整体具有较高的代表性。由老人本人自主填写的问卷比例达77.7%，问卷结果能够有效代表老人本人观点，表明问卷信度较高。样本年龄分布情况见表附1-1-3。

　　调研结果显示，在适老化改造意愿方面，有77.7%的受访者还未对住房

年龄	60～70	71～80	81～90	90以上
人数	46	35	4	0
占比	54%	41.2%	4.7%	0

进行改造。其中，有40.9%的未改造者表示有改造计划。在7组深度访谈的受访者中，有4组提到了门窗改造的需求，这表明老人对适老改造产品具有潜在需求。在远程监护系统安装意愿方面，72.9%的受访者对系统的预警作用表示了认可，但对产品价格存在较大疑虑。在慢性病症状况及用药情况方面，近半数老人正处于长期用药状态，购药消费月均超300元，表明保健药品代购代销具有推广可能性。在健康档案建立意愿方面，有81.2%的受访者表示具有建档意愿，但需重视隐私保护。在就医绿色通道接受意愿方面，有64.7%的受访者表示接受就医绿色通道，同时对就医渠道的正规性、专业性以及价格标准有着一定的要求。在社区食堂服务方面，82.4%的受访者表示愿意在社区食堂就餐。在生活服务方面，老人们对日常保洁家政、电器维修的需求较高，且大多数老年人表示愿意接受与市场水平相比较低的价格。此外，受访者对于老人活动中心设立的呼声较高，有2/3的老人表示，如果小区建设了老人活动中心，他们会经常前往。

2.服务规划开展过程

经过需求调研的数据论证，专项工作小组对目标客群需求有了更深层次的理解和认知，并对五大生活场景下的服务项目重要次序、核心定位和侧重点做了相应完善和调整，形成了以下业务规划（表附 1-1-4）。

试点项目业务规划   表附 1-1-4

服务板块	服务项目	具体内容	服务提供方
居住安心	适老化改造	房屋和家具的适老化改造	设计第三方+美居服务
	远程监护设备+应急响应服务	健康监护硬件销售与服务提供	悦享数字+远洋服务
饮食放心	助餐/社区食堂	营养配餐、就餐、配送服务	合作配餐公司
	食疗产品销售	提供针对老人的食疗产品	远洋服务优选商城 老年学及老年医学学会

服务板块	服务项目	具体内容	服务提供方
生活省心	到家服务	针对日常维修、家电维护、家政保洁、助浴等需求，提供到家服务	58到家+区域服务公司
	物品代购	生活用品代购与送货上门服务	远洋服务项目管家
娱乐悦心	老人旅游专线	提供针对健康活力老人的各类旅游产品	合作旅行社/椿萱茂
	老人活动中心	提供社区老人活动场所和丰富多彩的身心修养与娱乐活动	远洋服务+椿萱茂
助医用心	专项健康档案	为老人建立、更新专项健康档案	椿萱茂团队+悦享数字
	健康体检	体检与健康讲座进社区	远洋服务+医疗机构
	康复理疗	预约理疗服务；康复设备租赁	金牌护士/凤凰医联
助医用心	陪诊服务	为就医老人提供全程接送、挂号、陪诊、拿药服务	远洋服务项目管家

（1）针对高频刚需服务，如社区食堂、保洁服务和老人活动中心建造，优先完成规划，并对服务品质和价格标准进行二次验证后推广落地。

（2）针对老年人纳入计划或持有疑虑的潜力型需求，如适老化改造服务、就医陪诊等服务，将在后期挖掘产品核心优势、完善品牌推广策略后逐步上线。轻重结合，有的放矢、有质量地推进试点工作。

3.场地获取过程

对于许多20年以上的成熟型社区，场地设施可能是最稀缺的资源，社区在长期运营中，不断面临着社区空间设施再开发利用的需求，随着入住时长的累积，社区的可用空间越来越少。北京市朝阳区八里庄街道远洋天地社区自2001年交付至今已有20年之久，社区内的地上场地资源已开发殆尽，暂无可以用于改造成为老人活动中心和社区食堂的闲置建筑空间。

而北京远洋天地项目的物业办公场所位于地下2层，按照消防安全管理要求以及老人活动的便捷性要求，这一地下办公场所无法为老人提供集中休闲、娱乐、用餐用途的空间。因此老人服务中心和社区食堂的选址受到了场地资源的制约。

针对养老服务场地缺失的问题，在对社区内的集中地块和资源进行反复盘点之后，专项工作小组就社区内空闲绿化土地、底层空置民居、楼栋间架空层等老人可达空间，拟定了选址利用方案。正在与北京市住房和城乡建设委员会、北京市民政局就社区周边场地资源的协调及社区空闲土地自建的可行性展开积极沟通与解决方案的可行性探讨。

4. 资源整合过程

试点项目申报一经获批，立即受到了远洋集团和远洋服务总部的高度重视。

在集团内部品牌资源方面，秉持着"健康·建筑"理念，远洋集团从硬件、软件方面着力构建健康建筑和健康社区，为此形成养老、医疗、智能化等多个领域的大健康布局版图。"椿萱茂"作为远洋集团旗下养老版块的专业化、高品质养老服务品牌。运用源自美国的养老服务理念、运营体系、照料经验，"椿萱茂"致力于为长辈创造健康、快乐、安心、有尊严的幸福生活。"悦享数字"则是远洋集团旗下智能化板块的代表，作为养老行业数字化转型的领导者，"悦享数字"以"呵护长辈"为核心，以"赋能养老机构"为己任，面向养老行业提供端到端的数字化解决方案。北京远洋天地项目利用了远洋服务总部增值业务孵化的经验赋能，充分结合了"椿萱茂"和"悦享数字"的品牌势能，助力业务优势定位和规划重点导引。

在集团外部品牌资源方面，北京远洋天地项目调动了远洋服务增值业务部现有业务的条线资源，如美居产品、生活优品、空间资源和租售服务等多方位的优质服务商资源，有效利用成熟社区业态品牌资源哺育养老业态发展。

5. 与政府及社区沟通

根据试点工作的开展节奏，专项工作小组先后与社区街道、中国物业管理协会、北京市市场监督管理局、北京市住建委物业处、上海交通大学-北京林业大学组成的科研课题组、北京市民政局养老工作处建立了沟通联系机制。

在试点工作立项启动、方案论证、中期自评、阶段性成果汇报、试点工作总结等不同的阶段，专项工作小组都与试点工作牵头单位中国物业管理协会和科研课题组进行对接，开展了项目实地参观考察、专题座谈、线上对话等调研交流活动。并就具体的工作需求，如工商注册、养老资质许可、餐饮经营许可、场地资源协调等，与相应的政府职能部门进行沟通。

在方案论证阶段，北京远洋天地项目的工作得到了试点工作牵头单位的认可，这也成为业务顺利开展和推进的良好基础；在需求调研工作中，专项工作小组与课题组共同完成了数据收集和科研成果转化；养老资质获取方面，北京市民政局在进行现场考察以及与专项工作小组进行座谈沟通后，提供了北京市"物业+养老"的民政扶持办法。

(三)效果体现

1.服务开展情况

从2021年10月14日开始，专项工作小组通过策划系列老人关爱活动，包括"爱在社区·尽享金秋"——重阳节长者关爱主题线下活动（图附1-1-5）、"关爱老人，健康相伴"——居家养老服务暖冬健康专题讲座、"新春纳福写春联，墨香挥毫迎佳节"——居家养老服务新春活动等（图附1-1-6），进行着"物业服务+养老服务"模式和服务落地的预热和推广。重阳节活动现场吸引了约400人次的目标业主参与到现场体验和咨询中，许多老人驻足参观、体验和沟通健康服务，表现出对各类居家养老服务的强烈兴趣。

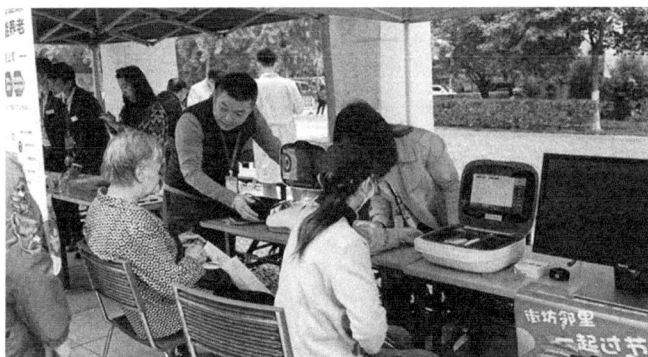

图附1-1-5 远洋天地项目重阳节线下活动现场

大多数老人对健康设备和仪器感到好奇，纷纷体验机器人面诊和家庭随诊包产品；在生鲜健康食品展台前，老人们排起了长队，甚至中午采购食用后，下午再次前来回购；还有部分老人和子女专程前来咨询和对接到家清洁服务。

线下活动和推广活动提高了社区老人们对品牌和服务的认知和好感度。同时，根据现场的参与反馈信息，专项工作小组对部分产品类型、服务价格

图附 1-1-6　远洋天地项目春节线下活动现场

进行了调整，但由于场地设施限制以及资质缺乏的问题，目前仍无法独立经营核算。截至 2021 年 12 月 31 日，北京远洋天地项目共计完成服务约 640 单，总收入为 71259.72 元，扣除合作方结算支出，营销成本忽略不计，总收益为 12009.84 元。

2. 场地设施情况

目前专项工作小组拟定的场地选址方案结合了北京市民政局的指示和业务规划，将场地设施定位为"养老驿站"。方案对老人活动中心、助餐堂食空间、康复训练室等功能区进行了合理布局，旨在为周边老人提供休闲娱乐、社交学习、喝茶用餐、康复体验的服务空间，同时，也能够为政府民生政策咨询对接提供一个线下窗口。

3. 资源拥有情况

在此次"物业服务＋养老服务"试点工作中，远洋服务可以充分发挥其在社区优质资源方面的调动驾驭能力，利用成熟社区业态品牌资源哺育养老业态，以养老业态为支点孵化生活服务新业态，实现螺旋式战略驱动发展。

在母公司的顶层设计下，北京远洋天地项目已经与"椿萱茂""悦享数字"达成了合作，为居家养老提供更多健康咨询、康复护理、智能设备方面的专业支持。对外，远洋服务已成功对接家装美居、生活优选领域内的优质合作商，并与其确认了深化合作。今后，远洋服务也将与合作商共同持续提供与老人需求接壤的到家服务和娱乐服务。

4.获得政府及社区支持

根据《北京市社区养老服务驿站管理办法（试行）》等相关文件精神，物业服务企业已被纳入"三边四级"就近精准养老服务体系的重点参与主体，并正在获得相应政策的扶持以及相关政策补助的落实。

除此之外，在远洋服务与相关政府部门的积极沟通下，北京市民政局已根据其发展居家养老的政策共识，将北京远洋天地项目纳入其"物业服务+养老服务"试点的政策框架内。在满足养老驿站规划的基础上，北京市民政局还将提供免注册备案直接挂牌的便利以及建设和运营补贴等资金支持。

（四）经验总结与未来展望

1.试点工作中的创新与亮点

（1）轻资产平台化的业务模式。试点工作根据需求分析和市场研判，将"物业+养老"精准定位为轻资产业务模式，为横向业务资源的延展互通提供了可能性，同时，轻量化的运营也使该模式的复制和推广具有较大可能性。

（2）细分业务定位的平衡点。通过全业务场景下的服务需求调研和深挖，以及客群偏好画像、市场潜在需求判断等，试点项目能够有效识别高频刚需业务和核心诉求，从而做到优先设计和重点关注，避免在业务规划上盲目做加法，达到有的放矢、轻重结合的效果。

（3）机构化养老的业务衔接。专项工作小组积极与集团旗下养老板块"椿萱茂"沟通交流，将机构养老服务中的对客服务经验融入"物业服务+养老服务"试点规划中，为后期开展专业医养服务提供专业支持；同时，形成产业联动，也为有机构养护需求的部分客户提供转介渠道。

2.试点中可复制、可推广的经验

（1）轻资产平台化的业务模式具有可复制性。在涉足养老市场方面，比起地产、保险等行业，物业作为微利行业，在资本投入方面不具优势。但物业身在社区，具有贴近业主、响应及时的特点，在与业主建立信任、提供便利快捷服务方面具有天然优势，这也意味着物业在将老人的需求链接到其他养老服务商时更具便利性，也更容易得到老人的信任。因此，资源链接型、轻资产平台型的业务模式结合物业高触点服务特征，在行业内具有复制的可行性。

（2）与专业养老机构形成合力。根据北京远洋天地项目的调研结果显示，社区内60～80岁的活力老人比例高达82%，他们身体状况良好、休闲时间充裕、社交需求较大，是居家养老服务的主要客群。而目前许多专业养老机构的选址一般定在远离市区的郊外，具有度假颐养型产品属性。物业居家养老服务与其建立合作，不仅可以为活力老人提供短期的专业颐养旅居服务，还可以为社区内失能、半失能的老人提供长期、间歇性的集中护理服务选择。二者可合力补齐社区颐养设施和服务专业性的短板。

3.试点的总体感想与体会认识

（1）大力发展居家养老势在必行。在"物业服务＋养老服务"试点工作开展的过程中，远洋服务对于老年业主的迫切需求有了更加直观深刻的感受。从需求调研中老年业主对这一试点工作开展表现出的好奇和关注，到留言建议中超半数受访者填写的细致建议，再到活动实际开展当中老年业主高涨的参与热情，都让专项工作小组认识到发展居家养老是应对当前人口老龄化进程加快这一现实难题的一项紧迫任务。物业服务因具有高频触点、常驻社区、贴近居民、响应快速的特性，必将成为居家养老的重要抓手。因此，物业服务企业应义不容辞地深入参与居家社区养老服务，并切实满足不断增长的养老服务需求。

（2）政府协同和政策协调至关重要。在试点工作开展的过程中，北京远洋天地项目相继遇到了场地稀缺、备案资格缺乏等问题。场地问题需要通过属地住建委协调闲置公建资源、闲置土地来解决；而养老资质备案需要属地民政局协调特殊经营政策来提供便利。在与相关政府部门沟通的过程中，专项工作小组发现，不同的政府部门对于试点工作的理解程度不同，支持和侧重的方向不同，这也为项目方与政府部门的沟通工作带来了一些障碍。因此，政府窗口之间、政策与政策之间的协同协调工作对于"物业服务＋养老服务"的顺利开展具有不可或缺、至关重要的作用。

（3）场地资源仍是社区工作的棘手问题。目前，绝大多数老人居住的社区都已经有着20年，甚至30年以上的建筑年龄，而老人们大多都不愿搬离居住已久的房屋和社区。而在这类成熟型社区，往往也面临着场地资源随着社区运营逐渐耗尽的现状与社区老人对于集中娱乐社交场所有着迫切需求之间的矛盾。

4.下一步的工作计划与设想

在相关部门的支持下，北京远洋天地项目已经顺利形成"物业+养老"的业务规划和逻辑系统。在试点工作的尾声，专项工作小组将就关键问题——场地资源的协调方案尽快与属地主管部门达成一致，确保老人高频刚性需求的满足和业务运营许可的获得。

未来，远洋服务还将根据业务落地节奏进行运营监测和产品迭代，不断打磨完善初始项目的业务模式，探索更多可以推广复制的切入点和良性的协同运营机制，真正借助物业力量让更多社区居住老人老有所养、老有所依、老有所乐、老有所安。

5.对"物业+养老"的认识看法与前景判断

基于我国现阶段及未来将长期处于老龄化社会的现实情况，完善多方参与、多渠道的养老服务供给，保障"9073"养老格局次序需求的对接至关重要。物业作为90%居家养老需求的第一触点，已经成为居家养老甚至整个养老市场中的重要一环。因此，物业服务企业应躬身入局，积极发挥社区运营、家庭服务的距离优势，进行物业管理延展服务探索。

在应对人口老龄化国家战略中，"物业服务+养老服务"模式仍是新生事物，还面临着很多的问题与挑战。同许多跨界合作一样，面对市场广阔的养老产业，物业企业的加入同样面临着养老专业性不足、场地资源稀缺、盈利模式不清晰等方面的困境，需要联合更多的社会力量共同参与，争取更多的政策倾斜，以此探索轻资产运营的技术实现和资源链接，以及嵌入式重资产运营的专业性补足和场地供应。

远洋服务相关领导表示，在依托自身基础物业服务优势，以"资产价值及美好生活的创造者"身份全面整合各类专业资源，有针对性地向适龄老人提供内容丰富、品质过关的居家养老服务和产品外，还需要政府和相关职能部门的大力支持与协助，才能更好地探索形成有物业服务品牌延展识别度、有商业推广价值、可复制的社区居家养老服务试点经验和经营成果。

6.对政府的政策建言献策

在"物业服务+养老服务"的新合作领域中，政府发挥着关键性的作用。一方面，大部分老年人对于养老服务有着迫切的需求；另一方面，对于陌生事物的怀疑心理又导致了他们对于不熟悉的服务有着较低的支付意愿。而现阶段的养老服务具备着一定的公共物品属性，因此行业的发展必须获得政府支持政策的驱动。

所以专项工作小组建议，政府应以物业服务企业发展居家社区养老服务的短板和不足为切入点，在场地设施方面，利用闲置土地为物业服务企业提供公建民营的场地政策支持；从促进社会资源参与的角度出发，给予一定的税收优惠和金融支持；在企业可持续运营与发展方面，给予服务运营补贴，扶持一切可能的社会力量助力居家社区养老服务的提供。

（五）试点模式与经验适用性

1.本试点项目的模式与主要特征

北京远洋天地社区为典型的成熟型社区，具有常住业主规模大、社区开发程度高、区位条件好、周边资源丰富的特点。基于远洋服务良好的物业服务工作基础以及线上生活优品等相关业务经验，北京远洋天地项目采用了"轻资产平台化"的业务模式。基于前期需求调研的验证结果，轻资产平台化运营将更加适配居家养老业态，场地资源将以满足线下社交需求为主。

该模式对社区资源进行了整合，通过物业平台，将严格筛选的优质到家服务、适老化改造服务、食品服务、健康服务、娱乐服务直接对接给社区内的老人。老人可以通过物业平台完成服务的购买，物业平台再对接服务商提供服务产品。

在这一模式中，物业平台充分发挥了距离优势和资源优势，为社区内的老人筛选了合适服务资源，也为优质服务商提供了充足的客户资源。除此之外，线下活动空间场所中，文娱运营和高质量的产品服务体验也增加了品牌的客户黏性和活跃度。总的来说，该模式的特征可以归纳为以下三点：

（1）运营平台的场景化。本试点项目通过搭建线上物业服务平台，实现了对客服务展示、在线交易以及订单处理等功能。

（2）整合资源巧对接。本试点项目整合了已有增值服务库内的优质服务商，以及项目周边便捷的服务商，在老年业主与优质服务资源之间搭建了沟通对接的桥梁。

（3）注重社区宣传推广。由于线下集中服务较少，该模式对在社区内的针对性宣传推广工作有着较大的需求，因此完成老年业主的认知塑造、好感建立和购买习惯引导。

2.本试点项目的主要工作与取得的成效

（1）完成了需求调研，形成了部分业务做减法，后期逐步强化的意识。北京远洋天地试点通过前期的需求调研分析工作，对老年业主的服务需求特征进行了深入理解和洞察。在此基础上，专项工作小组进行了准确的业务规划，现正就业务内容逐步进行招商引入，并将在期间就服务产品不断进行迭代更新。

（2）进行了必要的需求验证，明确了服务属性。在居家养老服务中，有部分服务无法按照市场价格直接对接老人。例如上门保洁服务，北京地区的市场价为每小时35元，加上管理运营成本，这一服务的价格平均将达到每小时50元。而在北京远洋天地项目开展的线下宣传推广活动过程中，专项工作小组发现，老年业主们对于上门保洁服务价格的接受范围在30～40元/小时之间，这意味着这类服务需要以低价高频属性来获得客户黏性。在后期的招商中，专项工作小组也将以多次低价的保洁服务套餐重新进行招商推广工作。

3.本项目模式的适用性与优点弱点说明

北京远洋天地项目所采用的轻资产平台化业务模式对于物业服务人员的养老专业性要求不高，对于物业运营的负担也相对较小。但该模式平台化、资源链接型的特点对社区资源、社区业主特征、社区业主接受度、物业服务基础品质等有着一定的要求。具体来说，在复制推广的过程中，采用该模式的社区应具备如下四个特征：

（1）社区周边的资源较为丰富。由于到家服务、助餐服务等高频服务具有较强的时效性，距离较近的服务商更便于对接和开展服务，而对于较为偏远的郊区或乡镇地区的社区，采用该模式可能将面临服务资源不足或服务效果较差的问题。

（2）社区内的老年人主要为活力老人。轻资产运营意味着线下基础设施的投入较小，所以可能不适用于具有较多重度护理需求老人的社区，更适用于活力老人较多的社区。另外，平台化运营会较多地涉及智能手机操作，这也需要老人对于科技产品、智能产品具有一定的好奇心和接受度。

（3）物业经营基础较好。"物业服务＋养老服务"的开展，无疑是对物业基础服务口碑的一次考验。对于具有较好物业工作基础的社区，业主对物业的信任度也会比较高，具有天然客户黏性，可以在后续的平台化运营中省去大量的客户工作成本。

（4）社区场地资源不足。许多成熟型社区可能面临着无法提供大型完备的驿站、场地的问题，而轻资产运营意味着养老服务的提供主要依靠的是更为便捷的服务平台，对于场地的依赖性较小。因此这一模式在一定程度上更适用于场地缺乏的社区。

二、保利物业在广州花香美苑开展居家社区养老服务案例

（一）基本情况

1.试点项目概况介绍

保利花香美苑社区位于广州市荔湾区翠琳街4号，总占地面积为11万平方米，总建筑面积约为40万平方米，于2013年12月30日完成交付，现有家庭约1800户，常住人口7000多人。截至2021年年底，保利花香美苑社区60岁及以上老年人达1000多人，约占社区常住人口的14%。其中，非独居、较为自理、经济条件较佳的老年人占社区所有老年人的91%；独居、经济条件尚可的老年人占社区所有老年人的8%；身体欠佳、行动不便、主要由家人看护的老年人占社区所有老年人的1%。

2.参与试点的出发点

截至2020年年底，广州市共有60岁及以上老人179.95万人，占全市总人口的18.27%。其中，荔湾区的老年人总数为22.31万人，占全区总人口的29.01%，是广州市老龄人占比最高的行政区。为了应对人口老龄化危机，

主动践行央企的社会责任，并提升社区老年业主的满意度和幸福感，保利物业以老年人服务需求为导向，整合集团品牌资源，利用社区养老资源，积极探索物业服务与居家社区养老有效结合的路径，致力于打造一个"物业服务+养老服务"的服务模型。

3.试点开展前的前期基础

（1）在集团品牌资源方面，保利发展控股集团股份有限公司（以下简称"保利发展控股集团"）从2012年开始正式涉足养老专业服务，并于2016年成立保利（广州）健康产业投资有限公司（以下简称"保利健投"），将其定位为保利发展控股集团推进康养板块发展的核心平台，形成了以"机构为服务依托、社区为服务场景、居家为服务终端"有保利特色的"三位一体"健康养老模式（图附1-2-1），也逐步形成了较为完整的养老产业链与品牌。

图附1-2-1　保利健投"三位一体"健康养老模式

（2）在社区养老资源方面，保利花香美苑社区内已配备一处综合养老服务中心——荔湾区海龙街综合养老服务中心（图附1-2-2）。依托保利健投旗下的五星级养老机构保利中科和熹会，荔湾区海龙街综合养老服务中心为社区内的老年人提供了十余项居家养老基础服务，并根据老年人多元化、个性化的需求，提供了养老服务咨询、辅具租赁、适老化改造、家庭养老床位、智慧养老等特色服务；还设立了居家上门护理站，提供居家上门护理服务。

图附1-2-2　荔湾区海龙街综合养老服务中心

同时，通过连接社区卫生服务中心，为周边社区的老年人提供了健康咨询、健康管理等服务，目前可辐射辖区内6个社区、近5000名老人，实现了老年人"年老不离家"的愿望。

4.实施主体与组织架构

保利发展控股集团股份有限公司（SH600048）是中国保利集团控股的大型中央企业。目前已形成以不动产投资开发为主体，以综合服务与不动产金融为翼的一主两翼业务板块布局。保利物业是保利发展控股集团综合服务业务版块中的一个重要组成部分，服务内容包括物业服务、专业设备设施维护保养服务、家政服务、社区健康管理（社区家庭健康管理、社区居家健康养老服务、健康产品与服务销售）、社区教育、社区智慧平台建设与运维等。保利健投是保利发展控股集团推进康养板块发展的核心平台，也是保利集团综合服务业务版块中的组成部分。围绕"健康+"的战略目标，保利健投以健康养老服务为切入点，旨在为社会提供专业的全生命周期、全链条、全龄居的健康服务，以此构建健康产业投资及运营的良性生态圈。如图附1-2-3所示为保利发展控股集团组织架构。

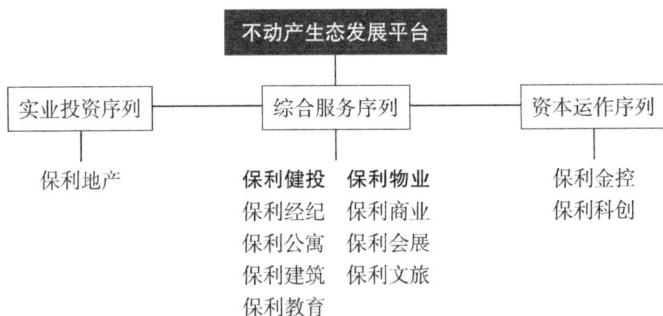

图附1-2-3　保利发展控股集团组织架构

在此次项目试点中，保利"三位一体"的养老运营模式与保利物业的协同作用深度融合，打造出了全新的"物业平台+三位一体养老服务"的社区居家养老模式（图附1-2-4），立"养老领事"工作机制。其中，保利物业的定位是项目的物业服务资源平台，为业主搭建颐康中心服务平台，向颐康中心提供社区客户数据和需求数据，为有养老需求的提供接单和派单服务，提供养老需求转接业务。而保利健投的定位是项目的养老服务运营平台，依托本土养老机构，向颐康中心提供技术和服务标准以及人才支持，快速注入保利健投模式，同时进一步丰富物业多元服务。

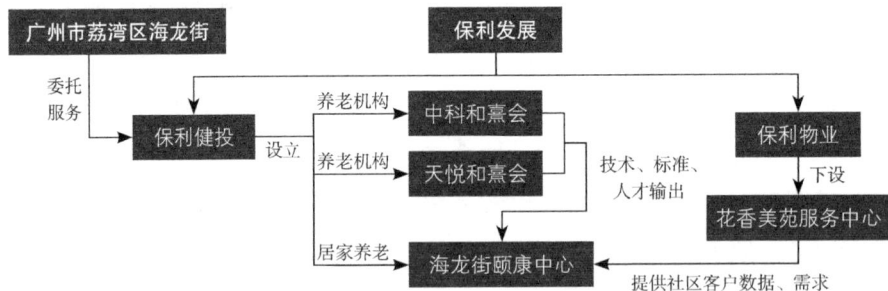

图附1-2-4　"物业平台+三位一体养老服务"社区居家养老模式

（二）工作开展

1.需求调研

在本次试点中，由保利物业下设的花香美苑服务中心负责需求调研的工作。主要对社区内的人口情况进行调查，统计分析社区老龄人口的数量、比例以及基本情况，并了解其养老服务需求，尤其是刚性养老服务需求，最后将这些客户数据、需求一并反馈给颐康中心。

根据花香美苑服务中心的摸排调查，截至2021年年底，保利花香美苑社区60岁及以上老年人达2254人，占社区常住人口的23%。其中，非独居、较为自理、经济条件较佳的老年人占社区所有老年人的91%；独居、经济条件尚可的老年人占社区所有老年人的8%；身体欠佳、行动不便、主要由家人看护的老年人占社区所有老年人的1%。图附1-2-5所示为保利花香美苑社区老年人结构。

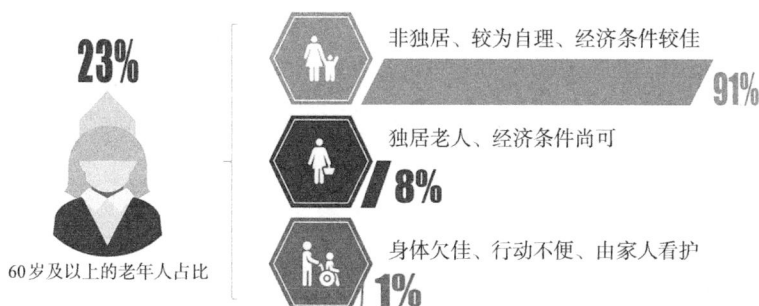

图附1-2-5　保利花香美苑社区老年人结构

2.服务开展过程

在服务正式开展前，保利物业与保利健投共同确定了《广州花香美苑社区开展居家社区养老服务试点工作方案》，明确项目运营模式、试点服务内容、项目运营方案、项目测算、项目营销方案等内容，并做好详细的工作铺排，明确工作目标和工作节点，落实人员分工和职责，确保各项工作有条不紊的执行落地。

保利物业与保利健投、颐康中心以老年人的服务需求为导向，共同打造了"物业服务+养老服务"的服务模式，并将有偿服务与无偿服务有机结合，通过无偿服务的开展，推动有偿服务的铺开。

（1）保利物业无偿提供的服务内容：

①亲情关怀服务。定期将天气情况、保健护理、疾病预防、政府养老政策等发送给老人。

②24小时咨询服务。如老人有需协助或咨询的问题，可通过致电物业

前台客服热线咨询相关问题或协调相关单位上门处理。

③定期入户探视服务。针对有特殊需求的老人，协助颐康中心定期入户探访，提供心理疏导、健康管理等服务。

④社区活动服务。举办社区老年文体活动，在重阳节、中秋节等节日期间，组织召开老年人座谈会及文艺汇演；平时也会组织开展老年人体育健康活动。

（2）保利物业与保利健投、颐康中心共同提供的有偿服务内容：

目前，试点项目提供的有偿服务，由保利物业与保利健投以合作的形式开展，且为保利健投主导，保利物业进行协助。涉及双方共同收益的按收益分成或者提取信息转介费的形式，收费标准按市场和政府定价执行。

①就医服务。保利物业负责转介就医服务需求清单至颐康中心，再由颐康中心派遣专业医护人员，陪同业主外出就医或提供上门服务，如陪同就医、绿通预约、代煎药物、急救等。

②便民服务。为行动不便的业主提供便民服务，如代取快递、代购等。

③入户居家适老化改造以及上门维修服务。由颐康中心提供适老化设备和安装技术要求，保利物业负责派遣物业工程部的工作人员上门安装。

④家政保洁服务。为行动不便的业主提供家政保洁服务。

⑤订餐服务。保利物业负责收集社区老人的用餐需求，并将老人转介颐康中心食堂就餐。

（3）保利健投与颐康中心提供的服务内容收费情况：

①设立老人食堂并提供有偿配餐、送餐服务。可提供堂食午餐及晚餐，也可为全托、日托和周边社区老年人提供助餐配餐服务，价格为18元/餐，上门送餐3元/次，供餐时间为每周的周一到周五。

②医养结合服务。设置护理站，为社区老年人提供健康管理服务。

③日托及全托服务。设置日托与全托两种形式的床位，可减轻老人家属的照料压力。

④适老化改造服务及设立家庭养老床位。发挥保利健投上下游产业的协同性，提供适老化改造整体解决方案。同时，通过政府平台申请家庭养老床位建设，并由颐康中心上门提供服务。

⑤银发党建。成立机构流动党小组，让社区内广大离退休党员可以继续过组织生活，接受党的教育、感受党的温暖。

⑥文化娱乐服务。开设和熹老年大学，设置手工、书画、声乐、舞蹈、摄影等课程，满足老人的文化娱乐需求。同时，设立时间银行，以虚拟货币"和熹币"鼓励老人积极参与活动，通过"赚币—存币—花币"的过程来增强老人的社会属性。

⑦家政养老服务。强化与羊城家政基层服务站的功能互补、服务转介，为颐康中心和周边社区的居家老年人提供家政养老服务。

⑧"一老一小康育一体化"工程建设。通过社区教育资源，尤其是幼儿教育资源的联动，与附近的"学无界"幼儿园协作，推动养老、物业、育幼等服务业的融合发展。

除以上八种主要的服务以外，颐康中心还根据老年人多元化、个性化的需求，提供养老服务咨询、辅具租赁、适老化改造、家庭养老床位、智慧养老等特色服务。同时，也通过连接社区卫生服务中心，为周边社区的老年人提供健康咨询、健康管理等服务。其中，开展的服务项目费用按照《广州市社区居家养老服务项目清单与指导参考价（试行）》（穗居家养老服务指导中心办〔2018〕6号）的要求执行，由街道（镇）与服务机构商定并进行公示。

颐康中心的服务内容确定以及收费标准制定参考了广州市的地方标准《社区居家养老服务规范》以及《广州市社区居家养老服务指导参考价（试行）》。其中，医疗护理及康复理疗收费标准的制定参照的是《广州市公里医疗机构基本医疗服务项目价格》（表附1-2-1）。

荔湾区海龙街综合养老服务中心现代能力训练项目如表附1-2-2所示；以及其中医保健项目如表附1-2-3所示。

3.场地获取过程

近年来，各大街道颐康中心的建设是广州养老服务发展的重点项目，也是广州市委书记最为关心的民生工程之一。2020年9月，广州市养老服务工作联席会议印发《广州市街镇综合养老服务中心（颐康中心）建设提升行动计划》（以下简称《行动计划》），推动每个街镇建设至少1个具备全托、日托、上门服务、对下指导、统筹调配资源等功能的街镇综合养老服务中心，

荔湾区海龙街综合养老服务中心居家养老服务内容及收费标准 　表附1-2-1

序号	服务类别	服务项目	价格	序号	服务类别	服务项目	价格
1	生活照料（通用服务）	清洁服务	35元/小时	5	康复护理	器材锻炼	免费
		洗涤服务				现代康复治疗	按照实际产生费用收费
		陪伴就医				传统康复治疗	
		陪同外出				其他	
		上门做餐		6	医疗保健	健康档案	免费
		代办服务				预防保健	
		日常提示				基础监测	
		情感关怀				健康体检	按实际情况收费
		转移护理				医疗护理	
		排泄护理		7	文化娱乐	娱乐活动	免费
		协助进餐				老年教育	按照老年大学课程收费
		助浴服务					
		助行服务		8	精神慰藉	服务回访	免费
		其他护理				心理关怀	
2	生活照料（专业服务）	个人护理	轻度失能：40元/小时　中度失能：50元/小时　重度失能：60元/小时			个案服务	
		转移护理		9	安全援助	紧急呼援	30元/月
		排泄护理				定期巡访	免费
		协助进餐				适老化家居改造咨询	30元/次
		助浴服务		10	老年用品服务（辅具租赁与回收）	展示与咨询	免费
		助行服务				助行器/拐杖	12～15元/月
		其他服务					
		日常提示				轮椅（手动）	35～60元/月
		情感关怀					
3	助餐配餐	集中用餐	按实际情况收费			轮椅（电动）	125～180元/月
4	日间托管（8小时）	助餐配餐	能力完好：30元/天　轻度失能：50元/天　中度失能：80元/天　重度失能：150元/天				
		康复活动				洗涤椅	50元/月
		健康管理					
		文化娱乐					
5	康复护理	康复咨询	50元/次			坐便椅	50元/月

序号	服务类别	服务项目	价格	序号	服务类别	服务项目	价格
10	老年用品服务（辅具租赁与回收）	其他辅具	按实际收费	11	临终关怀	膳食服务	30元/餐
		捐赠与受赠	免费			社会、心理、灵性服务	80元/小时
11	临终关怀	护理服务	服务评估：100元/次 基础护理：60元/次			护理服务	按实际收费
				12	转介服务	转介服务	免费

备注：

1. 本指导参考价适用于《广州市社区居家养老服务管理办法》(穗府办规〔2016〕16号)第七条规定的区居家养老综合服务平台、街道(镇)居家养老综合服务平台。

2. 社区居家养老服务收费标准采取政府指导价与市场调节价相结合的方式确定，未明确指导参考价的服务项目由服务机构自主确定收费标准。

3. 区与街镇可与承接区居家养老综合服务平台、街道(镇)居家养老综合服务平台的服务机构在指导价范围内确定项目价格。

4. "拓展服务"由服务机构根据自身能力选择性开展。

5. 服务机构可根据运营成本、通货膨胀、市场环境等因素调节价格，生活照料(通用服务)服务价格上浮不宜超过20%，生活照料(专业服务)服务价格上浮不宜超过30%，助餐配餐服务价格上浮不宜超过20%，康复护理服务价格上浮不宜超过10%。

荔湾区海龙街综合养老服务中心现代能力训练项目　　　　表附1-2-2

序号	项目	效果	收费标准	价格
1	轮椅功能训练	提高肢体的功能，提高转移的能力，提高日常生活活动能力	30分钟/次	30元
2	平衡功能训练	增强坐、站的平衡能力，降低跌倒的风险	20分钟/次	25元
3	手功能训练	增强上肢肌力，增强手眼协调能力，增强手的精细运动功能	20分钟/次	15元
4	关节被动运动训练	改善肢体关节活动度	15分钟/次	25元
5	牵伸训练	缓解肌张力，痉挛	15分钟/次	25元
6	步态训练	改善步行，步态，平衡	15分钟/次	25元
7	站立功能训练	改善站立功能	15分钟/次	25元
8	重心转移训练	改善重心转移功能	15分钟/次	25元
9	心肺功能训练	改善心肺功能，改善呼吸功能	15分钟/次	25元
10	日常生活动作训练	改善生活自理功能	15分钟/次	25元

续表

序号	项目	效果	收费标准	价格
11	关节松动训练	改善关节活动范围，增强肢体的活动能力，增加关节的灵活性，改善生活能力，工作能力	20分钟/次	20元
12	有氧训练	促进血液循环，缓解紧张情绪，提高机体免疫力，增强心肺耐力	20分钟/次	15元
13	文体训练	舒缓情绪，提高积极性	30分钟/次	30元
14	口吃训练	增强语言沟通能力，增强言语的流畅性	30分钟/次	40元
15	构音障碍训练	增强语言沟通能力，增强言语的流畅性	30分钟/次	40元
16	言语训练	增强表达能力，提高与人交往能力	30分钟/次	40元
17	认知知觉训练	提高认知能力，提高本体感觉、浅感觉、精细触觉	20分钟/次	30元
18	偏瘫肢体综合训练	提高肢体的肌肉力量，提高肢体的灵活性，提高肢体协调能力	40分钟/单侧	50元
			40分钟/双下肢	60元
			50分钟/四肢	70元
19	腰部推拿疗法	腰椎间盘突出，坐骨神经痛，腰肌劳损等	20分钟	50元
20	颈肩部	颈肩不适，落枕	20分钟	40元
21	肩周部	肩周炎，肩部劳损	20分钟	30元
22	膝部	膝关节骨关节炎等	20分钟	30元
23	站立床训练	改善下肢功能	30分钟	30元
24	肌力训练	改善肌体肌肉力量	15分钟	25元

荔湾区海龙街综合养老服务中心中医保健项目　　　　表附1-2-3

序号	项目	服务内容	收费标准	价格
1	刮痧	调气行血，活血化瘀，舒筋通络，驱邪排毒	20分钟/次	25元
2	艾灸	1.评估患者疾病情况、有无相关禁忌症，告知注意事项；2.开具艾灸治疗处方并准备相关的备用物品；3.按相对应的疾病为患者艾灸治疗并观察患者反应情况；4.健康教育：相关疾病的保健常识；5.跟踪回访	每两个穴位为一个计价单位	20元，超过两个穴位每增加一个穴位加5元

序号	项目	服务内容	收费标准	价格
3	中药封包治疗	颈椎病，肩周炎，关节炎，腰椎间盘突出，腰肌劳损，咳喘等辅助治疗	20分钟/部位	20元
4	中药熏蒸	药气渗透穴位，疏通经络，活血化瘀，调节机体阴阳平衡，防治风湿性关节炎，颈肩综合征、腰椎间盘突出症、慢性腰腿病	20分钟/部位	20元
5	腹部按摩	调气行血，舒筋通络，调理便秘	20分钟/次	40元

每处建筑面积一般不少于1000平方米，完善全覆盖、多层次、多支撑、多主体社会养老服务体系，构建具有广州特色的"大城市大养老"模式。[①]

在《行动计划》的部署以及广州市、荔湾区、海龙街道等相关政府单位指导下，嵌入保利花香美苑社区内的荔湾区海龙街综合养老服务中心（以下简称"颐康中心"）于2021年5月底建设完成并投入使用。通过颐康中心政府采购项目，保利与海龙街道办事处签订了颐康中心的租赁合同，获得了场地的使用权，期限为2021年6月1日至2026年5月31日，合同每5年一签。租金起始价按市场评估价44元/（m²·月）的75%计算，月租金每三年递增一次，增幅为5%。

4.资源整合过程

（1）充足的人才储备使得人员梯队快速搭建。试点项目中的人员梯队建设均从保利健投旗下本土养老机构中科和熹会以及天悦和熹会的中层骨干中抽调。因此能够在短期内迅速完成团队的搭建，节省了团队的磨合期，且能快速实现保利健投养老品牌价值、服务理念、服务流程标准化在试点项目中的导入与复制。

（2）高效的人员配备有助于全方位开展专业养老服务。试点项目首年配置了8位员工，其中后勤出纳、心理医生、法律顾问的岗位由机构现有人员兼职出任，家庭养老床位服务将随业务的铺开增加相应的人员。如图附1-2-6所示为颐康中心试点项目团队结构。

---

① 广州试点"一街镇一养老中心".广州市人民政府官网，2020-09-10. http：//www.gz.gov.cn/xw/jrgz/content/post_6536284.html.

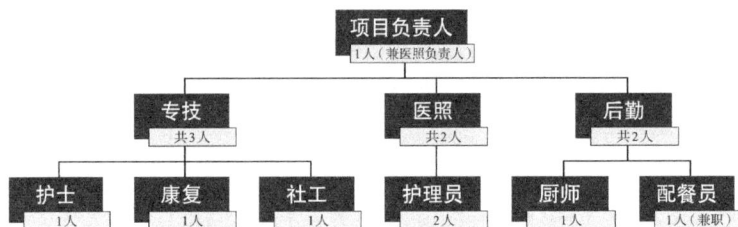

图附1-2-6　颐康中心试点项目团队结构

5.与政府及社区沟通

广州市住房和城乡建设局、广州市民政局、荔湾区民政局、荔湾区海龙街道办事处等政府部门以及广州市物业管理行业协会都给予了试点项目足够的重视并提供了大力的支持。

在试点项目启动前，广州市住房和城乡建设局就组织广州市物业管理行业协会、保利物业和保利健投深入调研，在广州市物业管理行业协会处成立了居家社区养老专业工作委员会，为试点工作的全面开展打下了坚实的组织基础。同时，广州市民政局、荔湾区民政局和海龙街道办事处也高度重视此次试点工作，在项目开展的过程中，多次召开了联席工作会议，研讨并协调解决试点中面临的问题。

（三）效果体现

1.服务开展情况

目前，项目的经营收入主要来源于全托业务收入以及含老人食堂、日间托管在内的社区居家业务收入，也有心理咨询、中医保健等增值业务收入。其中，全托业务收入占比90%，社区居家业务收入占比为10%。

项目的经营成本主要包括前期投资成本（共计300万元，包括软硬装及医疗专业设备）及后期经营成本。在后期运营成本中，人力成本占比38%（包括家庭养老床位服务人员成本）、业务类成本占比24%、租金成本占比21%、物业能耗成本占比11%。其他成本占比6%（包括销售成本、行政办公费、员工宿舍租金及不可预见费）。

经测算，项目运营5年累计的经营收入为810万元，累计的经营总成本为1083万元，EBITDA（税息折旧及摊销前利润）为−273万元，考虑折旧和开办费摊销，项目前5年税前净利润为-518万元，均为亏损状态。表附1-2-4所示为项目运营成本与收支情况。

项目运营成本与收支情况　　　　　　　表附1-2-4

经营年限	汇总	第1年	第2年	第3年	第4年	第5年
养老机构入住人数/万人	—	5	10	15	19	19
1 总收入/万元	810	65	98	192	221	234
1.1 经营收入/万元	626	65	97	131	160	173
1.1.1 全日托床位费/万元	200	20	30	40	50	60
1.1.2 全日托餐饮费/万元	130	10	20	30	35	35
1.1.3 全日托护理费/万元	240	30	40	50	60	60
1.1.4 家庭床位费/万元	12	1	2	3	3	3
1.1.5 日托服务费/万元	29	3	3	5	8	10
1.1.6 其他增值服务费/万元	15	1	2	3	4	5
1.2 其他业务/万元	4	0	1	1	1	1
1.3 政府补贴/万元	180	0	0	60	60	60
2 经营总成本/万元	1083	192	202	221	232	236
2.1 人力成本/万元	415	80	81	83	85	86
2.2 物业能耗/万元	118	21	23	24	25	25
2.2.1 物业管理费/万元	42	8	8	8	9	9
2.2.2 能耗（水电燃气）/万元	66	11	13	14	14	14
2.2.3 公共设备维护/万元	10	2	2	2	2	2
2.3 业务类成本/万元	257	34	41	57	61	64
2.3.1 餐饮成本/万元	176	20	26	42	43	45
2.3.2 低值易耗等/万元	7	1	1	1	2	2
2.3.3 老人活动成本/万元	9	1	2	2	2	2
2.3.4 家床建设成本/万元	6	4	2	0	0	0
2.3.5 家床服务成本/万元	11	1	2	2	3	3
2.3.6 社区居家成本/万元	33	6	6	7	7	7
2.3.7 其他增值服务成本/万元	15	1	2	3	4	5
2.4 销售成本/万元	0	0	0	0	0	0

续表

经营年限	汇总	第1年	第2年	第3年	第4年	第5年
2.5 租金/万元	231	45	45	45	48	48
2.6 行政办公费/万元	27	5	5	5	6	6
2.7 员工宿舍租金/万元	20	4	4	4	4	4
2.8 不可预见费/万元	15	3	3	3	3	3
3 EBITDA/万元	−273	−127	−104	−29	−11	−2
4 折旧/万元	230	46	46	46	46	46
5 开办费摊销/万元	15	5	5	5	0	0
6 税前净利润/万元	−518	−178	−155	−80	−57	−48

2.场地设施情况

颐康中心共计两层：首层为公共活动区（如图1-2-7所示为其平面示意），设有康复服务、日托服务、医疗服务、文化娱乐等功能区，还设有8张日间照料床位；第二层则为长住照护区，设有19张全托床位，可对老人及其家庭提供长住型的专业照护服务、全托喘息服务等。此外，荔湾区海龙街老人饭堂、老人党员之家、社区老年文化中心、保利和熹老年大学也设置在颐康中心。如图附1-2-8所示为其康复室；如图附1-2-9所示为第二层平面图。

图附1-2-7 荔湾区海龙街综合养老服务中心1层平面示意

3.资源拥有情况

秉承着"一份让您安心的亲情"的服务理念，保利健投成功打造了机构养老品牌"和熹会"、公建民营养老品牌"银福苑"、社区居家养老品牌"和

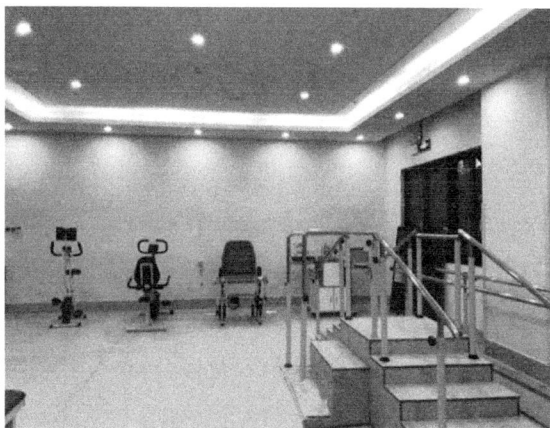

图附1-2-8　荔湾区海龙街综合养老服务中心康复室

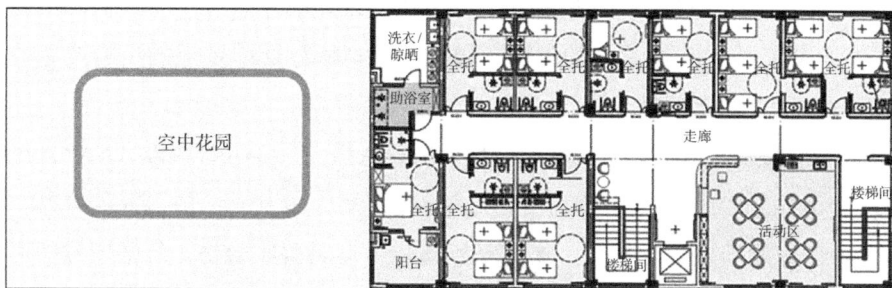

图附1-2-9　荔湾区海龙街综合养老服务中心2层平面图

"悦会"，以"4+8+×城市策略"布局全国各片区，实现规模化、连锁化发展。在本次试点中，保利健投就是依托本土养老机构中科和熹会以及天悦和熹会的技术、标准与人才输出，为老人提供了专业的养老服务。

4. 获得政府及社区支持

在各级政府部门的大力支持下，试点项目已顺利完成了软硬装工程、安装工程以及证照办理、人员到岗等工作。

在居家养老服务的提供中，广州市有着一系列的补贴政策。保利试点项目还尚未获得相关补贴，但两年后正在社区内经营居家养老业务的公司合约到期后，其现有业务将转移到保利的颐康中心，保利项目也将获得相应的补贴。

（1）创办补贴。能够获得创办补贴的机构或企业每年由市民政局委托专家评审后择优确定，原则上不超过50家。总建筑面积50平方米及以上300平方米以内（不含）且年服务量达到1800人次的机构或企业可获得15万元的创办补贴；总建筑面积300平方米及以上且年服务量达到2500人次的机构或企业可获得20万元的创办补贴。

（2）运营支持。每个街镇综合养老服务中心负责统筹的运营经费有60万元，辖区老年人数不足3000人时会适当减少。经各区民政局授权的区居家养老服务指导中心评估服务机构定级后，提供居家养老服务的机构或企业可被分为合格、良好、优秀三个等级；若获评合格，则服务每人次可补贴2元；若获评良好，则服务每人次可补贴3元；若获评优秀，则服务每人次可补贴4元。

（3）医养结合支持。开展医疗保健、康复护理服务达到1000人次的机构或企业每年可获得15万元的补贴；被纳入基本医疗保险定点的机构或企业每年可获得5万元的补贴。

（4）星级评定补贴。被第三方评定为AAA级、AAAA级以及AAAAA级的社区居家养老服务机构分别可获得每年5万元、10万元、15万元的补贴。

（5）家庭养老床位补贴。提供服务满12个月且验收合格，每张床位即可获得3000元的建床补贴。广州市户籍的老人还可根据评级获得200～500元/月的补贴。

除此之外，广州市政府向广州市行政区域内居住的60周岁及以上的居家老年人提供了助餐、配餐服务资助，保利花香美苑社区附近的老人可就近前往颐康中心的荔湾区海龙街长者饭堂享受服务及资助，其资助标准如表附1-2-5所示。

广州市长者饭堂助餐、配餐服务资助标准　　　　　　　　表附1-2-5

资助对象	资助标准
本市户籍老年人	广州市资助标准当次餐费1/4（最高不超过3元），评估为失能的老年人可享受2元/人次的送餐补贴
特殊困难户籍老人和70周岁及以上的荔湾区户籍老人	荔湾区资助标准：1～3元/餐
60～69周岁的荔湾区户籍老人	
60周岁及以上和非荔湾区户籍的广州市户籍老人	

（四）经验总结与未来展望

1.试点工作中的创新与亮点

通过保利健投"三位一体"养老模式的复制以及与保利物业高品质社区配套服务的高度协同，此试点项目体现了以下亮点：

（1）"三位一体"养老服务模式无缝嫁接。具有保利特色的"三位一体"养老服务模式，经过多年的运营已趋于成熟。保利花香美苑项目将此模式运用到试点当中，构建了物业、机构与社区养老服务中心紧密融合的养老场景，打造了"没有围墙"的专业养老服务，实现了社区老人的"养老不离家"。

（2）由关注老年人基本需求向关注人文需求转变。保利花香美苑项目将服务体系全面升级，由围绕衣、食、住、行、康、娱的"六位一体"服务，升级为关注老年人价值感、安全感、活力感、舒适感、价值感、认同感的"六感"服务体系，充分满足了老年人的精神文化需求，捍卫了每一位接受服务的老年人的尊严。

2.试点中可复制、可推广的经验

（1）充分挖掘所在社区与集团品牌的优势与资源。保利花香美苑项目通过挖掘物业、机构、社区三个主体的内在优势，将三者提供的服务产品进行了重组，打造了产品服务包，打破了单一服务的限制，让三个主体提供的服务不再割裂。既满足了老年人多样化的养老需求，又极大地发挥了各个主体的服务优势。

（2）着重发挥物业的平台作用。物业服务企业有着与养老机构不同的管理制度和服务标准体系，在居家社区养老服务的提供中难免面临着人员与服务专业性不足的问题。因此，物业可以着重发挥自身的平台作用，最大限度地利用常驻社区、贴近居民、响应快速的优势，将获取到的养老服务需求第一时间转介给专业的养老机构或是社区养老服务中心，并与其建立起可盈利的合作机制。

3.试点的总体感想与体会认识

经过半年多的试点，项目方认为，除了企业自身能够解决的问题之外，还有一些重难点问题需要外部支持来解决：

（1）广州市的租金水平普遍很高，因此企业的运营成本及经营压力较大。

（2）政府的各类补贴政策力度不够，运营补贴标准偏低。

（3）物业服务企业开展居家社区养老服务需要办理各类证照，其中的程序较为烦琐，耗时也较长。

（4）民政部部门对于居家社区养老服务提供的考核量化指标较为严苛，且财政补贴需运营第3年才到位。

（5）水、电、气等能耗未能享受福利性机构的收费标准。

4.下一步的工作计划与设想

作为广州地区唯一的试点项目，在考虑可持续发展问题的基础上，试点项目未来将聚焦"保障服务、良性发展"的运营主线，重点做好以下工作：

（1）合理规划。在增加床位数的同时，合理规划公共区域配置，以缓解因前期投资过大而传导至后期运营的压力。

（2）规模化发展。以试点项目为模板，深度联动保利物业的社区资源，依托保利健投成熟的养老复制运营能力，借助智慧养老平台，实现"1+N"的快速拓展，打造"物业平台+三位一体养老服务"的"广州模式"，通过规模化的运营，增加经营收入。

（3）增值服务与多元化业务。在常规性服务内容的基础上，拓宽增值服务内容以及多元化业务，如特殊定制化饮食护理、陪同就医、老年用品销售、培训、适老化改造、旅居入住、失智护理等，增加营收，形成新的利润增长点。

5.对"物业服务+养老服务"的认识看法与前景判断

医养结合是养老服务中的重点，同时也是物业服务企业提供养老服务的难点，开展医养结合服务最需要的就是能够作为医务室使用的场地。但在本次试点当中，并没有一个可供保利物业自由使用的场地，因此医务室也未能成型。因此，项目方认为免费的场地支持是"物业服务+养老服务"开展的重要前提。

除此之外，一线护理人员的流动性较大也是物业企业提供养老服务面临的重难点问题。由于护理人员的福利待遇普遍偏低，且社会对其重视程度不够，因此我国的护理人员较为紧缺，流动性也较大。所以需要通过"外引内培"，即与高等院校合作、订单式人才输送的方式，来打通人才输入的渠道。同时，还应该注重培养员工对企业文化的认同感，提升员工的工作技能，关注员工的个人职业发展规划，才能够在一定程度上解决物业企业提供养老服务当中一线护理人员流动性大、人员紧缺的困境。

6.对政府的政策建言建议

（1）利用好社区及三甲医院等医疗资源，下达任务指标，动员其主动向社区老人提供慢性病管理、远程诊疗、上门问诊、送药上门等服务。

（2）加大力度落实医保、长护险等惠民政策，允许老年人使用医保和长护险部分支付养老费用，解决居民老人购买服务的支付端问题。

（3）大力推进养老人才政策，鼓励养老人才积极投身于行业发展，让物业行业以及养老行业无后顾之忧。

（4）建议由住房和城乡建设部门牵头建立联席工作机制，协调相关政府部门解决以下事项：

①租金支持。协调民政部门以及社区街道，对试点项目予以租金减免支持。

②证照办理。建议设立一站式联合审批制度，简化办证的程序，缩短办证流程。

③支付支持。对于市场支付意愿不高的现状，建议协调相关部门，将老年人子女的住房公积金及物业维修资金运用于适老化改造当中。同时，降低长护险的准入门槛。

④医疗支持。建议协调辖区内的社区医院，定期免费为颐康中心和社区老人提供医疗服务。

⑤推广宣传。建议联动民政、街道等政府部门加大官方的宣传力度。同时希望街道、居委会能提供街区的老年人客源，如街道背书支持颐康中心获得客源，允许颐康中心使用街道、居委会名义进行营销等。

⑥政府考核。建议将"监督管理"改为"指导、支持"模式，政企形成合力，快速摸索出可推广可复制的模式。

⑦能耗优惠。建议按福利性机构的能耗收费标准执行。

⑧场地支持。希望政府或社区能协助提供免费的场地支持，空间不需

要太大，企业可以带资进场。

■ 三、长城物业在深圳长城社区开展居家社区养老服务案例

（一）基本情况

1.试点项目概况介绍

2009年伊始，长城物业集团开启了对养老服务市场的调研，先后前往美国、法国、日本，以及中国的台湾和香港等国家和地区，对全球老龄化相对严重国家的养老服务运营模式和服务模式进行了深度的考察和学习。2011年，长城物业集团正式成立深圳市共享之家养老服务有限公司，并委托美国科特勒咨询公司对北京、上海、广州、深圳、成都等地的老人进行服务需求及生活习惯等方面进行调研。2014年，旗下首家共享之家3H颐养复康中心（百花园）正式运营。同年，与美国最大的居家养老公司合作的第一家居家养老服务中心在百花片区开业运营，正式开始探索"物业服务+养老服务"的模式。

2021年，在深圳市住房和建设局的指导下，长城物业在位于深圳市福田区园岭街道长城社区的7个物业项目开展住房和城乡建设部"物业服务+养老服务"试点工作。

（1）试点区域概述。试点区域属于福田区园岭街道，试点项目覆盖长城花园、长城二花园、长城7号楼、长安花园、长乐花园、长怡花园、长泰花园七个小区，总建筑面积为438万平方米，其规划区域如图附1-3-1所示。试点项目小区内设置一应驿站，并为每个驿站配备"健康管家"及意外报警呼叫终端、辅助展示空间。在试点项目长城一花园设置面积约2500平方米的共享之家社区养老服务机构（市场化租赁；含护理员、护士、康复师、社工等员工48名），可同时为80位老人提供持续护理、短期托养和日间照料服务。同时设置面积约200平方米的居家养老服务中心（由物业架空层改造，市场化租赁；含居家照护员、护理大使、社工、行政管理等员工约80名），为试点项目覆盖小区提供1:1的定制化居家养老服务。

该区域为建成区，主要为居民楼，楼宇多为中高层建筑且密度较大，

图附 1-3-1　试点区域——福田区园岭街道规划区域情况示意

用户共计4036户，居住人数为14962人。其中，60岁以上2535人，70岁以上286人，80岁以上45人，老龄化比例为17%。此片区达到国家老龄化社区的标准，从多年在该片区开展养老服务过程中发现，养老需求集中且明显。如图附1-3-2所示为长乐花园外观。

图附 1-3-2　长乐花园外观

（2）试点社区概况

①长城花园项目概况如表附1-3-1所示。

长城花园项目概况 表附1-3-1

项目规模	总建筑面积70800平方米	住宅户数	1117户
项目交付时间	1987年7月	居住人数	约4600人
入场服务时间	1987年7月	60岁以上居民人数	约1300人
物业合同期限	2021年12月31日	物业收费标准	多层0.88元/（月·平方米） 高层2.58元/（月·平方米）
是否成立业主委员会或物业管理委员会		已成立"长城花园业主委员会"	

②长城二花园项目概况如表附1-3-2所示。

长城二花园项目概况 表附1-3-2

项目规模	总建筑面积80909平方米	住宅户数	798户
项目交付时间	1989年12月	居住人数	约3200人
入场服务时间	1989年12月	60岁以上居民人数	约500人
物业合同期限	2022年3月31日	物业收费标准	1～3层0.88元/（月·平方米） 4层以上2.6元/（月·平方米）
是否成立业主委员会或物业管理委员会		已成立"长城二花园业主委员会"	

③长城7号楼项目概况如表附1-3-3所示。

长城7号楼项目概况 表附1-3-3

项目规模	总建筑面积21800平方米	住宅户数	162户
项目交付时间	1990年11月	居住人数	约562人
入场服务时间	1990年11月	60岁以上居民人数	约22人
物业合同期限	2022年12月31日	物业收费标准	2.6元/（月·平方米）
是否成立业主委员会或物业管理委员会		已成立"长城7号楼业主委员会"	

④长安花园项目概况如表附1-3-4所示。

长安花园项目概况 表附1-3-4

项目规模	总建筑面积84971.3平方米	住宅户数	611户
项目交付时间	1997年11月	居住人数	约2000人
入场服务时间	1997年11月	60岁以上居民人数	约300人
物业合同期限	2023年12月31日	物业收费标准	2.8元/(月·平方米)
是否成立业主委员会或物业管理委员会		未成立业委会	

⑤长乐花园项目概况如表附1-3-5所示。

长乐花园项目概况 表附1-3-5

项目规模	总建筑面积65811平方米	住宅户数	537户
项目交付时间	1995年12月	居住人数	约1800人
入场服务时间	1995年12月	60岁以上居民人数	约300人
物业合同期限	2021年12月28日	物业收费标准	2.8元/(月·平方米)
是否成立业主委员会或物业管理委员会		已成立业委会	

⑥长泰花园项目概况如表附1-3-6所示。

长泰花园项目概况 表附1-3-6

项目规模	总建筑面积43797.72平方米	住宅户数	325户
项目交付时间	1997年7月	居住人数	约1100人
入场服务时间	1997年7月	60岁以上居民人数	约73人
物业合同期限	2023年7月13日	物业收费标准	3.15元/(月·平方米)
是否成立业主委员会或物业管理委员会		已成立业委会	

⑦长怡花园项目概况如表附1-3-7所示。

长怡花园项目概况 表附1-3-7

项目规模	总建筑面积70773.1平方米	住宅户数	486户
项目交付时间	2000年5月	居住人数	约1700人
入场服务时间	2000年5月	60岁以上居民人数	约40人
物业合同期限	2021年12月31日	物业收费标准	3.05元/(月·平方米)
是否成立业主委员会或物业管理委员会		未成立业委会	

2.参与试点的出发点

长城物业希望通过将5G+AI的防跌倒监控系统和智慧化居家养老服务系统装设在有需要的老人家中，结合一应驿站内的养老服务工作站（一应驿站：是长城物业集团设立在每个项目中为业主解决所有服务需求的线下服务点。其中，涵盖养老服务；在项目的一应驿站内设置的最小养老服务单元称作养老服务工作站）、居家养老服务中心和社区养老服务机构为老人提供菜单式服务；养老专业服务团队为物业管家赋能，提供养老专业培训，使其可以为老人提供更深度的养老服务；在社区内开展认知障碍症友好社区建设，为试点项目内的认知障碍症老人家庭提供沟通技巧培训、护理知识培训、医生咨询服务等支持性服务，让认知障碍症不再成为陌生并且不知道如何相处的疾病，让社区生活变得更美好。

3.试点开展前的前期基础

在试点项目工作开展前，长城物业已完成的工作：

（1）平台搭建方面：CRM客户关系管理系统、机构运营管理系统、5G智能看护系统的搭建和使用，形成了客户咨询线上化、客户评估规范化、健康档案电子化、服务提供人性化、服务内容定制化、服务流程和数据管理智能化的管理模式。

（2）管理体系方面：连续三年通过安老院舍评审，并自主编写形成了完整的管理体系文件七册，涵盖企业管控、养老机构服务、养老专业服务、养老建筑建设标准等共计706份体系文件。

（3）团队建设方面：除医生选择与医院及社康合作外，自主培养团队包含护士、护理员、康复治疗师、社工师、营养师。形成了围绕老人个人健康、生活起居、运动健身、娱乐休闲、情感辅导五个维度的根本需求提供服务的"六师团队"。

4.实施主体与组织架构

项目的实施主体为长城物业集团股份有限公司。原隶属于长城物业集团的深圳市共享之家养老服务有限公司，现实际控股人为深圳市嘉业投资控股有限公司。深圳市共享之家养老服务有限公司为长城物业集团股份有限公司在养老业务方向的战略合作方。

（二）工作开展

1.需求调研

2021年4月22日，在试点片区开始进行了为期3天的需求调研，长城物业的健康管家和试点项目所在辖区园岭街道指派网格员、养老服务团队，分多组在试点项目内进行入户调研，并与客户签订安装防跌倒监控系统和智慧化居家养老服务系统，并进行试点项目宣传。

考虑到社区档次及其所处地理位置的代表性，本次共寻访了七个小区60岁以上生活不能自理的空巢独居老人，共61户（95人）被访者。具体分布如表附1-3-8和表附1-3-9所示。

长城物业试点片区受访者分布情况 　　　　　　　　表附1-3-8

小区名称	户数/户	人数/人
长城花园	27	45
长城二花园	7	12
长安花园	7	12
长乐花园	8	10
长怡花园	1	1
长泰花园	7	10
长城7号楼	4	5
合计	61	95

长城物业试点片区受访者具体分布 　　　　　　　　表附1-3-9

项目名称	家庭结构	性别		合计（人）
		男/人	女/人	
长城花园	空巢	18	18	45
	独居	6	3	
长城二花园	空巢	5	5	12
	独居	2	0	
长安花园	空巢	5	5	12
	独居	1	1	

续表

项目名称	家庭结构	性别		合计（人）
		男/人	女/人	
长乐花园	空巢	2	2	10
	独居	4	2	
长怡花园	空巢	0	0	1
	独居	0	1	
长泰花园	空巢	3	3	10
	独居	3	1	
长城7号楼	空巢	1	1	5
	独居	3	0	
共计	空巢68人（男34人＋女34人）			95
	独居27人（男19人＋女18人）			

根据园岭街道办事处的统计，试点片区的老人总数为2535人。其中，空巢老人为141人（孤寡老人77人、独居老人64人）。如图附1-3-3所示为长城物业项目组上门调研情形。

图附1-3-3　项目组上门调研情形

2.服务开展过程

经调研统计结果，试点片区老人的需求如表附1-3-10所示。

长城物业试点片区老人需求调研结果   表附1-3-10

服务类别		说明
生理健康	体检	定期组织老人去定点医院、专业检测机构进行身体健康或上门体检
	疾病管理	以康复训练、医药管理为主的，包含健康护理、健康管理、紧急救助和营养餐饮等服务组合
生活起居	钟点工、保姆	包括直接向老人提供钟点工或保姆，或提供介绍钟点工和保姆的中介服务
	出行服务	是以交通出行为中心，包括陪同外出、代办代购等与出行能力相关的服务
	生活帮助	包括洗衣/做饭、搬运/运送等比较琐碎的生活服务需求
运动休闲	团队旅游	组织以彼此认识的老年人为主要参与对象的团体旅游活动
	集体活动组织	组织各类知识性、艺术性、公益性、娱乐性和体育性集体活动
	健身辅助	包括根据老人个人情况，制订个性化的健身计划，并提供教练指导和运动陪护（健身运动时的陪护，以防意外状况的发生）
情感状态	陪聊	陪老人说话，解闷，散心
	心理辅导/咨询	安排专业的心理辅导老师针对老人负面的情绪状态进行分析辅导，改善老人的心理健康状态
	关怀探望	节假日或定期到老人家里探望老人的身体状况

根据调研结果，结合在调研过程中对老人业主和其家属在试点项目拟定内容方面的宣传，受访者均表示非常高兴居住小区的物业把自己的养老问题考虑得如此周全，感觉健康安全保障方面无后顾之忧。所以长城物业将把拟定服务内容逐步在社区开展。服务内容展示如表附1-3-11所示。

（1）持续护理服务、短期托养、日间照料服务（表附1-3-12）。

①餐饮：持续护理每日六餐，三正（早餐、午餐、晚餐）、三辅（水果餐、下午茶、夜宵），根据老人吞咽能力及营养搭配，提供正常餐、糖尿餐、低嘌呤餐、碎食餐、糊餐，可堂食或配送、康复上肢功能训练（17项）、下肢功能训练（8项）、肌肉训练（4项）、平衡训练（3项）、认知训练（3项）、中西医另付费类康复项目（32项）。

长城物业试点片区居家养老服务内容　　　　　　表附 1-3-11

居家养老服务	生活照料	根据评估的护理等级不同，选择服务内容，制定服务计划套餐，按套餐内的各项服务频次计算整体费用	65元/时
	陪同就医		75元/时
	身体护理		80元/时
	老人按摩		80元/时
	陪伴与社交		75元/时
	慢性病护理		80元/时
	恢复性锻炼（康复锻炼）		80元/时
	阿尔兹海默症专项训练		85元/时
	远程居家看护服务	服务费按月收取，设备费另计	600元/月
	紧急救助		
	适老化改造	根据需求定制方案	3800～10000元

长城物业试点片区社区养老机构服务内容　　　　　表附 1-3-12

持续护理服务、短期托养、日间照料服务	餐饮	持续护理每日六餐，三正（早餐、午餐、晚餐）、三辅（水果餐、下午茶、夜宵），根据老人吞咽能力及营养搭配，提供正常餐、糖尿餐、低嘌呤餐、碎食餐、糊餐，可堂食或配送	持续护理服务收费（含短期托养）5000～20000元/月　　　日间照料收费2000～3800元/月
	康复	上肢功能训练（17项）下肢功能训练（8项）肌肉训练（4项）平衡训练（3项）认知训练（3项）中西医另付费类康复项目（32项）	
	护理	根据老人护理等级不同，按照护理计划的项目收费，持续护理按照接受自理、1级、2级、3级和特级护理老人，日间照料仅接受自理、1级、2级护理老人	
	社交娱乐活动	每日两节、节庆活动、每周外出活动（疫情期间不开展）、每月外出早茶	

②护理：根据老人护理等级不同，按照护理计划的项目收费，持续护理按照接受自理、1级、2级、3级和特级护理老人，日间照料仅接受自理、1级、2级护理老人，社交娱乐活动，每日两节、节庆活动、每周外出活动（疫情期间不开展）、每月外出早茶。

（2）物业增值养老服务。由共享之家培训一应驿站内"健康管家"，为其赋能基本养老服务技能。健康管家负责管理辖区内的养老服务工作的基础类的各项服务，不仅作为养老基础服务的提供者，也作为养老服务需求的中转枢纽。向业主提供物业养老增值服务包，与老人签订年度服务合同，按月付费，800元/（人·月）（原价）。试点项目所在街道将从签约老人名单内筛选出孤寡老人，为其补贴部分费用，拟定600元/（人·月）（优惠价），服务包内容包含：

①健康餐单的制定（每月四次，以周为单位进行餐单的更新）。

②居家安全隐患排查（每月一次）。

③药品整理（每周一次，根据医嘱对老人家中药品进行整理）。

④适老化改造建议方案的制定（签订服务后，次月月底为试点老人提出适老化改造建议方案，根据试点老人家中现场环境及5G居家安全防护系统的行为数据进行行为检测并制订方案，对改造后的行为数据进行持续跟踪，以保障老人居家安全及健康）。

⑤无障碍车辆预订及出行服务（每月提供两次15公里以内单程出行服务，老人可通知小区内一应驿站的健康管家为其预定共享之家的无障碍车辆的出行服务）。

⑥危机响应（若试点老人在家中发生意外，通过已安装的5G居家安全防护系统数据分析，触发警报链接至长城物业智慧化养老平台，长城物业负责拨打急救电话）。

⑦辅助器械的使用评估、代购、指导使用（根据老人健康评估结果和需求，康复治疗师给予辅助器械使用的建议并为老人评估符合其需求的辅助器械，涵盖出行类、助餐类、助浴类等，如有需要，可为老人提供代购服务并入户指导使用）。

3.场地获取过程

物业企业是管社区的物业管理者，但物业并非由物业公司来支配，资源的使用是需要政府和业主们的支持和配合的。其中，场地资源至关重要。长城物业目前在试点项目所在区域的社区养老服务机构采取租赁形式，租赁了长城花园配套建筑体。该建筑物于1990年年初建成，该建筑体规划图纸标明为"养老活动中心"。长城物业改造投入2000万元,分摊10年;另对居家养老服务中心也采用了租赁形式,但租用的是由长城二花园的架空层改造的场地。长城物业改造投入25万元,分摊10年。

4.资源整合过程

长城物业战略合作方深圳市共享之家养老服务有限公司,有专业的"六师"团队(巡诊医生、护士、护理员、康复治疗师、社工师、营养师)之外,长城物业在试点片区内设置健康管家,以上述组织架构来保证试点项目的正常运作。并由中山大学附属第八医院为健康管家进行赋能:急救知识的PPT演讲、实操培训,每位参与者均需进行现场模拟急救,并且接受急救理论与实操考核,通过培训考核者将由中山大学附属第八医院授予"急救技能培训合格证书",急救培训内容具体包括CPR(心肺复苏急救)理论知识与操作、AED(全自动体外除颤仪)的正确使用和气道梗阻的紧急抢救。

5.与政府及社区沟通

试点期间,长城物业试点项目方每月以文字形式向深圳市住房和城乡建设局进行试点项目的进展汇报,与试点项目所属园岭街道办和长城社区工作站保持常态化沟通。

(三)效果体现

1.服务开展情况

服务清单和价目表已经在上文中提及,长城物业养老服务收入为独立核算。目前已开展的服务项目收入情况如下:

园岭街道付款至第三方5G+AI的防跌倒监控系统和智慧化居家养老服务系统的提供商,为60余户老人安装软硬件。长城物业目前提供免费的应急响应服务。因疫情原因,无法提供日间照料服务。长住在机构内的老人为42人,为其提供24小时持续照护、康复、护理、社交娱乐服务。

居住在家的老人根据需求提供居家探视、紧急救助服务。按照机构居住的42名老人人均15000元/月计算,预计年收入约756万元。

2.场地设施情况

试点片区社区养老机构建筑面积约2500平方米,共计四层,单层面积约600平方米，负一层设置培训区、健康驿站、老年大学等；一层为日间照料中心、康复训练区、园艺治疗花园、内设医务室、接待区等；二层、三层为内部老人居住区及分层用餐区；天台为室外硬地滚球活动区及老人园艺治疗种植区。

长城物业在试点项目所在区域的选址上考虑了以下几个要素：

（1）老龄化较重，服务需求明显且集中。

（2）临近社区、嵌入社区，但场地不深入社区，在社区外围，可直通社区出口。

（3）周边车程10分钟之内有三甲医院，社区周边有医院的基本医疗单元。深圳的社区基本医疗单元为社区健康服务中心，是三甲医院的派出机构。

（4）租金合理，且租赁周期10年以上。

3.资源拥有情况

长城物业主要提供的人力团队资源为健康管家，未来计划开展适老化改造，将由养老专业团队进行适老化改造方案的制定，楼宇公司负责施工。因目前其他合作单位仍在洽谈中，故仅部分有战略合作协议。

4.获得政府及社区支持

试点项目的社区养老服务机构可享受免收增值税的税费优惠政策，在长城物业社区养老服务机构共享之家3H颐养复康中心（百花园）这类养老机构的补贴层面，因深圳的补贴政策近几年发生过多次变化，长城物业曾在民办养老机构可与民办非企业养老机构同等享受补贴政策时，获得过日常运营补贴、场地补贴、床位补贴（福田户籍）、阿尔兹海默症补贴等；但在2017年深圳的养老机构补贴不再涉及民办养老机构，故未再得到政府补贴款项。2020年最新的养老机构补贴中又将民办养老机构重新纳入补贴范围。长城物业旗下的共享之家社区养老服务机构和居家养老服务中心均为"深圳市居家养老消费券定点服务机构"，该类型机构可接受老人居家养老消费券的使用。

（四）经验总结与未来展望

1.试点工作中的创新与亮点

（1）聚焦居家社区养老。该方案是以国家、省、市相关政策为指导，在长城物业集团充分调研养老服务市场的基础上，聚焦社区养老和居家养老市场，以"家门口的养老"为定位，深度融入深圳市政府构建高水平"1336"养老服务体系建设为依托的框架进行编制的。

（2）打造"互联网+养老"模式，整合线上、线下资源。长城公司旗下5G+AI居家安全防护系统，与深圳市统一的智慧化养老服务管理平台、物业管理的智慧化平台、社区健康服务中心医疗平台数据互通互联；提升和扩展"一应驿站"等线下服务网点的服务内容，对服务对象进行网格化健康管理服务，实现智慧化养老服务的线上、线下的无缝结合。积极参与和开展公共空间或企业自营空间的适老化改造业务。为试点项目片区老人提供街道、社区、小区、家庭连为一体的闭环式服务。

（3）升级服务标准体系和培育专业服务队伍。结合企业自身现有养老服务管理工作成功经验及业务流程，不断完善和提升内部的服务标准体系，现已被深圳市市场监督局推送为广东省养老体系标准化试点项目，并正在申请ISO。以高于行业标准的企业标准，加强对企业员工的养老服务岗前培训和定期培训，加大对员工的考核力度，以及对培训成效进行定期监测和评估。

2.试点中可复制、可推广的经验

（1）"物业服务+养老服务"，若只依靠物业提供增值服务的微薄收入，是不足以支撑团队运作的，故长城物业认为，需另行建立养老专业服务团队或成立公司，将低利润、低成本但业主体验感明显的服务内容由物业团队提供，其他专业性强、相对利润高、成本高的服务由单独的养老服务团队进行；

（2）重复和所属街道、社区沟通，争取将服务转化成民生项目，获取政府配套资金，借助民生项目的政府背书，加大在社区内的宣传，增强业主信赖度，推进收费型项目的开展进程。

3.试点的总体感想与体会认识

（1）试点项目在部委领导、中国物业协会和深圳市住房和城乡建设局的

高度关注中逐步开展，长城物业也在项目的提交、实施和总结中发现了机遇和不足；

（2）在试点项目实施过程中，企业会有孤立无援的些许感受，试点项目的实施需要投入更多的精力和资金，但由于试点项目没有相应的资金配套，在实施过程中，企业稍显有思想负担；

（3）试点项目虽然在实施，但是无配套的政策进行支持，在和政府相关部门沟通时，仅能凭借企业原本建立的政府关系去协调，没有指导性或协调性文件作为和政府沟通的桥梁；

（4）业主对专业养老服务付费意愿是较高的，但对物业增值养老服务的付费意愿并不高，所以我们需要和街道办事处、工作站不断地加强沟通和链接，以争取配套资金来覆盖物业增值养老服务的成本支出。

4.下一步的工作计划与设想

长城物业现已和深圳市中山大学第八附属医院达成合作意向，将在试点项目小区内和社区养老机构内设置互联网医院，以便于为老人提供小区内挂三甲医院的门诊号和远程与三甲医院医生进行远程问诊等服务。下一步我司将和广东生科慢病研究院在治未病和慢病管理方面通力合作，并将每日采集的慢病数据和长城物业管理平台进行打通；另计划与互联网老年大学合作，让老人足不出户就可以根据自己的喜好和擅长的领域学习几百门不同类型的课程，并会将老年大学引入线下、引入社区，让老人走出家门，认识更多同龄人，并通过学习和活动让社区更加和谐。

5.对"物业服务+养老服务"的认识看法与前景判断

按照政策提出的充分发挥物业服务企业常驻社区、贴近居民、响应快速等优势的要求，长城物业认为应该积极探索"物业服务+养老服务"模式，"物业服务+养老服务"的模式是未来物业服务的必然之路，但这条路是需要政策支撑、标准建立的。"物业服务"在社区治理中，可承担的角色是平台角色，可进行的链接门类繁多，但不可忽略本职职责，就是高品质的物业基础服务。

只有建立在高品质的物业基础服务上，再推进增值型的养老服务和专业养老服务时才有信服力。利用5G通信网络，构建社区和谐的养老服务体系，推动人工智能科技在智慧居家社区养老服务的应用，为社区业主提供居家社区养老服务。

长城物业表示，将会把"物业服务+养老服务"的模式进行下去，物业团队和养老服务团队明确职责分工，为让社区变得更美好而努力。

6.对政府的政策建言建议

（1）医疗保障就是建立医疗覆盖养老机构的服务系统。由相关政府部门牵头，分配医疗资源，建立医养联体。设定服务半径，由服务半径内的三甲医院相关老年病科室医生为辖区内养老服务机构提供上门服务和义诊服务。

（2）双向转诊制度即在医疗卫生机构、社区卫生中心、养老机构、居家养老服务机构之间建立畅通的转介渠道，使不同机构之间资源互接、优势互补，发挥医养结合的医疗支撑作用；各医院可将在民政局通过备案的各类养老服务机构名单发送给符合出院条件的患者，由患者自行选择。凡由此医院转介的患者，该医院可进行上门覆盖服务，如此患者有医疗方面的需求，养老机构可将老人转至原医院进行治疗，患者不宜转移的，原医院可指派患者以往的主治医生至养老机构进行服务，实现双向转诊。从医疗角度，便于提高医院病床的周转率、减少压床现象，提升医疗资源的有效利用；从民政角度，解决了刚需家庭"医"和"养"的需求，创建"和谐"氛围；从养老服务者的角度，增加入住率，充实服务内容，降低由于医疗不配套带来的护理风险。

（3）政府购买。出台鼓励社会资本力量进入养老服务市场的政策。社会资本的进入为养老服务市场注入了诸多新的服务和产品，例如专业的失智训练服务、评估服务、居家智能化监测产品等。建议由物业服务企业统计需求并上报街道办，利用政府资金为有需要的家庭购买服务。减轻家庭的使用成本，从政策上引导消费者接受养老服务，促进养老服务机构与老人和其家属之间的互信关系。

（4）人才培养。提高养老服务行业地位，增加养老从业人员政府补贴，建立完善的养老各类人才的培养和评级制度，为养老服务行业构建吸引人才的机制。

四、绿城物业在杭州西溪诚园开展居家社区养老服务案例

（一）基本情况

1.试点项目概况介绍

（1）项目背景。"生活服务天生没有尽头"是绿城一以贯之的服务认知，也是不断提升生活服务品质、细化园区物业服务内容的永恒话题。自2016年开始，绿城服务集团下设的蓝熙健康管理集团有限公司，为绿城园区的老人开展每年一度的健康服务活动，主要针对60岁以上老人开展免费的健康体检、健康评价和个性化健康指导，受到了老人的普遍欢迎。2018年，绿城服务聚焦园区老人的养老态度和意愿，深入关注老人的日常需求，开展上门、代办、家政、知识宣教等多方面综合性老人服务，更加关注老人生活需要、健康状况和心理需求，逐步提升园区老人的健康状况和幸福指数。

绿城物业前期已浇筑了养老服务的坚实基础，恰逢住房和城乡建设部等部门发布《关于推动物业服务企业发展居家社区养老服务的意见》（建房〔2020〕92号）、《关于加强和改进住宅物业管理工作的通知》（建房规〔2020〕10号），推动和支持物业服务企业积极探索"物业服务＋养老服务"模式，切实增加居家社区养老服务有效供给、"鼓励有条件的物业服务企业向养老、托幼、家政、文化、健康、房屋经纪、快递收发等领域延伸，探索'物业服务＋生活服务'模式，满足居民多样化、多层次居住生活需求"。基于以上契机，绿城物业积极响应号召，为深化园区生活服务，由物业分化老人管家组建专业养老团队——浙江椿驿养老服务有限公司，负责试点工作，帮助提升绿城园区业主生活内容、生活品质。

（2）项目概况简介如下：

①项目位置及规模。西溪诚园项目作为绿城第二代高层公寓典范，约为65万平方米，于2012年开盘。位于杭州西湖区文一西路以北，浙大紫金港校区以南，绿城育华学校西侧，距西溪湿地仅约800米。园区内60岁以上老人共计969人，空巢孤寡、残疾、独居老人18人。

绿城服务已为园区业主提供各类为老服务，如基础生活关怀、健康体

检、颐乐学院和老年代际活动。通过绿城服务每年一度的60岁老人免费健康体检活动，为老人进行健康评估，同时针对诚园空巢、独居的老人，开展"老人家人健康关爱计划"，季度性进行上门安全检查，包括家庭电路安全、下水管道检查及疏通服务等。根据园区老人日常沟通走访了解需求，制定各项服务内容和标准，开展入户服务。

②项目基础情况。第一，项目周边已有社区居家养老服务中心（政府社区范畴），但不足以满足社区老人需求。试点项目所属诚园社区目前已入驻遐龄会·诚园社区居家服务中心（700平方米），为社区两个小区（诚园、蒋村西溪人家）老人提供日间休闲娱乐等养老服务。现基本以活动和课程为主。其他包括居家上门服务并未开展，不足以满足社区老人的需求以及无法使用金夕分。第二，诚园社区管辖的两个小区均为绿城服务区域。西溪诚园和蒋村西溪人家物业服务均由绿城物业提供。第三，绿城服务所提供的物业服务涵盖部分居家服务。截至目前，已为诚园、西溪人家小区业主提供日常物业管理、基础生活服务、健康管理、颐乐学院等服务，与社区居家养老服务的部分内容重合。

2.参与试点的出发点

绿城物业服务企业在养老服务中作为参与主体，具有先天性的社会资本优势——地缘优势、经营优势、配套服务优势及技术优势。一方面，一些绿城物业的老业主曾向宋卫平先生表达过希望绿城物业开展养老服务的愿望。在养老业务上，绿城物业宋卫平先生认为："生活生生不息、变化无尽。但人们对美好生活的向往没有变！长寿无价、幸福无价，这些无价的东西，通过我们的服务去连接、去整合，这是我们这个行业里面最让人感到欢欣鼓舞的事情。"因此，在多年的物业服务中，针对老人不断增长的多层次养老服务需求，加之物业与老人及业主的信任关系，物业孵化自身养老团队，专业提供园区居家养老服务。除此之外，绿城物业服务企业参与养老服务是其实现自身从传统服务业向现代服务业转化的契机，是其履行社会责任、彰显社会价值的重要路径。另一方面，住房和城乡建设部曾组织相关干部来访绿城物业，专题调研绿城养老业务。

因而，面对国家释放的支持物业服务企业开展形式多样的养老服务这一政策信号，绿城物业积极参与国家"物业服务+养老服务"试点项目，整合多方力量探索实践，以提升物业养老服务体系的专业化、规范化。

3.试点开展前的前期基础

自2016年开始，绿城服务集团下设的蓝熙健康管理集团有限公司为生活在绿城园区的老人开展每年一度的健康服务活动。诚园所在地区就近即有蓝熙健康管理中心，方便为园区内60岁以上的老人开展免费的健康体检、健康评价和个性化健康与健康指导。

诚园周边配套医疗资源，临近绿城心血管病医院。作为绿城创办，中国非公立医疗机构协会首批"双评"AAA+五星标杆单位，绿城医院共设临床、医技科室28个，服务周边居民等，认真履行社会责任。

此外，诚园附近设有由绿城服务集团联合蒋村街道共同打造的全国首家学院式社区养护中心——"椿龄荟"。作为社区嵌入式养老机构，让老人在家门口即可享受专业照护服务，方便子女随时探望，离家不离亲，满足老人家庭机构养老需求。

4.实施主体与组织架构

绿城服务集团通过不断发展园区生活服务，逐步聚焦老人的养老态度和意愿，深入关注老人的日常需求，发展园区老人服务。面对园区老人不断增长的养老服务需求，绿城物业深刻意识到养老服务应突出专业性、多元性，需要专业团队根据各园区的养老服务性质、对象、特点和地方实际情况，重点选取生活照料、康复护理、健康管理等方面开展服务工作。因此，绿城物业将原老人管家组织另建，成立浙江椿驿养老服务有限公司，作为居家养老服务团队。

浙江椿驿养老服务有限公司是此次试点的实施主体，系绿城服务集团有限公司全资子公司。浙江椿驿养老服务有限公司在试点期间联合物业为诚园项目开展入户、健康管理、就医绿通、互联网问诊、心理疏导等多方面服务提供综合性老人服务，基于专业视角关注老人生活需要、健康状况、心理需求，不断深化服务内涵，提升老人满意度、幸福度。目前试点项目实现财务独立核算。

（二）工作开展

1.需求调研

浙江椿驿养老服务有限公司在诚园开展持续性居家养老服务需求的调研，社工采用一对一访谈的方式对诚园老人及物业管家进行调研，包括随机问卷调查园区60岁以上老人，从老人正面表达和管家侧面反馈，了解诚园养老需求。问卷调研当场完成、核查、回收，以保证数据的较高质量。此次调查内容主要包括老人的个人及家庭概况、日常照料、健康医疗、精神生活、园区老人服务等内容。

自8月初—9月调研回收的有效问卷结果显示，老人的居住情况中，有35.7%与子女居住，与伴侣居住的老人占28.5%。再结合养老倾向58.3%的老人选择未来居家养老，选择机构和社区养老的老人仅占16.7%和8.3%。由此可见，受访老人还是倾向在家养老由子女负责。

结合老人和管家的访谈进一步发现，诚园老人的居家养老服务需求由医疗保健服务、休闲娱乐服务及生活照料服务共同构成。其中，对医疗保健服务的需求最多达44.5%，其次是休闲娱乐服务占37.4%，最后是生活照料服务占9.1%。具体来说，老人的当前显性需求为医疗、助餐、精神慰藉，隐性需求为上门照护、康复护理。相对于显性需求，隐形需求相对较少，主要因为目前社区老人以活力老人为主，有家庭成员或保姆负责照顾，对于适老化服务及产品或照料护理了解较少。

2.服务开展过程

结合以上需求调研情况，试点项目方发现园区老人的当前显性需求为医疗、精神文化服务，隐性需求为上门照护、康复护理。因此，结合目前场地状况和现有资源，联合物业重点推行老人颐乐活动、医养护健康服务、上门照护服务和家庭支持服务。在活动和服务中逐渐与老人建立信任关系，提升老人居家养老服务和适老化产品的认知与理解，刺激养老消费观念释放，提升园区老人生活服务品质。

3.场地获取过程

绿城物业在试点前期本已通过与西溪诚园的业主委员会协商而取得经

营性用房的使用权，但后因该小区的业主委员会解散，该方案未能如期实现。加之业主较难协调统一，其他场地均无法长期稳定持有。目前试点项目方计划以诚园社区的养老服务用房（面积约200平方米）用于试点方案的实施，与社区协商获得场地支持。

同时，针对社区养老服务用房，椿驿将重新划分功能区域，新增阅览室、睡眠体验区、辅具租赁区。期间的工作还将包括水电路修整、翻新装饰、椿驿养老标识标牌等。

4.资源整合过程

（1）人员组建。

第一，社区居家养老服务中心常驻人员。

居家养老服务中心配备两名常驻工作人员，由专业社会工作师和养老护理员负责中心工作，包括与老人联系及对接、资源整合、活动策划，并配合社区完成工作。其中，养老护理员经绿城椿龄养老系统专业培训，学习专业日式介护服务，获得椿龄研究院认证通过，以进行上门照护、康复支持等服务。

第二，"医康养护"专项服务人员。

诚园试点以"医康养护"为主，"颐乐学为"为辅，发展"物业服务＋养老服务"模式。针对"医康养护"部分，椿驿聘请温州医科大学等高校毕业生及医院等专业医师组建项目医护团队，由具有职业资质的医师、护士、康复治疗师、老年人能力评估师、社会工作师等人员负责，提供专项服务的技术支持，共同开展医疗、健康保健、康复护理等居家养老服务内容。

第三，物业管家。

诚园试点项目由椿驿养老与诚园物业双双携手，一同开展居家养老服务。通过物业管家与老人的信任基础，邀约老人推广活动，带动诚园养老服务开展。日常工作中，管家设定基础助老服务，针对园区70周岁以上的老人，由指定物业管家专门负责每月上门检查燃气、电路等安全；帮助收拿快递，外卖送上门；节日问安、孤寡独居老人上门慰问等老人服务。

第四，常驻志愿者——椿驿小马甲。

该志愿者团队由椿驿养老员工自发组成，立足于老人不同层次的需求，旨在通过提供便民、健康、助老等服务，为诚园老人打造志愿者联系网络，提高老人在日常生活中的健康安全意识，协助老人解决更多的生活问题。

（2）服务资源。椿驿联合物业整合绿城物业内外资源，把合作选择与加强能力建设结合起来，有效承接资源，提供优质养老服务。

第一，大力发挥集团内部资源。椿龄康养集团具备丰富的康养行业见解，养老机构运营及康养项目咨询的实战项目经验。其日本养老顾问团队可为诚园居家照护提供专业指导。绿城物业在诚园配有管家、保洁、保安等服务人员，利用其天然地缘优势和经营优势、配套服务优势等，推动融合物业服务和养老服务为居家老人提供精准化的服务，促进社区的和谐稳定。绿城医院，拥有专业化医护团队可为诚园发展社区问诊、老人就医等服务。椿龄荟与蓝熙医疗门诊部作为多功能的社区嵌入式养老机构和医疗门诊部，配有专业医生护士团队、健康管理师、养老护理员等，可协助诚园进行健康养老服务。

第二，积极整合外部服务资源。拟合作中西医结合医院、桐君堂等知名医院，为诚园提供中医康养保健等服务。引进智云健康，通过智云智慧健康产品搭建老人健康服务平台，推进健康监测等服务。

5.与政府及社区沟通

良好的政企沟通是推进试点工作协同发展的重要前提。蒋村街道、诚园社区作为政府方，监管绿城物业服务企业的养老服务活动。项目开展期间，椿驿联合物业精准定位、分层管理，物业管家对社区老人服务及养老项目进行日常监测和反馈收集，椿驿进行项目整体的信息整理，设立专项人员定期与社区负责人积极沟通，主动协调，整体上形成一个三方相互监督、相互支撑的作用。同时，也可以在共识的基础上，达成一致行动的目标。

（三）效果体现

1.服务开展情况

自2021年8月开展服务以来，目前已对70岁以上老人184位建立追踪性的健康服务档案，并定期进行追踪更新。因项目原驻运营商尚未退场，目前仅计划服务内容，以公益服务为主，辅以增值服务。表附1-4-1所示为诚园公益服务表；表附1-4-2所示为诚园增值服务表。

诚园公益服务表   表附1-4-1

服务类别	服务内容	服务频次（次/年）	服务时长（小时）	预计服务人次（人/次）	服务说明
1.针对诚园社区全体老人开展的公益服务：					
每日开放服务	建立健康档案	2		969	由社工按社区提供名单，建立健康档案，一人一档，并定时随访
	生命体征监测	200		30	提供血压、脉搏、体温、血氧饱和度、呼吸基础生命体征检测
	艾灸坐熏	200		20	提供艾灸坐熏服务，一人一消毒
	康复活动	200		5	肢体功能训练、言语康复训练等
活动类	年度IP活动	1		120	年度大型文艺汇演活动
	专属活动	30		30	包括节日活动、生日会、共创活动、文化活动
讲座培训类	健康讲座	10	1	30	由医生提供健康讲座服务
	安全讲座	4	1	30	由公安、消防等专业认识提供安全讲座服务
	认知症专题讲座	4	1	30	由认知症讲师提供关于认知症相关的支持讲座
	家庭照护支持培训	4	1	30	由家庭照护师为社区内家庭照护者提供专业的照护培训
医疗支持类	专家义诊	10		30	由专家医生及医生助理组成义诊小组，提供义诊服务
	互联网问诊	24		6	通过在线互联网医院平台，连线精品医生进行在线问诊服务
资讯类	心理咨询	4	1	3	由心理咨询师为社区老人提供心理咨询、精神慰藉服务
	法律咨询	4		3	由法律顾问为社区老人提供法律咨询、法律援助服务
2.针对诚园社区孤寡、独居、空巢及残疾老人开展的公益服务：					
居家服务类	上门慰问	12	1	18	由家庭照护师、心理咨询师、物业管家构成上门慰问小组，提供上门慰问、心理疏导、居家照护服务
	代配药	12		18	由家庭照护师或健康管理师提供代为配药、送药到家服务

诚园增值服务表   表附1-4-2

服务项目	服务内容	单次服务时间	单次市场价（元/次）	优享价（元/次）
艾灸坐熏		30分钟/次	1	1
理发			30	免费
修脚	为老人提供上门修脚服务		50	30
日托服务	为有日间托养需求的老人提供日间照料服务		99	免费7日
助餐服务	为老人提供助餐就餐服务		按需	按需
康复辅具租赁	为老人提供康复辅具租赁、居家护理耗材代购服务		按需	免费1次
家政服务			根据户型	根据户型
就医陪诊	全程陪诊、诊前问询、诊中沟通、诊后存档	2小时/次	220	220
重大疾病绿通专家挂号	覆盖100种重疾，可申请500家医院的副主任级别医院的医生进行面诊		1800	1800
健康管理	慢性病病情追踪、电话回访、提醒用药配药、提醒家庭注意事项、提供健康及安全方案		3700	3700
在线问诊	精选全科医生专家团队全天在线问诊			
代为配药	建立健康档案、配药提醒、代为配药、送药到家		50	免费1次
药箱整理		≤30/次	50	免费1次
抽血+标本送检+报告解读	检查血常规		220	免费1次
标本送检+报告解读	尿液标本		80	免费1次
	粪便标本		80	免费1次
指标监测	血糖		5	免费1次
	胆固醇		20	免费1次
	尿酸		20	免费1次
	多导心电图		50	免费1次
居家上门照护服务	温水擦浴	≤60分钟/次	178	免费1次
	洗发+面部清洁+口腔护理	≤60分钟/次	178	免费1次

服务项目	服务内容	单次服务时间	单次市场价（元/次）	优享价（元/次）
居家上门照护服务	心理护理	30分钟/次	128	免费1次
	肢体锻炼	30分钟/次	128	免费1次
	暖心陪护（不包含做饭）	4小时/次	200	免费1次

说明：

1."单次市场价"针对诚园60周岁以上老人享受的价格。"优享价"针对诚园80周岁以上老人及孤寡、独居、空巢、残疾老人；

2.针对诚园80周岁以上老人及孤寡、独居、空巢、残疾老人，标记绿色的服务可获免费体验1次，日托服务可免费体验7天。

2.场地设施情况

即将使用的诚园社区居家养老服务中心，椿驿重新划分功能，新增阅览室，打造休闲阅读区，为居民提供家门口的阅览室；就餐区重新规划，原走廊设置的助餐，现设置在室内核心位置，更加方便未来开展服务，人员活动；划设特色功能板块，增加智慧化养老床位区、辅具展示区和辅具租赁区，展示适老化服务和智慧化养老产品，增强互动性，真切感受智慧养老、便捷养老，提高服务体验感。具体场地功能区介绍如表附1-4-3所示。

诚园社区功能区介绍　　　　　　　　　　　表附1-4-3

功能区		功能介绍
理发室		为老人提供普惠化的理发服务
活动室（家庭照护支持式教室）		作为节日活动、健康宣教、认知症专题活动、家庭照护支持、文化教育等多种类型活动的场地
阅览室		设置社会文学、科学健康等书籍，为老人提供家门口的阅览室
棋牌室		为老人提供象棋、跳棋、九宫格数独、纸牌、拉密（老年桌游）等棋牌，体验棋牌娱乐
助餐台和用餐区		设置微波炉，方便老人在服务中心就餐
日间休息室		设置休息床椅，为老人提供休息场所
康复室	OT工作区	针对上肢功能障碍的社区老人，辅以OT综合训练工作台，进行个体化的作业活动，重点训练上肢功能以及日常生活能力
	动态康复区	配备跑步机、腰部按摩仪、多功能运动单车等康复器械，供老人在此康复锻炼

续表

功能区	功能介绍
智慧化养老床位	设置智慧化养老床位,将展示智慧化床垫,让老人体验智慧化养老产品
辅具租赁区	提供助浴椅、轮椅、助行器、护理床等辅具租赁服务
辅具展示区	设立适老化产品展示区,包含适老化餐具、日常用品(放大镜指甲钳等)、老年鞋履、助行用具等种类的产品

3.资源拥有情况

项目依托于绿城生活集团自有资源支持,绿城服务集团成立于1998年,是一家以物业服务为根基、以生活服务与产业服务为两翼的生态型现代服务企业。旗下设有医疗、教育、家政、商超等各种生活服务专业子公司,包括绿城医院、四季生活、绿橙生鲜、蓝熙健康等。同时基于椿龄康养集团的医康养护专业服务能力,以及本土物业服务公司与周边绿城医院、蓝熙健康管理中心等资源协同,合力为诚园老人提供全生命周期服务圈。

同时,项目联合外部优质医疗资源,不断推进与杭州中西医结合医院、求是眼科医院等合作,实现彼此优势资源互补整合与共享。计划开展社区问诊、培训指导椿驿居家照护工作、健康宣教等服务,从而发展诚园家门口整合式、多层级照护服务体系。老人文娱活动上拟合作中青旅等公司,进行老人活动。

4.获得政府及社区支持

社区居家养老一直是民生重点工作,各级政府与主管民政单位一直也十分支持配合项目的落地实施开展,椿驿在诚园社区支持下取得社区用房场地。

(四)经验总结与未来展望

1.试点工作中的创新与亮点

(1)建构物业养老有效协作机制,共建社区生活服务共同体。试点工作中,诚园目前设立的20余位生活管家,平均各生活管家负责近百户业主及老人,通过专业社工及养老护理员赋能支持,补足了生活管家在为老服务领域的短缺,形成小事管家帮、难事护理忙、大事合力办的立体服务体系。

(2)专业社会工作介入。试点项目过程中不断引进社会工作者,采用专业老年社会工作方法。社会工作介入理念是融合、倡导、整合资源，介入的方式是接纳、尊重、同感，这恰恰符合养老服务工作的价值。强调"人在情境中"，帮助老人加强或恢复与周围人、环境的连接。同时，利用专业社会工作方法，例如，以建立老人互助团体的方式介入，倡导社区内的老人或是有相同家庭状况的家庭联合起来，形成合力，帮助老人进行精神慰藉，并促进老人重塑康复锻炼信心。

除此之外，专业社工作为第三方与其他资源的整合链接，为老人带来具有性价比服务的同时，规避了由于物业与业主老人之间存在部分对立的矛盾问题，能够联合好业主委员会、居委会，为进一步开展共治工作打好基础。

（3）拓展支持，积极发挥志愿精神。目前经营的场地为社区居家养老服务配套用房，属于集体公共资源，在性质上不利于开展纯市场商业行为，因此充分结合公益资源也是项目运营服务当中的重要一环。椿龄小马甲志愿者便是诚园项目结合低龄服务高龄，服务兑换服务的理念，探索了"时间银行"积分制度后，所孵化的可持续志愿服务团队。故发挥企业志愿者或社区老人志愿者服务力量，扩展社会支持，有利于进一步获取、优化养老服务资源。

2.试点中可复制、可推广的经验

养老服务工作核心受托于人、依托于人，而养老服务其较低的利润率难以支持大量的固定人力支出，结合生活管家的协助了解老人需求，既确保了服务入口的一致避免多头对接，也在一定程度上减轻了养老服务企业的压力。

结合现在服务互联网化的趋势，便捷、高效的智慧产品不仅能够为老人提供良好服务体验，同时也能提升综合管理效能。基于长期为老人、业主生活方面提供各类服务，物业服务企业在基层服务人员管理上所设计的管理体系、信息软件等管理工具，同样十分值得在养老服务企业中推广。

3.试点的总体感想与体会认识

现有的居家社区养老服务市场仍然是一个政府为主导，以政府补贴为主要支撑的政策性市场，另外，社区的地理范围相对于就近服务要求较高的养老服务来说仍然较大，对降低服务成本、缩短服务供给时间、提高服务效率形成了一定的困难。而小区是在地理规模上比社区更小，也更集中的单元，无论是物理距离、商业设施分布，还是路网通达方面都更具有可操作性。

目前，试点项目尚处于初步启动期，也经历了与物业、业主委员会、社区、属地政府、主管单位等多方面多次沟通交流，由于养老服务业服务对象的特殊性，该行业市场化商业模式尚在探索，试点工作亦是在探索"物业+养老"模式中，因此，希望获得各级政府对养老服务企业一定的财政补助、政策支持等相关扶持。

4.下一步的工作计划与设想

项目预计在2021年年底正式启动运营，前期通过入户走访、活动宣传等形式，确保项目被广大老人、业主所熟知，并将提供的服务产品和健康管理"医养护省心套餐"基于一段时间的运营后，逐渐优化服务、丰富产品，形成具有可复制性的运营经验。

5.对"物业服务+养老服务"的认识看法与前景判断

据国家卫生健康委的统计数据显示，目前我国老年人养老已经形成"9073"的格局，即90%左右的老年人居家养老，7%左右的老年人依托社区支持养老，3%的老年人入住机构养老，所以未来提供医养结合服务的重点还是放在居家和社区。物业服务业将是最早一批传统服务行业与养老服务相结合的行业之一，对物业服务企业来说既是挑战，也是机遇，但基于物业管理行业拥有得天独厚的入口资源优势和业主交互能力，能够迅速地感知业主和居民多元化的服务需求，在解决人与服务相匹配的问题上具有先天优势。

6.对政府的政策建言建议

项目尚处于初步启动期，各项政策有待主管单位统一梳理协调，基于目前情况总结以下建言建议：

为减轻持续经营压力，一方面需要经营企业强大的运营管理能力，另一方面离不开合理的商业化运作，由于社区配套用房作为公共服务资源，商业化行为具有一定敏感性，开放、包容的政策支持环境更有利于探索这一模式的开展。

而基于物业的养老服务是全体业主共有权益，针对老年人群的服务倾斜、优待更离不开中华文化中敬老传统，营造社会敬老、爱老氛围。

（五）试点模式与经验适用性

1.本试点项目的模式与主要特征

本试点项目以物业服务公司为主体，通过自建专业养老服务公司赋能，提供居家社区养老服务的产品，形成生活服务由物业链接，专业服务由养老公司提供的立体模式。

2.本试点项目的主要工作与取得的成效

本试点项目的主要工作旨在协调各方资源，将原有分散、孤立的各项生活服务资源，通过物业与老人业主的天然黏性优势，为其提供更加匹配的生活服务，同时也将专业适老的服务方引入，解决养老服务落地的困难，提升整体小区的为老服务能力。

3.本项目模式的适用范围和优点、缺点说明

本项目模式适用于物业服务能力较强，设置生活管家一类综合服务触点的小区，其优势能够充分发挥物业的入口资源优势和业主交互能力，同时具备提供基本生活服务的支持。该项目劣势在于其物业管理成本较高，整体物业收费标准较高，存在一定推广局限。

附件　诚园老人养老服务需求调研问卷

A.1　需求调研

A.1.1　居家养老服务调查问卷

您好，感谢您百忙之中回答此问卷。我们是绿城生活集团下属养老服务公司——椿驿养老，我们希望有机会为您提供居家养老服务。这份问卷调查的结果对我们十分重要，我们承诺不会泄露任何您填写的有关信息。

一、基础信息

1.您的年龄（　　）。

A.50岁以下　　　　　　B.50～60岁　　　　　　C.60～70岁

D.70～80岁　　　　　　E.80岁以上

2.您退休前的职业（　　）。

A.公务员　　　　　　B.教育医疗文体　　　C.金融商贸

D.技术人员　　　　　E.私营业主　　　　　F.自由职业

G.务农　　　　　　　H.其他_____

3.您现在的居住状况（　　）。

A.与子女同住　　　　B.与伴侣居住　　　　C.空巢

D.独居　　　　　　　E.与其他人同住

4.您目前的身体状况如何？（　　）。

A.健康无疾病　　　　B."三高"　　　　　　C.糖尿病

D.心血管疾病　　　　E.肠胃疾病　　　　　F.呼吸系统疾病

G.阿尔兹海默病　　　H.残疾　　　　　　　I.半失能

J.全失能　　　　　　K.其他_____

5.您目前主要由谁帮助照料护理？（　　）

A.不需要照料　　　　B.子女　　　　　　　C.伴侣

D.照护服务员　　　　E.家政服务员　　　　F.其他

6.您多久参加一次体检？（　　）

A.半年一次　　　　　　　　B.一年一次

C.两年及两年以上一次　　　D.从不参加

7.您理想的养老场所是（　　）。

A.自己家　　　　　　　　　B.子女家

C.养老机构　　　　　　　　D.养老社区

8.您认为自己目前生活中最大的困难是（　　）。

A.健康状况不佳　　　　　　B.自理能力差

C.无人照顾　　　　　　　　D.生活拮据

E.子女关系　　　　　　　　F.其他_____

二、服务需求

9.请按您的需求选择下列居家养老服务

入户照料护理服务	A.助餐　B.助浴　C.助洁　D.助行　E.助医　F.代办　G.药品管理 H.食物管理　I.康复护理　J.理发　K.生活照料　L.紧急救助
健康管理	A.健康危险因素评估干预　B.运动指导　C.营养管理　D.睡眠管理 E.心理咨询　F.其他＿＿＿＿＿＿
医疗服务	A.挂号陪诊　B.代配药　C.互联网问诊　D.互联网配药　E.慢病管理 F.专业康复　G.定期访视　H.指标监测　I.其他＿＿＿＿＿＿
文化娱乐服务	A.互联网学习　B.老年大学　C.旅游　D.游戏活动　E.体育锻炼 F.其他兴趣活动＿＿＿＿＿＿
餐饮服务	A.配餐　B.送餐　C.上门做饭　D.老年食堂
房间适老化改造服务	
适合老年人的产品 （使用需求）	A.拐杖　B.助浴产品　C.保健品　D.轮椅　E.助听器 F.康复辅具　G.其他＿＿＿＿＿＿
家政服务	
针对以上服务您关心 的是	A.品牌　B.价格　C.服务持续性　D.服务者态度　E.专业程度

10.如果需要居家照护服务，您对以下哪个区间的价格可以接受？＿＿＿／月或年

11.对于您愿意支付的服务，您最想享受、最急需的是什么？（请根据第九题选项列举几个）

12.您愿意支付的服务需求频次如何？（例如一个月两三次等）

13.您对您生活的小区有哪些为老年人服务的建议？

附录问卷

一、老年食堂

1.以下老年食堂服务哪些是您需要的？（　　）

A.堂食　　　　　　　　　　B.配送上门

2.老年食堂配餐规格您需要的是一餐＿＿＿菜，价格＿＿＿元。

3.（问到餐饮服务的时候顺便问营养方面需求）在日常生活中，您对饮食的要求为（　　）。

A.没要求，吃饱就可以

B.要荤素搭配，合理饮食

C.根据膳食指南制订健康饮食方案

D.低盐低脂即可

二、医疗服务

1.您看病时会选择（   ）。

A.中医　　　　　　B.西医　　　　　　C.中西医结合

2.您会选择中医的治疗服务有哪些？（   ）

A.针灸　　　　　B.推拿　　　　　C.艾灸　　　　　D.拔罐

E.刮痧　　　　　F.中药养生　　　　G.慢病管理　　　H.其他

三、健康管理

1.您对智慧类健康养老产品了解和接受程度如何？（   ）

A.非常了解并接受　　B.比较了解并接受　　C.不清楚

D.比较不了解接受　　E.非常不了解接受

2.您对智慧类健康养老产品哪项功能比较有兴趣？（   ）（最多选三项）

A.智能定位　　　　B.紧急呼救　　　　C.便携照明

D.睡眠监测　　　　E.血压监测　　　　F.心电监测

G.血糖监测

3.您对海外医疗保健以下哪些项目有兴趣？（   ）（最多选三项）。

A.医美　　　　　　B.抗衰　　　　　　C.体检和健康管理

D.慢病管理　　　　E.远程专家会诊　　F.癌症等重大疾病诊疗

4.您对以下哪些国家的海外医疗比较有意向？（   ）

A.东南亚　　　　　B.日本　　　　　　C.韩国

D.美国　　　　　　E.其他

四、适老化产品

您对于助老辅具的使用需求如何？（   ）

A.非常需要　　　　B.比较需要　　　　C.一般

D.比较不需要　　　E.非常不需要

五、房间适老化改造服务

1.您对于适老化改造的需求程度如何?(　　)

A.非常需要　　　　　B.比较需要　　　　　C.一般

D.比较不需要　　　　E.非常不需要

2.您需要对住所哪些空间做适老化改造?(　　)

A.客厅　　　　　　　B.卧室　　　　　　　C.餐厅厨房

D.卫生间　　　　　　E.楼梯　　　　　　　F.门

G.其他_____

六、文化娱乐服务

1.您是否参与到园区颐乐学院?(　　)

A.是　　　　　　　　B.否

2.您是否参与到园区睦邻社?(　　)

A.是　　　　　　　　B.否

3.您是否为"绿城幸福里"成员?(　　)

A.是　　　　　　　　B.否

4.您是否愿意成为"绿城幸福里"的成员?(　　)

A.是　　　　　　　　B.否

A.1.2 调研结果

椿驿在诚园开展持续性居家养老服务需求的调研,社工采用一对一访谈方式对诚园老人进行问卷调研,当场完成、核查、回收,以保证数据的较高质量。此次调查对象是60岁以上的诚园老人,主要包括老人的个人及家庭概况、日常照料、健康医疗、精神生活等内容。

目前,调研回收的有效问卷结果显示,老人的居住情况(图附1-4-1)中,有35.7%与子女居住,与伴侣居住的老人占28.5%。再结合养老倾向58.3%的老人选择未来居家养老,选择机构和社区养老的老人仅占16.7%和8.3%。由此可见,受访老人还是倾向在家养老并由子女负责。

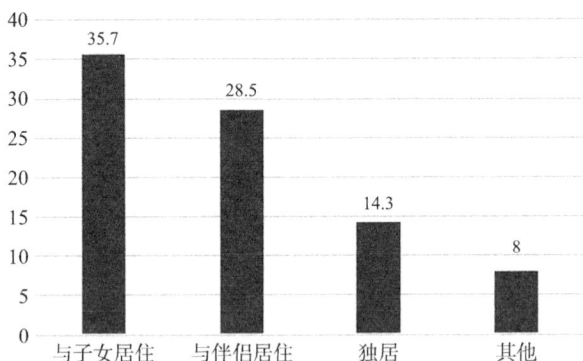

图附1-4-1　居住现状

结合访谈进一步发现，诚园老人的居家养老服务需求由医疗保健服务、休闲娱乐服务及生活照料服务共同构成（图附1-4-2）。其中，对医疗保健服务的需求最多达44.5%，其次是休闲娱乐服务37.4%，最后是生活照料服务9.1%。具体来说，老人的当前显性需求为医疗、助餐、精神慰藉；隐性需求为上门照护、康复护理。相对于显性需求，隐形需求相对较少，主要因为目前社区老人有家庭成员负责照料，对于康复护理和适老化服务产品了解较少。

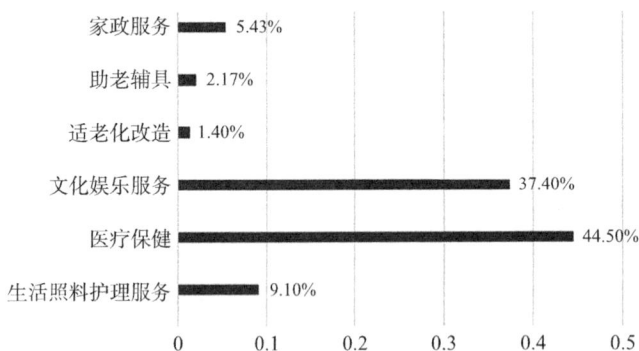

图附1-4-2　居家养老服务需求

A.2 配图精选（项目实景、地图示意、场地与设施、服务场景、公示价目表等）

A.2.1 诚园居家养老服务中心场地功能意向布局

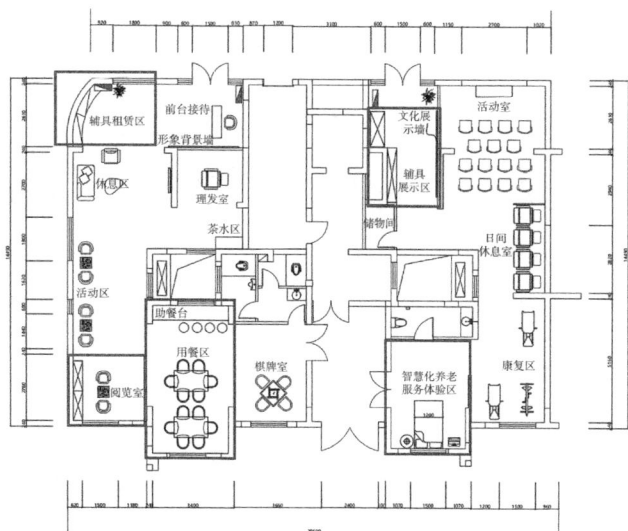

诚园居家养老服务中心场地功能意向布局

A.2.2 服务场景

一、社区活动开展

1.诚园社区骨伤讲座

专家诊疗

2. 园区重阳敬老活动

爱心理发

艾灸服务

二、物业管家助老服务

1. 协同园区活动举办

协同园区活动

2. 教师节为老人送绿植

为老人送绿植

3.入户检查老人燃气电路等安全

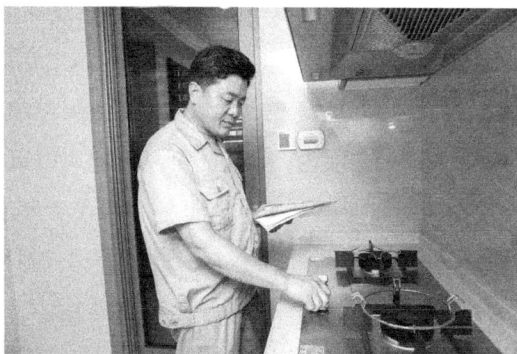

入户检查老人燃气电路

4.为老人送餐上门

为老人送餐上门

五、银城物业在南京市鼓楼区开展居家社区养老服务案例

（一）基本情况

1.试点项目概况介绍

2020年年底，六部委出台《住房和城乡建设部等部门关于推动物业服务企业发展居家社区养老服务的意见》(建房〔2020〕92号），鼓励发展"物业服务＋养老服务"，江苏省立刻响应，在省民政年度工作重点中提及"推广'物业服务＋养老服务'模式，破解城市社区养老服务供给难题，完善激励扶持和监督管理措施"；此外，南京市民政年度工作重点中也鼓励培育南

京养老服务新亮，推动"物业服务+养老服务"等养老新业态发展。

银城康养与银城生活（股票代码：1922.HK）合作成立南京银城怡家养老服务有限公司，银城怡家将主要在包括但不限于银城生活服务在管住宅项目为老人提供养老及综合配套服务，例如陪诊、紧急医疗、健康饮食搭配、特殊照护等各类日常衣、食、住、行辅助服务，使老人可以实现居家养老。此做法既符合国家提倡的"物业服务+养老服务"模式，也创新了银城康养三位一体养老体系，有助于提升综合竞争力，也与公司"服务老人幸福，成就美好人生"的企业使命一致。

合作方银城生活服务为江苏首家主板上市公司，致力于以优质物业管理服务为客户提供服务并创造价值，管理服务涵盖16个城市，在管建筑面积约达3372万平方米，服务覆盖超过100万客户。银城生活在物业行业丰富的营运经验及品牌影响力，以及银城康养专业的养老开发运营经验资源，将为彼此带来协同效益，共赢发展。

2.参与试点的出发点

南京市在养老服务领域有较好的基础，是全国试点城市。鼓楼区有13个街道，辖区内约有27万老龄人口，老龄化率约24%。其中，有4.3万80周岁以上的高龄老年人。银城物业在鼓楼区目前服务28个住宅社区，银城康养在鼓楼区有4个医养结合型养老机构（带居家养老服务功能），因此试点选择在鼓楼区。居家养老当前的突出问题是养老组织进不了家门，有需求的老人找不到服务组织。通过"物业服务+康养模式"的试点，探索适合南京实际的社区居家养老创新之路。

3.试点开展前的前期基础

在试点工作开始之初，进行对鼓楼区的凤凰街道、华侨路街道、江东街道、热河南路街道等8个街道进行调研，对银城物业管理的28个物业小区进行全盘摸底，凤凰街道、江东街道、宝塔桥街道、华侨路街道80岁以上老人共评估和意愿调查2096人、2229人次。

4.实施主体与组织架构

本项目由银城康养与银城生活合作成立的南京银城怡家养老服务有限公司担任实施主体。

（二）工作开展

1.需求调研

在试点摸底阶段，鼓楼区28个物业小区共摸排出5581位服务需求者。这期间累计接受服务458人、接受评估482人，截至2021年4月服务人次1180次。

在为老服务14助的要求中，经过我们的服务总结。其中，助洁、助急、助餐、助购、助浴、助聊和精神慰藉7项需求概率较大。有19项服务项目占比较高，具体如下：协助翻身及有效咳痰、床上移动更换床单、留置尿管的护理、手足护理、耳道护理（采耳）、上门理发、手洗衣物、居室清洁、空调/油烟机清洗、玻璃清洁、水电维修、管道疏通、上门送餐、上门做饭、协助进食/水、代购代办、陪聊陪读、协助洗浴和床上洗头。通过对服务对象情况的了解，以及对物业在每个街道下的社区分布进行详细调研，并针对老人数量多，高龄老年人占比多的相关负责人进行沟通，明确工作重点及工作难点。通过调研也注意到，部分专业化的服务需要引进专业的养老护理员对现有人员进行培训。

通过前期评估，在试点摸底阶段，我们挑选老人多，高龄老年人占比较高的小区作为第一阶段的重点试点小区，五个社区分别为华侨路街道五台社区的五台花园小区，江东街道的聚福园小区、香榭丽小区和长阳花园小区，热南街道的清江花苑、清江西苑小区和江雁物业的山水雅苑小区，用"5+1"的形式进行多类型试点，争取找到共性，便于形成经验及大范围推广。

2.服务开展过程

（1）设中心、建站点即布局"物业服务＋养老服务"的阵地矩阵。在鼓楼区江东街道设一个中心枢纽旗舰站点，并向周边站点辐射建设多个为老服务中心站点，在社区、街道的配合支持下依托物业空间设施，改造建设养老服务站点，利用物业架空层，设置邻里交流空间，提升老人休闲活动环境。站点配备数字宣传栏及银发顾问机器人等。

（2）设银发顾问即利用物业工作人员，培养发展为银发顾问。其主要职责为收集小区老人需求，宣传政策，链接资源。

（3）全评估即老人全员评估。分批对小区内60周岁以上老人做全员评估，建立联系卡、健康档案、评估档案、需求档案，为政府决策和后续精准服务提供基础。"物业服务+养老服务"工作小组，在重点试点小区组织多场"老人社区嘉年华"的宣传活动，让养老政策和为老服务深入人心，受到社区居民的广泛欢迎。

（4）分类提供精准服务。根据小区老人居住情况、身体状况、爱好等情况居住分布进行信息化、数字化、网格化圈定，为每一位老人进行标签化管理，精准化服务，如表附1-5-1所示。

标签化管理　　　　　　　　　　　　　表附1-5-1

人群划分	服务关注点	服务重点
60～70岁	关注	关注需求及自身价值的体现
70～80岁	关心	关心老年人身心的健康
80岁以上	关怀	对其需求快速、高质响应

3. 场地获取过程

银城物业多方筹集养老用房，来源途径多样，包括对物业办公场地、业主活动场所会议室及库房改建等，也对小区内架空层进行升级改造。如聚福园利用的是业主活动室、会议室和其他空间的打造；香榭里使用的是物业办公室、业主活动室、仓库和会议室一体化打造；五台花园则以物业办公室用房为主进行打造。

4. 资源整合过程

（1）"物业服务+养老服务"企业机制建设。银城物业公司与银城康养公司成立合资公司银城怡家，注册资本500万元，从事创新业务，以保障物业与养老的无缝对接，高效协同。

（2）"物业服务+养老服务"团队建设。银城物业公司与银城康养公司联合成立工作领导班子，共同组建服务团队，协调各自资源，保证"物业服务+养老服务"业务活动有序推进，现有约30人。

5. 与政府及社区沟通

南京市建立住宅小区综合治理联席会议机制，将"物业服务+养老服务"试点工作作为美丽家园三年行动计划的重要内容，作为为民办实事的重点任务，作为全市养老服务重点工作项目。南京市房产局、民政局具体牵头实施，鼓楼区房产局、民政局具体指导本区试点物业服务企业完成住房和城乡建设部的试点任务实施。加强部门联动，定期召开工作例会，推动审批流程上、组织实施中的具体事项。

（三）效果体现

1.服务开展情况

提供以下六大服务：

（1）守安全。老人居家安全保障系统的建设。发挥物业团队24小时在岗及对小区熟悉的优势，定时检查，实现紧急求助，及时出现，为老人的生命安全增加一道强有力的保障。完善加装居家应急呼叫等安全保障设备，对60周岁以上的空巢、独居老年人应装尽装，由物业团队负责线下服务。

（2）社区助餐点。利用小区闲置场地资源，及银城康养专业机构资源优势，设置小区助餐站点，由区域中心厨房（地点已落实）配送。

（3）老年课堂。利用小区闲置场地资源及银城康养老年大学资源，开设社区老年大学课程、各类兴趣小组、各项精神关怀活动等。

（4）健康小屋。在物业办公室，整合空间，配备基础健康检测设备，应急药箱，小微型康复器具等，并提供后续基础健康管理服务。

（5）居家适老化改造。利用物业工程及装修团队及养老公司专业性，为社区老人开展居家适老化改造业务。

（6）银城红便民为老服务。延续银城物业"银城红"品牌便民服务，为老年人定时、定点、定项循环开展社区便民服务，如理发、修脚、维修等。

现阶段，鼓楼银城居家八大类服务项目每月的服务工单为6000～8000单。其中，"物业服务+养老服务"试点小区的工单每月约占10%。以试点小区"五台花园"为例，在8月份南京暴发疫情的情况下，以服务高龄独居、空巢困难老人为主的政策引导下，共服务106名老人，完成231个工单，如表附1-5-2所示为服务项目及价格。

服务项目及价格   表附1-5-2

序号	服务项目			价格	备注
	大项	子项	小项		
1	助餐	集中就餐	60周岁以上	12元/份	餐标：一大荤二小荤，一素一汤；本小区范围内提供送餐
			75周岁以上	11元/份	
			五类老人	9元/份	
			点餐	按实际收取	
2		送餐上门	餐费	按实际年龄收取	
3			送餐费	2元/份（一公里以内）	
4		上门助餐	买菜	20元/次	
5			做饭	30元/次	
6			喂饭	30元/次	
7	助浴	点上洗澡	自理	20元/次	需提前一天预约
8			半失能	50元/次	
9			失能	100元/次	
10		上门助浴	半失能	100元/次	
11			失能	160元/次	
12		上门洗头		30元/次	
13	助洁	家政	保洁	30元起/小时	需提前一天预约
14		个人卫生	上门修脚	30元起/次	
15			理发	15元起/次	
16			刮脸	10元起/次	
17			床上擦浴	60～80元/次	
18	助医	测血压		免费	需提前一天预约
19		测血糖	点上测血糖	3元/次	
20			上门测血糖	5元/次	
21		陪同就医		30元/小时	
22		代购药品		20元/次	
23		代取药品		20元/次	
24	助急	上门照料	晨间照料	25元/小时	
25			日间照料	20元/小时	
26			晚间照料	30元/小时	

序号	服务项目			价格	备注
	大项	子项	小项		
27	助急	半失能老人陪护		30元/小时	
28		全失能老人陪护		50元/小时	
29		代叫110、120		免费拨打110、120，其他参照第三方收费标准	
30	助行	陪同购物、活动、散步等		30起/小时	超过3公里，每增加一公里加收2元路费
31	助学	唱歌班、智能手机、手工制作		免费	
32	助乐	卡拉OK、棋牌娱乐、书法、下棋、书报阅览		免费	
33	日间照料	每日基本服务内容		80～120元/天	早接晚送/根据老人实际情况确定收费标准
		早晚接送	读书看报		
		血压测量	午餐		
		健康管理	陪读陪聊		
		康复训练	午休		
34	助闲	音乐照顾带动活动	棋牌娱乐	免费	
		实事新闻	基础护理	免费	
35	短期托养	床位费	护理级别	伙食费	护理级别以实际评估为准
		面议	一级护理600元/月	600元/月	
			二级护理1200元/月		
			三级护理1800元/月		
			四级护理2400元/月		
36	喘息服务	符合条件老人，可向所在社区申请喘息服务，每年15天，每天150元上限			
37	家庭养老床位	老人类型		费用	根据老人需求，制订服务计划及收费标准
		自理老人		面议	
		半失能老人		面议	
		失能老人		面议	

续表

序号	服务项目			价格	备注
	大项	子项	小项		
38	康复服务	上肢功能训练		80元/40分钟	
39		下肢功能训练		80元/40分钟	
40		认知训练		80元/40分钟	
41		推拿		80元/40分钟	
42		音乐照顾带动活动		免费	
43	精神关爱	陪聊服务		免费	
44		心理疏导		咨询师等级收费	
45		电话慰问/上门探望	回访、聊天等	免费	
46		知识讲座	健康讲座	免费	
47		书报阅览		免费	
48		音乐照顾带动活动		免费	

2.场地设施情况

"物业服务+养老服务"的服务基础为站点建设,截至9月份,已建、在建的有聚福园、香榭里和五台花园三个"物业服务+养老服务"站点,主要通过阵地协同实现场地共享,节约建设成本,解决用房少难题。

3.资源拥有情况

由于物业员工对养老方面的政策、理论和实操都不太了解,相关的培训难度比较大,需要的培训内容要求比较多,因此,我们把对物业员工的养老服务培训作为试点探索的重点环节,开展了养老护理、康复、社会工作、心理咨询等方面的技能培训以及银发顾问培训、家庭照护支持培训、时间银行志愿者培训、养老行业政策知晓培训等一系列的培训工作。

4.获得政府及社区支持

试点企业提前申报培训方案,主管部门在发放培训资料、制定考核标准、结业发证等方面大力支持。

（四）经验总结与未来展望

1. 试点工作中的创新与亮点

"物业服务+康养服务"的居家社区养老模式，其特色主要体现在物业服务和康养如何"+"的问题，我们经过多方实地调研和论证，提炼出共享、共建的模式。实现在充分整合物业与康养资源基础上，实现"阵地共享、服务互补、客户锁定、人员协同、管理提效"的居家养老新模式。

2. 试点中可复制、可推广的经验

（1）阵地协同。物业服务中心兼社区老人服务中心，改造社区空间，将物业站点改造为小区的助老服务点，解决老人找不到组织的难题，实现无须重复建设的家门口老人服务聚点，能够切实为有需求的老人提供健康管理等一揽子为老基础服务。

（2）人员协同。一方面，物业安保兼老人应急救援人。安全保障是居家老人（尤其高龄独居老人）首要刚需。现有的网络呼叫虽然便捷，但老人的服务需求传递到呼叫中心后，由于距离和专业度、匹配度问题，线下服务提供难以如愿。而物业安保24小时在岗，比任何社会组织的居家工作人员都能更快速地给予应急援助响应。另一方面，物业生活顾问兼养老银发顾问。家门口的常驻银发顾问作为平台窗口，不仅可以向老人宣传政策，介绍服务，还方便整合归拢需求，向服务组织提供需求信息。同时，银发顾问还可以承担独居探访、组织代买代办等便民服务，以及志愿者的发动发掘等工作。

（3）服务协同。一方面，物业生活服务供方兼为老服务供方，市场化物业组织围绕社区居民的生活服务整合相关的配套服务供方，在此基础上，进一步整合周边社会资源，在一个区域内，逐渐建立"老人服务供方库"。另一方面，小区灵活就业人员兼居家老人服务人员，可解决居家养老服务人员欠缺这一难题；而小区灵活就业人员作为社区养老服务潜在资源，既能够促进就业，也能够降低居家分散服务的成本，提高服务效率。

3. 试点的总体感想与体会认识

"物业服务+养老服务"是一个探索了多年的老课题，之所以目前尚无成熟案例，是因为这条道路并不容易。主要存在两个难点：

（1）站点场地问题：物业办公用房面积有限，难以符合养老服务的要求。

（2）培训的支持："物业服务+养老服务"的创新需要多学科团队为服务人员提供养老护理、康复、社会工作、心理咨询等方面的培训与支持，依靠物业现有的员工类型，难以满足社区居家老人需求。

试点的目的是为了探索出一条路，具体建议如下：

多部门协同机制与政策层面要有一定的突破。养老是一个涉及面较宽的工程，涉及民政、卫健、房产、住建消防等多部门，比如我们规划中的中心枢纽站点目前就因为房产规划性质问题不能申办消防手续，难以继续推进，这已不是传统民政主管部门所能协调，实际工作中有诸多堵点需要一个协同机制才能解决。

4.下一步的工作计划与设想

（1）突破"瓶颈"。"物业服务+"模式下还存在政策性"瓶颈"及深度整合的挑战。这是下一阶段的工作重点及需要突破的地方，也是"物业服务+养老服务"试点本身的意义所在。

（2）总结经验。通过我们自己摸索和实践，总结一套解决方案，慢慢往培训者、产品提供方、拥有大量客户的区域型平台组织发展。

5.对"物业服务+养老服务"的认识看法与前景判断

物业企业本身在主业服务项目和养老服务项目有很多重合，这样物业企业就较为容易开展具体的服务。

6.对政府的政策建言建议

（1）对于"物业服务+养老服务"这类新事物，传统政策需要一定的突破，比如物业办公区域是否能认定为民政居家站点（在"物业服务+"模式下，实际会承载居家站点功能，产出相关居家服务的结果），给予一些试点扶持政策和资金。

（2）物业并没有多少可用房产，试点企业为推动该项工作，大多要从相关资产方租赁物业作为居家服务站点，且在试点期间，服务量较小，但要走通模式，需要投入较高的服务运营成本，所以，试点阶段如果能有一定政策扶持资金（可申报具体用途，接受验收审核），该工作的推进力度和探索进展更好一些。

六、之平物业在重庆鲁能星城开展居家社区养老服务案例

（一）基本情况

1.试点项目概况介绍

重庆鲁能星城项目位于渝北区渝鲁大道，总建筑面积约180万平方米。共有住户1.4万余户，60岁以上老人共计2380人，占比17%。项目地跨渝北、江北两区，南面是800亩的天然氧吧——龙头寺森林公园，西面为龙头寺景观大道，同时紧邻解放碑和观音桥两大商圈，是CBD的重要辐射区域，交通十分便利。

由"之平管理"服务的鲁能星城项目现设有两个养老站。鲁能星城8街区养老站成立于2015年，面积200多平方米；鲁能星城6街区养老站在2020年投用，面积300多平方米。两个养老站辐射周边五个小区，而本次参与试点工作的是鲁能星城6街区项目及其养老服务站，为714位60岁以上老人提供日间照料、居家养老等相关服务。

2.参与试点的出发点

充分发挥物业服务企业常驻社区、贴近居民、快速响应等优势，围绕居家老年人"衣、食、住、行"以及事务帮办、家庭照料开展服务，充分实现老人"老有所养"的理想晚年生活，不仅增加物业管理、顾客服务的核心竞争力，更实现"物业服务+养老服务"双赢合作模式的深入探索和实践。

3.试点开展前的前期基础

（1）在重庆市住房和城乡建设委的大力支持与指导下成立试点专项工作小组；

（2）对照试点实施方案进行自查、自评；

（3）对辖区老年人的服务需求进行入户摸底调研；

（4）开展日间照料服务，举办兴趣课程、联谊活动；

（5）启动入户服务，包括家政、送餐、康复训练、理疗按摩、适老化改造等；

项目的实景如图附1-6-1所示。

健身设施设备

最佳观景点

林荫小道

休闲花园

按摩小径

四点半课堂

图附1-6-1　项目实景

4.实施主体与组织架构

成立具有法人资格的专项运营公司。现深圳市之平物业发展有限公司已成立全资子公司——旬彩老人服务有限公司，并在重庆成立旬彩重庆分公司，专业从事养老运营管理。此举为物业向管辖范围内的老人提供全方位专业养老服务奠定了坚实的基础，对发展"物业服务＋养老服务"有着深远的意义。在本次"物业服务＋养老服务"试点中，养老服务也主要由旬彩重庆分公司提供，并进行独立核算。

（二）工作开展

1.需求调研

老人养老服务需求调研工作从2021年6月开始启动。调研人员通过入户走访、调查问卷等方式，针对60岁以上的老人进行需求调研。调研内容主要涉及老人基本信息、养老存在的困难以及老人需要哪些方面的养老服务等问题。共调研3406户。其中，60岁以上的老人家庭787户，涉及老人1082人。

调研结果显示，居民对由物业公司参与的养老服务接受度较高。老人普遍表示，人越大就越恋家，但儿女们工作压力也大，很多时候心有余而力不足。"物业服务＋养老服务"模式是一种很好的尝试，在小区里设立养老服务点，让老人不离开家就能享受到养老服务，也能减少子女的后顾之忧，促进家庭和睦与社区和谐。

2.服务开展过程

通过长期深入的调研发现，老人对助餐、助洁、助行、适老化改造等养老服务需求量较大。结合调研结果，养老服务站点以充分实现"老有所养"的理想晚年生活为中心，围绕居家老年人"衣、食、住、行"事务帮办、家庭照料开展一系列服务工作。

表附1-6-1所示为开展服务的价目单。

服务价目表   表附1-6-1

类型	服务项目	收费标准	类型	服务项目	收费标准
文化娱乐活动	棋牌娱乐	3元/人	居家上门服务	助医服务	150元/半天 200元/全天
	棋牌娱乐（象棋、跳棋、围棋、纸牌）	免费		家政服务	40元/小时
	看电影	免费		上门助浴	168元/次
	集体生日会	免费		代缴代购	20元/次
	益智游戏	免费		理发/剃须	25元/次
	报纸、书籍阅读	免费		助行服务	根据目的地面议
	认知症干预和预防	免费		空调清洗（挂机）	100元/台
	心理慰藉	免费		空调清洗（柜机）	120元/台
	计算机上网	免费		油烟机清洗	120元/台
	健身器械	免费		体脑训练	45元/次
	志愿者活动（智能手机教学、摄影、手工制作等）	免费	便民服务	养老信息发布	免费
	各类节气活动（春节、重阳、国庆、中秋、端午等）	免费		体脂检测	免费
	生命成长课程（生活智慧、社会科学、文化艺术等）	免费		网上代购	免费
	老年大学（书法、声乐、舞蹈、瑜伽课程等）	免费		代缴纳、充值	免费
健康管理	心理疏导	免费		应急救援	定制服务
	健康检测	免费		闲置回收	免费
	个人健康档案管理	免费		修剪指甲	10～30元/次
幸福食堂	集中就餐	5～10元/餐		轮椅拐杖助行器租赁	2～5元/天押金500元
	地中海饮食预定	定制服务		家庭适老化改造	定制服务
	送餐服务	1～3元/次		老年旅游	定制服务

服务剪影如图附1-6-2所示。

助餐服务

助洁服务

助浴服务

助行服务

图附1-6-2　服务剪影（一）

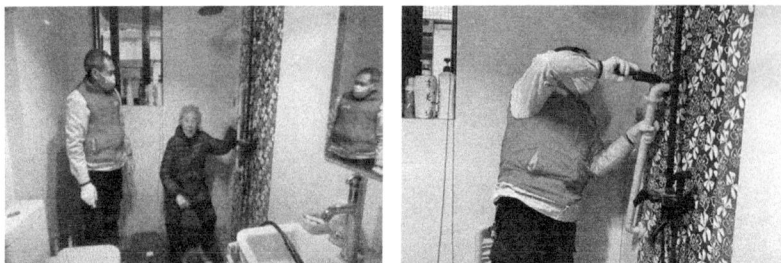

适老化改造服务

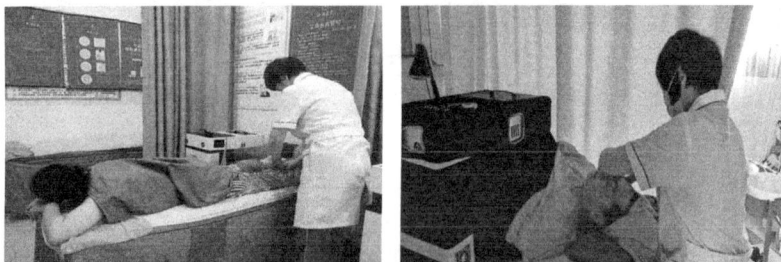

康复理疗服务

图附1-6-2 服务剪影（二）

3.场地获取过程

场地来源：利用社区用房、物业用房打造社区养老服务站点；

获取方式：签订租赁合同或委托经营合同；

租赁条件：低偿或无偿只可用于社区养老食堂或服务站点的打造，不可进行其他经营类服务；

改造投入：设有服务接待区、生活照料区、托养护理区、文化教育区、健康管理区、人文关怀区、休闲娱乐区、运营管理区、社区食堂等功能区。配有冰箱、微波炉、空调、各类书籍、计算机、休息桌椅、乒乓球桌、棋牌桌、电视、沙发、理疗床、书法用品、书籍、舞蹈台等配套设施。

如图附1-6-3所示为社区养老服务站。

4.资源整合过程

之平集团创建成立专业的养老服务机构——旬彩老人服务有限公司，并建立完善的培训体系，如下所述：

（1）积极响应重庆市人力资源和社会保障局相关政策，参与其组织的技

前台接待区

运营管理区

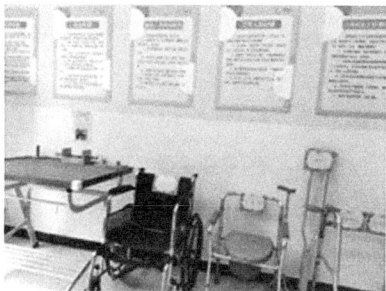

辅具租赁区

回忆长廊

按摩理疗区

休闲娱乐区

图附1-6-3　社区养老服务站

能培训（营养配餐员、按摩师、保健刮痧师、养老评估员等），提升工作人员养老护理的专业技能水平；

（2）定期对提供居家养老服务的物业人员开展沟通技巧、紧急救援、风险处理、服务需求评估、老人能力评估的培训，掌握基本健康养老专业能力；

（3）居家服务流程、入户标准化及质量管理体系培训，通过各类专业的培训学习，组建能独立提供服务的工作人员队伍。

5.与政府及社区沟通

（1）在重庆市住房和城乡建设委的牵头下，成立"物业服务+养老服务"专项班子，定期组织召开工作沟通会，及时汇报工作进度及存在的困难；

（2）建立服务企业负责人同渝北区龙塔街道分管领导联席制度，配合养老工作的落地；

（3）同鲁能西路社区建立微信专项沟通群，高效快速进行沟通反馈，协助共同参与养老试点工作。

（三）效果体现

1.服务开展情况

（1）助餐服务。2021年7月，之平物业在辖区内正式设立"社区乐邻老人助餐食堂"。目前社区食堂的长期就餐老人人数达495人。据统计，2021年7月至11月，60岁以上老人就餐人数达8275人次。其中，10月和11月接待就餐老人人数均超出2830人次。

（2）适老化改造工作。为解决老人在日常生活中存在的问题，实现生活便利性，规避养老环境中存在的种种风险因素，物业中心特地在物业前台打造适老化体验馆，让老人足不出户就能直观了解适老化配置及相关的设施设备。2021年10月，接待咨询人数达150余人次，物业还对有需求的住户进行入户适老化改造的评估及方案拟制，确定专项改造方案（厕所安装扶手、洗漱台改造加装扶手、地面防滑处理等）；11月至12月陆续完成安装改造工作。

（3）助浴、助行服务。考虑到老人有出行难、洗澡难等问题，从助浴、助行老人最需要也最困难的项目入手，提供更贴心的服务。截至10月，物业帮扶洗澡的老人人数已超30人，申请物业陪同出行的老人人数达50余人。

2.场地设施情况

（1）场地设施基本概况。养老服务站位于鲁能星城6街区外围（鲁能西路社区旁），总建筑面积为600多平方米，于2020年9月30日投入正式运行。开放时间为周一至周五（除节假日）上午8：30—17：30。站内配备专职养老工作人员两名，专为辖区60岁以上的老人提供站点服务（居家上门服务由养老专业队伍及物业端口人员负责）。

（2）功能分区。社区养老服务站又叫日间照料中心，分为楼上和楼下两层，设有八大功能区。一楼设有：服务接待区、运营管理区、生活照料区、健康管理区、人文关怀区，配有冰箱、微波炉、各类书籍、计算机、休息桌椅等服务设施；二楼设有：托养护理区、休闲娱乐区、文化教育区，配有乒乓球桌、棋牌桌、手工桌、电视、沙发、理疗床、书法用品、书籍、舞蹈台等设施。同时，二楼室外平台可供老人开展健身锻炼、唱歌、跳舞等活动，是一个多功能的活动中心。

（3）活动开展。养老站每天上午、下午围绕适量运动、脑力训练、培养兴趣、心情愉悦、地中海饮食、社交活动等六个主题，开展各类适合老人的活动及兴趣的培养。

3.资源拥有情况

（1）内部资源："之平管理"在全国60多个城市拥有6000余名专业类员工，拥有良好的职业道德、熟练掌握了老人照顾多方面的知识和技巧、服务意识强烈。

（2）外部资源：之平物业长期与爱心企业合作，建立志愿者服务团队，如中信银行、牙科医院、华为手机、中国人民银行、欧文英语、金夫人婚纱摄影、葫芦丝协会、柔力球协会、石墨烯理疗桶、民间手工艺组织、创艺语言、书生书院等（附部分公益联盟场地租赁合同，如图附1-6-4所示）。

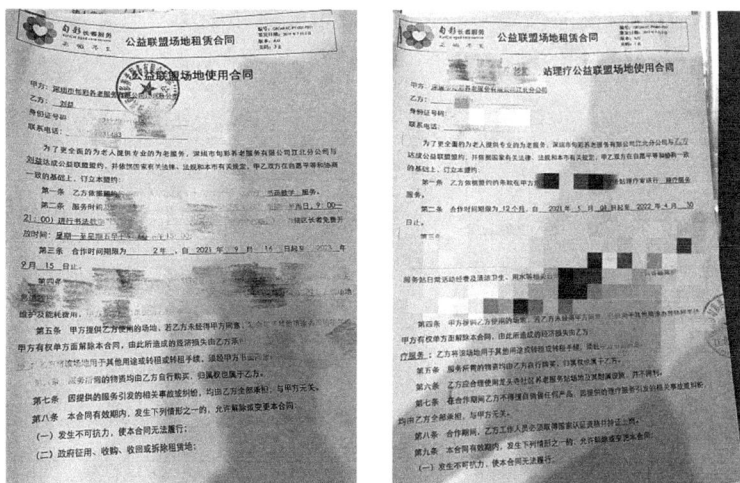

图附1-6-4　公益联盟场地租赁合同

4.获得政府及社区支持

（1）2020年9月，以公建民营方式承接社区养老站（日间照料中心），政府补贴运营经费8万/年。渝北区住建委拨款2万元用于"物业服务+养老服务"宣传及老人活动的开展。

（2）2021年6月，建立社区助餐食堂，获一次性建设补贴10万元（待报销）。另60岁以上老人用餐数量达到2700餐/月，民政每餐补贴2元（每半年补贴一次）。

（3）食堂的开办得到市住房和城乡建设委员会、渝北区物业科及龙塔街道养老科的支持，顺利取得对外经营许可证。

（4）养老站点的使用场地得到社区的支持，将部分社区用房纳入养老用房使用。

（四）经验总结与未来展望

1.试点工作中的创新与亮点

（1）建立启用智能化软件——云岭社区养老软件，便于老人及家人通过手机端下单各项居家服务。

（2）CRM中心。顾客关系管理（CRM）是"之平管理"特别配置的400呼叫中心，是在深刻理解国家政策和社区服务特点的基础上，针对民政部门及相关社区服务机构创建居家养老服务体系、创建中国特色养老服务模式的需求而设计的一套完整的信息化应用系统。系统可全天候为老人提供咨询服务、意见受理、业务办理等专项服务；作为远程客服中心，为老人及子女提供个性化服务，定期为子女出具《旬彩老人生活报告》，内容包含老人在养老机构内的生活、健康、康复、护理等情况；同时，也定期组织客户满意度调查，不断提升养老服务品质。

（3）长青学苑线上课堂。针对小区老人建立了"长青学苑线上微信群"，周一至周五不间断开展各种活动，如适量运动、脑力训练、社交活动、云赏系列、兴趣培养、小知识分享等线上视频活动，每日下午的看图猜字等小游戏，让老人实现真正的随时随地老有所乐、老有所学。每日平均互动参与人数达60余人，后续将陆续开通抖音直播或拍摄视频进行线上授课，不断丰富授课形式，增加与老人互动频次。

（4）时间银行。在物业管理服务中，物业管家主动去发现和挖掘业主中有特长爱好的老人，甄选出有爱心、身体健康的老人参与养老公益活动。老人奉献爱心、投身公益所得的爱心积分，将通过发放公益护照的方式，储存在旬彩养老服务中。当老人有需要时，可以到"之平管理"全国范围内的各养老机构兑换储存的爱心时间，享受对应的养老服务，未来我们将不断丰富我们的爱心兑换礼品，如养老餐券、邻利荟商品兑换券，提升老人参与爱心公益活动的积极性。

如项目方2021年8月在物业客服前台设置了公益爱心超市，凡热心人士或单位参加组织的各项为老服务和公益活动，积分累计到一定数量即可在爱心超市兑换相应的礼品，引导和倡导更多的志愿者加入到老人服务中，为辖区老人搭建更多帮扶平台。2021年11月兑换公益礼品共计50余份。

（5）活动联谊。之平管理重庆分公司协同重庆旬彩养老各社区养老服务站，在过去的服务中举办各类主题、兴趣创意活动及服务，获新闻媒体多次报道宣传，报道次数共计60余次，未来将更加紧密的合作，结合物业公司福城乐邻的打造，在硬件和软件的大力投入下，共同推动养老服务工作的开展，提升老人的幸福体验感。

2.试点中可复制推广的经验

（1）居家养老服务里可送餐上门的助餐服务，让行动不便的老人足不出户，通过手机端下单，就能享受到可口的饭菜。

（2）充分整合利用社区各类闲置资源，优先用于改造建设居家和社区养老设施。

（3）鼓励社区组织和机构整合服务力量，实现运营的规模化和连锁化。

3.试点的总体感想与体会认识

（1）总体感想与体会认识

自从开始居家养老服务工作以来，"之平管理"不断地摸索完善相关工作机制。居家养老服务工作开展以来，"之平管理"本着让老人生活安心、舒心，让老人子女放心、省心的服务思想，认真地为社区老人提供上门服务。"之平管理"的工作人员定期上门为服务对象讲解相关保健知识，与老人谈心，排解他们的心理孤寂，给他们买菜做饭、陪医送药等。在提供居家服务的过程里，虽然存在很多不足和困难，但"之平管理"逐一进行克服，让老人们充分享受到政府对他们的关怀。为了让老人安心、舒心，让党与政府放心、省心，在今后的工作中，"之平管理"将认真总结经验，依托社区居家养老服务平台，不断完善工作机制，继续提升服务品质，努力为更多的老人创造良好的居家养老服务，更加深化居家养老服务的层次，使居家养老服务工作更上一个新的台阶。

（2）试点过程中仍未解决的困难与障碍

①在开展家庭适老化改造的工作中，家庭里的年轻人对适老化改造的认知度、接受度较低，往往因担心破坏装修风格，与家具不搭配等理由而拒绝入户改造（如厕所安装扶手、洗漱台改造加装扶手、地面防滑处理等）。

②医疗资源短缺：需要专业的社区家庭医生定期为老人检查身体、评估健康情况，现目前只是简单地进行血压、血糖测量。

4.下一步的工作计划与设想

面向试点辖区的老人，持续进行居家服务各项内容的宣传，并对试点辖区内的老人服务需求进行分析，制订服务计划。对有需要的老人提供日间照料、邻里活动中心、家庭适老化改造、居家上门服务、小区适老化改造等服务，"之平管理"计划在年底进行《全国性示范性居家社区服务站》申报，对照全国性示范性居家社区服务站各项要求进行自查、自评，并据此进行相应的整改、完善，积极争创全国性、示范性居家社区服务站。

5.对"物业服务＋养老服务"的认识、看法与前景判断

"物业服务＋养老服务"的前景是十分光明的。随着我国老龄化进程的逐年加剧，当代年轻人所承受的压力越来越大，尽孝养老势必成为每个有老年人需赡养的家庭亟待解决的问题，因此"物业服务＋养老服务"的前景市场是十分明朗的。但我们也不能盲目乐观，中国作为发展中国家，社区养老、居家养老在当代人的思维里更倾向于是西方人的做派，对居家养老、社区养老的了解程度、接受程度目前都较低。另外，目前我们所从事的养老服务只是停留在基础阶段，并未形成规模化服务。随着老龄化的加剧，养老服务设施的供给远小于需求，这是市场发展的潜力，也是发展的阻力。只有不

断地学习先进的居家、社区养老理念，完善自身的服务能力、服务项目，才能在"物业服务+养老服务"的道路上越走越好！

6.对政府的政策建言建议

（1）放开照护服务机构及个体服务人员的试点范围：从养老中心放开到各养老服务站，使之能够按照约定的服务内容、时间提供居家上门照护服务，让更多的失能老人能够更加便捷地享受到长期照护服务。

（2）家庭适老化改造的新增支付方式：因老人消费观念不强，对适老化改造的支付意愿较低，建议室内的适老化改造可启用老人子女的公积金进行支付。

（3）医疗支持：社区卫生服务站定期到养老站免费坐诊，弥补医疗资源短缺的现象。

（4）能耗优惠：需要加强水、电、气能耗优惠政策的落地执行。这一情况，在外接日间照料项目时特别明显，使之在执行时有难度，配合度不高。

■ 七、圆方物业在郑州代书胡同开展居家社区养老服务案例

（一）基本情况

1.试点项目概况介绍

郑州市委、市政府高度重视人口老龄化工作，把积极应对人口老龄化工作纳入市委、市政府重要议事日程，认真贯彻落实《中共中央、国务院关于印发〈国家积极应对人口老龄化中长期规划〉的通知》（中发〔2019〕25号）要求，以建设国家中心城市为契机，以全国居家和社区养老服务改革试点、城企联动普惠养老试点为抓手，加强政策创制，加大奖补扶持，加快发展养老服务，加快构建功能完善、规模适度、覆盖城乡、医养结合的养老服务体系。

代书胡同社区位于郑州市管城回族区，东到管城街，西到顺城街，南到西大街，北靠商城路，占地面积约为0.41平方千米，总建筑面积约25万平方米，住宅居民4000多户，实际居住人口近2万人。其中，60岁以上居民人数为4200人，约占社区总人口的21%。该社区处于郑州市主城区中心地带，由10多个老旧小区组成，有民房，也有单位公房，房屋权属复杂，

大多数楼房建成于20世纪七八十年代，基础设施陈旧、功能配套不全，不同于新建住宅小区，具有小区坐落集中、老年人多的特点、闲置房产分散不集中的特点。针对此类问题，住建部门和街道积极探索，以郑州市人保家属院原后勤处公配房为中心，共找出4处可供养老使用的公配房产。

2.参与试点的初心

根据2021年国家统计局数据显示，我国60岁及以上人口的比重达到18.7%。其中，65岁及以上人口比重达到13.5%。老年人口数量庞大，老龄化明显加速，这既是挑战也存在机遇，对于企业来说，"银发经济"的发展就是一个机会，它扩大了老年产品和服务消费。应对人口老龄化也将成为当前和今后一个时期关系全局的重大战略任务，政府对此高度重视，也会承担社会责任，各级政府从政策、基础设施建设、资金、管理培训等方面给予支持。企业抓住发展互助养老的机会，也能较早进入新型养老产业，为未来的发展奠定基础。

圆方集团从郑州管城区起步，经过多年发展，已逐步将业务扩展到河南乃至全国市场。在社会需求的号召下，圆方集团积极承担社会责任，成立郑州圆方社区服务中心，经与社区、街道进行深入交流，结合代书胡同片区基本情况，探讨扶商政策指导。以期在2021年11月底，完成代书胡同社区居家社区养老服务试点工作，预期达到以下三个效果：其一，居家社区养老服务供给有效增加、服务便捷高效、管理统筹规范，老年业主的满意度和幸福感逐步提升；其二，"物业服务+养老服务"模式初具成效；其三，致力于推进物业服务融入社会治理，构建美丽、宜居、和谐社区。更深层次上，不断创新党建工作，发挥党建引领作用，确保代书胡同社区居家社区养老试点工作稳步推进，取得成效，在全市乃至全省和全国物业管理行业起到示范带头作用。

3.试点开展前的前期基础

该社区处于郑州市主城区中心地带，由10多个老旧小区组成，有民房，也有单位公房，房屋权属复杂，大多数楼房建成于20世纪七八十年代，基础设施陈旧、功能配套不全，不同于新建住宅小区，具有小区坐落集中、老年人多的特点、闲置房产分散不集中的特点。

4.实施主体与组织架构

试点项目养老服务的提供主体为郑州圆方社区服务中心和郑州市圆方社工服务中心。

（二）工作开展

1.需求调研

圆方集团通过线上与线下双重调研，调查居民对物业的看法以及居民的服务需求，从而提供更加精准化的服务，并且形成互动常态化机制，及时了解居民变化的动态需求，及时更新和改进服务。

（1）全面启动，落实方案阶段（2021年4月底前）

①制订工作方案，完善工作机制。结合上级要求与代书胡同项目实际情况，制订工作实施方案。细化任务措施，明确时间推进节点，将实施方案报送试点办公室。

②明确战略，确定合作伙伴。进一步明确此次项目的目的以及实施步骤，寻找到合适的合作伙伴，在资金筹措、细节考量、利益协调、实施与监督、后期总结与反馈等方面考虑周到，责任落实到人，确保顺利进行。

（2）全面推进，深入实施阶段（2021年5月至今）

按照具体实施方案和计划工作安排，提前谋划、统筹安排，分步组织实施。

①整合社区养老场所（2021年6月底前）

将社区及周边闲置低效使用的公共房屋和设施，履行相关手续，统一改造用于居家社区养老服务。建设医疗保健站、书社等公共活动场所，希望能够更加全面地为老人提供服务。

②入户调查，并根据反馈改造养老适老设施（2021年7月中旬开始）

地点：代书胡同养老中心——舒馨苑，位于郑州市人保家属院院内。

目的：根据老人及家属意见整理出老人需要的必备服务、可选服务、溢价增值服务。

研究方式：问卷调研+深度访谈。获取对基本服务的真实需求，结合每户情况获取核心诉求，补充服务项目。

样本：代书胡同片区所有居民近2万人。其中，60岁以上老年人4200多人，约占社区总人口的21%，老人人数偏多。

过程：制作好详细的调查问卷，进行入户访查。挨户进行调查，询问家中60岁以上老人的情况，尤其关注80岁以上老人、独居老人、失独老人。

在调查过程中向老人介绍本社区现有的养老服务，询问有待满足的需要以及对社区养老服务付费的意愿和能接受的价格范围，为日后决策提供参考依据。在老人反馈的基础上，把握核心需求，完成各项改造，配齐相关设施设备，具备养老基本使用功能。

结果发现：在现阶段提供的服务中，对社区食堂、活动中心、照料服务需求较大，老人接受度普遍较高。

优势：

a."物业服务+居家养老"模式符合现代对于老人养老的要求，具有更低的社会成本和运营成本，同时更符合老年人的生理和心理需求。大部分老人及家属对养老产品有认知，未来市场可观，具有更低的社会成本和运营成本，同时更符合老年人的生理和心理需求。

b.圆方物业具有在存量基础上的居家养老优势。同时依托圆方集团和其旗下的雪绒花家政学院，有专业服务强、运营成本低、终端便利和持续经营等得天独厚的优势。物业与老人距离近，便于及时了解老人需求，精准制定个性化服务；同时物业熟悉小区周边资源，有能力对周边资源进行高效整合，形成需求黏性。

c.在原有房屋存量的基础上开展养老服务是可行的，可以根据独居老人的具体情况，为老人找到"室友"一起生活。这既可以为有房的独居老人提供一份收入来源，老人之间也可以互相照顾，有利于老人安全。

不足：

a.对于代书胡同项目来说，社区养老中心未来将成为居家养老的中枢神经，除了要满足辖区老人日常休闲和娱乐场所以外，还要有空余的场地寄予办公、居家养老信息收集以及展现、居家养老设备存放等场地场所。然而现有场地无法满足社区老人活动，给居家养老有相应的场地场所。由于地处市中心繁华地带且为老旧城区，所以相对集中的场地很是匮乏，场地不够，设施设备无法安置。

b.老人对于居家养老服务认知不足。由于中国的传统观念，在走访调查当中，大部分老人对于居家养老服务的认可度不高，有甚者对于居家养老服务有些许排斥，需要提供一些老人能收接受、认可、买单的服务。

c.专项建设资金不足。由于养老专项建设资金不足，导致不论是养老服务设施，还是对已有养老设施的改造，都显得举足维艰。总体来说，居家养老专项资金不足，保障功能较弱，居家养老服务的质量就不会显著提高。

d.对隐私安全问题存在疑虑。互助养老模式的顺利开展必然需要老人及其家庭的信息，但在调查中有一部分老人担心会泄露隐私，如何保证信息安全是一个重要的问题。

（3）"团团家"互助养老（10月20日开始问卷调查）

地点：代书胡同养老中心——舒馨苑，位于郑州市人保家属院院内。

目的：根据老人及家属意见整理出五种服务的供给方与需求方。

研究方式：线上线下调查相结合。

样本：代书片区所有居民近2万人。其中，60岁以上老年人4200多人，约占社区总人口的21%，老人人数偏多。

该项调查正在进行中，截至11月19日，共做调查问卷462份。其中，需方346份，供方116份。需方346份全部同意接受餐饮服务。其中，231人同意但是觉得价格方面无法接受；愿意接受清洁服务的老人134人；居家养老服务131人，大多数不同意还是碍于传统观念和现在不需要；居家看护服务21人，此次问卷中涉及的半失能老人过少；居家照料服务3人，因为辖区失能失智老人一共25户，基本都由自己亲自照顾。供方116份中，全部愿意为老人提供餐饮服务，但是只局限与送餐或者配送到社区养老中心进行集中用餐，不愿意让老人来家里就餐；116份调查报告中，都愿意为老人提供保洁服务；调查问卷中，没有人愿意对老人进行居家养老、看护和照护服务，其原因基本是因为觉得自己不专业和怕承担潜在风险，通过沟通，我们能提供免费的专业培训后，部分有意向，但是暂时不愿意接受。

2.服务开展过程

（1）战略决策。商业模式创新："物业服务+养老服务"——"团团家"

互助养老。

圆方集团在试点项目中结合住房和城乡建设部"物业服务+养老服务"的试点机遇,在管城区北下街街道的大力支持下,探索出"社区主办、互助服务、群众参与、政府支持"的社区互助养老新模式。具体而言,"社区主办"是由"街道办+社区居委会"利用相关政策资金、社区公共用房提供公益的平台支持服务;"互助服务"就是由社区内愿意提供互助养老服务的家庭,根据不同能力提供不同居家养老服务;"群众参与"就是社区所有家庭都可以成为"互助养老"的供给方,也可以成为"互助养老"的需求方;"政府支持"就是由各级政府从政策、基础设施建设、支付补助、管理培训等方面给予支持。

(2)决策依据

①项目背景:舒馨苑属于老旧小区和无主管楼院,整体人群收入偏低,生活环境较差。需要因地制宜,在原有房屋存量的基础上开展养老服务,能对原有设施进行统一设计和适老化改造,其成本更低。社区老人较多,在宣传运营上更有优势。

②资源导向:"社区主办"是由"街道办+社区委员会"提供公益的平台支持服务,能够有效连接养老产业的供给需求方。"互助服务"就是由社区内愿意提供"互助养老"服务的家庭,根据不同能力提供不同居家养老服务。物业和社区连接了老人和周边商家,能够及时进行信息沟通,在原有房屋存量的基础上开展养老服务,真心真意为辖区老人服务,通过开展公益活动,拉近与老人之间的距离,增加社区居民对物业的信任感,增加老人的黏性,反哺物业,即社区居民愿意去缴纳物业费。

(3)具体实施情况

①"团团家"互助养老。圆方连接社区居民之间,开展"团团家"互助养老。"团团家"互助养老是在各级政府鼓励支持下成立的互助式养老平台,通过对于多余社会资源的盘活,整合社区养老资源,为更多老人安享晚年提供更多的服务。互助养老是一种全新的养老模式,作为社区养老的补充,互助养老更强调普通居民间相互的帮扶与慰藉。"团团家"互助养老要做到让三方满意,即政府、居民和圆方,实现多方共赢。在推进阶段对小区居民以

问卷的形式进行调研，了解居民之所需，以人为本，让"团团家"互助养老实现个性化。"团团家"互助养老不仅要求活下去还得活得好，打造个性化模式，构建长线IP，拟实施小区团购，圆方作为平台，连接居民和供应商，可以实现为小区老人团购买菜等。

a.餐饮服务（每月600～900元）。供应方提前列出每天的用餐类目，在服务安全健康的前提下，提供相应的餐饮服务送到需要供餐服务的家庭（可采取送餐或者上门就餐的方式）。

b.卫生清洁服务（每月400～600元）。供应方可以与需求方签订相应协议，每月上门进行10～12次的清洁服务，每次1～2小时。

c.居家养老服务（每月1200～1800元）。供方提供独立房间作为养老用房，提供给需求方，并负责其一日三餐，及日常的打扫照料服务（针对全自理老人）。

d.居家看护服务（每月2000～3000元）。供方提供独立房间，及相关适老化改造后的房间作为养老用房，提供给需求方，并负责其一日三餐，及日常的打扫照料服务，做到24小时有相关看护人员包括全自理服务（针对半自理老人）。

e.居家照料服务（每月3000～4500元）。供方提供独立房间，及相关适老化改造后的房间作为养老用房，提供给需求方，并负责其一日三餐，及日常的打扫照料服务，做到24小时有相关看护人员，同时进行相关的医疗护理。包括全自理服务（针对全失能老人）。

②三方共管账户。第一方是社区，包括辖区的居委会；第二方是辖区的居民代表；第三方是公司。对居民代表的资质进行审核，并对结果进行公示，组建账户主体完成后，所有的收入和支出，包括物业费、暖气费、停车费等都由三方主体共同商讨决定。在解决停车位等容易引起纠纷和矛盾的问题上，通过增加居民的参与感，激发积极性，群策群力，有效减少争端和解决问题。

③不同社区之间的联动机制。项目方认为，日间照料中心的建设可以整合周边社区，形成多个日间照料中心，形成大中心带动小中心，小中心补充大中心，并且不同的中心侧重功能不同，形成相互的联动机制。具体

方案还在进一步讨论落实中。

④公益唤醒信任。郑州圆方社区服务中心主要开办的公益活动包括两种，一是定期活动，例如联合周边理发店每月向社区居民提供免费理发服务等；二是不定期活动，即联合社区街道和不同的局委组织开展针对老人和小孩的公益活动，至今已举办40余场，例如手绘砖瓦等。通过公益唤醒居民的需求，提高辖区服务对象的依赖度，进而获得他们的信任（图附1-7-1）。

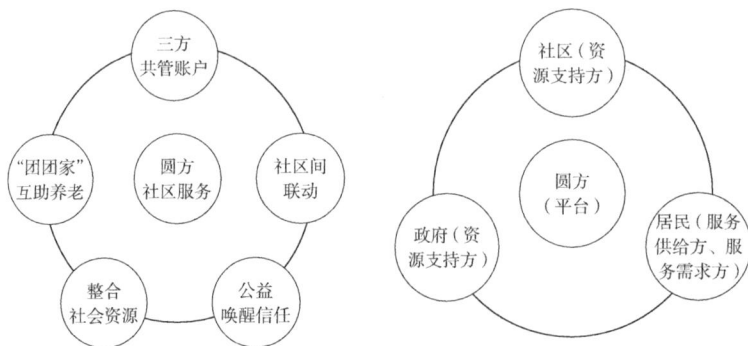

图附1-7-1　圆方社区服务的平台生态圈

3.场地获取过程

（1）场地来源：代书胡同日间照料中心——舒馨苑，位于郑州市人保家属院院内，建筑面积300多平方米，原是中国人保郑州分公司家属院的物业公配房。

（2）获取方式：在老旧小区改造初期，区、办事处、社区工作人员进行多次协调，最终将此房无偿贡献出来。

（3）租赁条件：零租金长期使用。

（4）改造投入：作为社区养老配套用房之一，改造分为两部分：外观改造，包含外部翻新、外墙保温、适老化改造等；内部改造，包含内部装修、铺设防滑地砖、水电气暖管道更换、功能室分区等。最终打造成集一楼张仲景中医理疗、二楼棋牌娱乐等功能室、三楼文娱区于一体的医养结合的社区养老中心。

4.资源整合过程

郑州圆方社区服务中心积极整合社会资源，如周边的理发店、辖区里爱心企业、爱心人士以及愿意承担社会责任的商铺等，通过整合更多的社会资源不断地为社区输血；一方面为社区居民提供更多可靠且高品质的服务，另一方面有利于社会爱心企业承担社会责任或实现商业价值。

圆方搭建社会爱心企业或人士与居民之间的平台，举办公益活动，至今已经举办了四十场，如定期举办的每月一次的免费理发、修脚等活动。舒馨苑一楼的张仲景疗养中心也是圆方与社会爱心企业一起建造出来的。

圆方连接多元产业，整合多方企业资源，组成圆方的信息系统，同时提供开放的信息系统，争取为小区居民提供性价比较高的服务，如在"团团家"互助养老中提供的餐饮服务，经圆方与多家社会企业摸排沟通，如今已签约16家。圆方经过摸排居民意见，进而整合资源，尽力为居民选择性价比最高的服务，其中也不乏社会爱心企业或人士的投资与帮助。

5.与政府及社区沟通

（1）圆方社区服务中心与政府。代书胡同作为郑州首个居家养老试点小区，受到政府的高度关注。各级政府从政策、基础设施建设、资金、管理培训等方面给予了较大的支持，区政府花费大量的心思做摸排调研，引入不同的企业来承担养老的社会责任。

（2）圆方社区服务中心与社区居民。为增加社区和居民的参与感，圆方集团经常与社区共同举办各种活动。首先从公益性出发，增强居民的信任感和对小区物业的认可度，再不断拓展服务内容，构建良性生态，并反哺物业，从而达到可持续发展，并推进社区养老阶段性进展，实现社会价值、商业价值等的统一。

（三）效果体现

1.服务开展情况

（1）服务清单与价目表。圆方物业依托圆方集团和其旗下的雪绒花家政学院，有其专业服务强、运营成本低、终端便利和持续经营等得天独厚的优势，根据《郑州市推动物业服务企业开展居家社区养老服务试点方案》（以下简称《方案》），已形成的收费标准和服务项目服务清单与价目表如表附1-7-1～表附1-7-4所示。

套餐A服务项目清单与价目表　　　　　　表附1-7-1

服务项目名称	服务频次		季度核算	合计金额/元
助洁服务	1次/月	3次/每季度	30×2h×3	180
助医/代办服务	1次/季度		30×2	60
助浴服务	1次(两小时)/季度		80×2	160
合计				400

套餐B服务项目清单与价目表　　　　　　表附1-7-2

服务项目名称	服务频次	季度核算	合计金额/元
助餐服务	中餐/天	15×26	390
合计			390

套餐C服务项目清单与价目表　　　　　　表附1-7-3

服务项目名称	服务频次		季度核算	合计金额/元
助洁服务	4次/月	12次/季度	30×12	360
合计				360

居家养老服务定价情况　　　　　　表附1-7-4

居家服务项目		居家养老服务内容	服务价格
助餐服务	上门做饭(一)	一日三餐：原料购买(材料自费)、清洗、制作、餐后整理	30元/小时(两小时起)
	上门做饭(二)	原料购买(材料自费)、清洗、制作、餐后整理	1800～2500元/月
	站点点餐	提前一天预约，按照约定及时配送到位，达到卫生标准	12元/餐，可定制
	上门送餐	提前一天预约，按照约定及时配送到位，达到卫生标准	15元/餐，可定制
助洁服务	上门理发	上门理发、周边清洁	8元/次
	洗脚、剪指甲	泡脚、洗脚、修剪指甲	30元/次
	家庭卫生	整理家务、清洁房间、整理床单等	30元/小时
助行服务	陪同外出	协助老人在住宅区域内及周边活动	30元/小时
	陪同就医	按照老人及家属嘱托，陪同老人到医疗机构就医(陪同就诊范围：常见病、慢性病复诊、辅助性检查、门诊注射、换药)	30元/小时

居家服务项目		居家养老服务内容	服务价格
助购服务	代购	代购日用品、药品（OTC药品必须出具医生处方购买）	10元/次
	助购	协助老人在住宅及周边区域内进行采购	30元/小时
便民服务	养老护工	尊重老人习惯，协助老人穿衣、口腔清理、排泄护理、个人卫生的整理、温水擦拭、协助翻身等	4000～6000元/月
	中医理疗	对老人进行上门理疗（按摩、拔罐、艾灸等）	50元/次
	家电维修	对独居老人、失独老人、低保老人家的家电进行维修	只收取材料费
	更换水龙头	对独居老人、失独老人、低保老人家的水龙头进行更换	只收取材料费
	暖气检修	对独居老人、失独老人、低保老人家的暖气进行检修	只收取材料费
	更换灯泡	对独居老人、失独老人、低保老人家的灯泡进行更换	只收取材料费
	更换插座	对独居老人、失独老人、低保老人家的插座进行更换和维修	只收取材料费
	血压、血糖测量	帮助老人测量血压、血糖	免费

（2）业务量与收入。目前，圆方物业开设的助餐服务已有十六家进行试点参与，将依据试点情况进行进一步改进。其余服务将视助餐服务的开设情况进行预尝试。

目前，物业费收缴标准为0.5元/平方米，经圆方物业的宣传推广和过硬的服务，收缴率已由先前的30%提升至80%。目前0.3元/平方米补贴的营收账款尚未到账。

（3）第三方评价。圆方物业通过建立"社区居委会""物业公司"和"居民代表"三方共管账户提高了住户参与社区共建的积极性。得到了居民的正向反馈。在解决社区车位不足的实际问题中，通过建立的摇号机制和奖励机制，提高了社区管理的公平性，增强了物业在社区居民中的正面形象。

（4）总体成本收益测算。根据《方案》的成本预测和目前的开展情况，整理如表附1-7-5所示。

成本预测表   表附1-7-5

项目成本	第一年	第二年	第三年	第四年	第五年
固定成本	−979500	—	—	—	—
人员成本	−396000	−396000	−396000	−396000	−396000
日常开支成本	−194400	−244800	−303600	−404400	−538800
总计	−1569900	−640800	−699600	−800400	−934800

其中，固定资产包括装修改造成本，内部设施成本和设备成本（不计折旧）。人力成本包括护工人员成本和配餐人员成本（缺少管理人员成本，人员培训成本）。日常开支成本包括日常开支成本、食材成本和不可预测成本。预测需求配餐服务的老人增长率为35%、36%、38%和41%（借鉴杭州市居家社区养老服务试点的预测数据），通过增长率计算配餐成本增长。

变动收益包括助洁、助餐、普通护理、助浴、智能服务费。由于缺少必要数据，预测结果仅供参考。如表附1-7-6～表附1-7-7所示。

收益预测表   表附1-7-6

服务项目	第一年	第二年	第三年	第四年	第五年	合计
助洁（人次/月）	30	33	42	55	76	1440
助餐（人次/年）	16	22	29	41	57	10800
普通护理（人次/月）	4	5	7	10	14	60000
助浴（人次/月）	40	46	55	67	88	1920
智能服务费（人次/月）	150	193	277	403	571	2400

利润表   表附1-7-7

费用项目	第一年	第二年	第三年	第四年	第五年
政府补贴/元	100000	100000	100000	100000	100000
变动收益/元	984600	1171200	1538160	2085000	2829000
成本总计/元	−1569900	−640800	−699600	−800400	−934800
收益总计/元	892800	1136640	1444080	2217840	3104400
利润总计/元	−677100	495840	744480	1417440	2169600

圆方物业经常通过举办一些公益性活动和来提高小区老人的整体生活水平，如借建党百年庆将公益活动引入社区，每月一期，定期开展类似于免

费理发、修脚等活动，包括节假日活动在内，已经举办过四十场此类的公益活动。

2.场地设施情况

（1）绿化带、停车位等公共场地：如果没人管理，会被居民改成小自留地，把这些公共场所变成自家花园、店铺。

（2）社区公用房：用于居民的活动和物业公益活动的开展，也是互助养老的一个重要平台。

（3）养老用房：主要针对失能老人，经过适老化改造后，为这些老人提供独立的房间和相关的措施，并有负责人照管。

（4）助餐点（食堂）：为辖区里的老人进行配餐，在服务安全健康的这个前提下，提供相应的餐饮服务。

（5）日间照料中心：为老人提供交流场所，比如下象棋、打牌。

（6）理疗馆（医疗保健站）：提供艾灸、针灸、拔罐儿、推拿等服务，社区办事处将护理券分发给老人，老人凭券享受服务。

（7）健身娱乐场所：位于舒馨苑三楼。

（8）图书阅览室：位于舒馨苑一楼。

（9）法律援助站以及更多文化宣传设施在未来规划中。

（10）圆方社工服务中心：服务人员中心。

3.资源拥有情况

圆方集团在试点工作过程中，联合了社区和社会资源，比如周边的理发店，辖区内的爱心企业和商铺；除此之外，政府、物业公司和小区居民也是参与平台生态圈建设过程中拥有的资源，政府专业人士做调研，引入不同的企业，来承担养老的社会责任，同时给予物业公司一定的补贴，鼓励圆方承担社会责任；圆方在其中扮演着连接多方的平台，连接政府、社会企业和小区需要服务的老人，社会企业作为供应方，小区老人作为需求方，被服务的老人提出服务需求，圆方与社会企业对接，给予老人性价比最高的服务。

圆方集团旗下拥有的雪绒花家政学院、圆方物业和在向郑州市民政局管办申请备案的郑州圆方社区服务中心和郑州市圆方社工服务中心，以及达成合作的万安医院、轻建健身俱乐部都是现阶段拥有的资源。同时与服务需求方签订的安全和服务等制度化协议也属于拥有的资源。

4.获得政府及社区支持

在政策、资金、基础设施的建设和管理上，政府给予较大的支持。

郑州市政府对代书胡同社区的翻新与建设提供了大量帮助。面对之前脏、乱、差的居住环境和不健全的治安环境，政府投入了大量的人力、物力、财力改变社区的整体面貌和居住环境，并加大了物业费中政府补贴投入的力度；此外，区政府又做了摸排调研，引入不同企业促进社区基础设施建设，促使企业积极承担社会责任；而且在各级政府的鼓励支持下，圆方集团结合实际情况成立了互助式养老平台，通过盘活闲置社会资源，为老年人安享晚年提供了更加便利的服务。

社区方面，代书胡同社区街道和不同的居委联合会支持物业企业开展公益和文化活动，真正做到了社区主办、人民群众广泛参与；当面临突发状况时，社区工作人员也是坚守在工作一线；在进行社区工作的时候，社区和物业公司共同调动居民的参与性，积极支持相关工作。

（四）经验总结与未来展望

1.试点工作中的创新与亮点

（1）党建引领：红色文化做引领，攻坚克难，建立社区居民好关系，形成"党建引领、党员示范、全员联动、社工一样的党员、党员一样的社工"的工作模式，夯实群众基础。

（2）个性化关怀：针对每个人的情况不同，比如工人、公务员、老师、司机等职业不一样、家庭背景不一样，都有自己的个性，在指定护理计划式更有针对性的指定。

（3）身心并护：不仅在满足老人生物性要求的同时，还要兼顾老人有自由、尊严、社交、心理层面的需求。

（4）自理自持：根据老人个人意志，逐渐增加老人能做到的事，由传统的"我来服务你"变成"我来帮助你"，引导老人尽自己力所能及地做公益事项，实行积分换购有偿服务，从而形成互助互帮的形式，让老人有更多的获得感和尊严感。

2.试点中可复制、可推广的经验

（1）可以复制推广其公益唤醒的方式。即最开始通过公益服务的形式来展现帮助老人养老的真诚态度，让老人放下一些成见，给老人真正实现自主付费养老一个过渡时期和心理建设期。

（2）"互助养老"也很有借鉴意义。各家各户可以根据自身情况，参与到养老服务提供的过程中，改变了传统意义上的一方提供，一方享有的单一模式，增强了社区居民群体之间的互动，也有利于构建和谐社区氛围。

3.试点的总体感想与体会认识

（1）圆方集团一开始针对社区的居民，特别是老人，展开了大量的公益活动和免费服务，拉近与居民的距离，从而获得了居民的信任，这也使得居民对物业的认同感和满意度也不断提高，物业费的收缴率也从不足30%增长到将近80%。物业公司为社区居民服务，居民再反哺物业，并促使物业公司提高服务质量，形成一种商业生态圈，牢牢抓住用户群体的同时也为后面一系列增值服务的创造打下基础。

（2）圆方进行了多方的资源整合，连接了多个服务机构，打通了供需双方的连接，但是如何从这之中找寻丰富自身的盈利空间的途径，实现自身可持续发展，这个问题还尚未解决。

4.下一步的工作计划与设想

目前来说，社区养老模式探索试点走在了政策的前面，大胆尝试，计划先进行一些技术上的陪护和成长，以便积蓄在政策实施契机下得到成长的力量。圆方集团也会继续不断关注政策导向，为国家战略发展实现贡献力量，承担一个企业的责任和担当。为进一步服务好社区内老人，下一步计划也是目前正在筹备开展的"团团家"互助养老，整体形式是在各级政府鼓励支持下，成立互助式养老平台通过对于多余社会资源的盘活，整合社区养老资源为更多老人安享晚年提供更多的服务。作为一种全新的养老模式，它更强调普通居民间相互的帮扶与慰藉，社区内所有家庭都可以成为"互助养老"的供给方，也可以成为"互助养老"的需求方，通过邻里之间的互帮互助提高社区老人的幸福感。"团团家"互助养老将主要以"社区主办，互助服务，群众参与，政府支持"的模式进行推进。这也意味着下一步的工作将更多地同相关社区和政府相联系以获得平台服务支持以及有关政策支持。另外，通过调研等方式摸清社区居民对互助养老的看法，取得他们的理解与支持，获取居民对于"团团家"互助养老模式的建议，以便更好地开展工作。从更长远的设想来看，加强社区内基础养老服务设施的建设以及养老服务人才都是需要进一步提升的地方，从当地政府获得更多的政策等支持也是继续将"物业服务+养老服务"这一模式向前推进所必不可少的。

5.对"物业服务+养老服务"的认识、看法与前景判断

"物业服务+养老服务"的模式主要是通过物业在社区、政府、居民以及养老服务机构之间扮演一个平台的角色，收集整合各方面资源信息和需求以更好地整合养老产业。在更好地为老年人服务的同时，促进养老产业的发展。"物业服务+养老服务"的模式中，物业以轻资产的方式进入养老这个行业，更多的是发挥它的一个平台作用，这也意味着物业所做的更多偏向于资源的盘活和供给双方的信息联系。从前景来看，"物业服务+养老服务"这一模式成型之后，将会在社区、政府、养老服务机构以及物业之间形成一个信息共享、资源共享的一个平台生态圈的结构，相信这种模式能够成为养老行业一个创新型发展模式。

6.对政府的政策建言建议

随着我国人口老龄化状况的加剧，政府对养老问题也越来越重视，相继出台有关政策促进养老行业的发展。而就"物业服务+养老服务"这一模式的推进而言，希望当地政府能够更多地参与其中，物业本身以轻资产这一形式进入，从利润来看，前期很难做到盈亏平衡，而要实现这一模式的顺利推进，政府的补贴政策需要及时到位，以便物业能够更好地发挥平台的作用。另外，政府可以帮助推进社区内养老服务基础设施的建设，为相关的养老服务活动提供场地支持等，对社区内老人提供更多的社会关怀。

7.需外部支持解决的重难点问题

（1）政策落实问题。在代书胡同项目里，专项装修资金已经到位，需要主管部门单位对接民政部门，针对试点项目协调居家养老专项资金。用于改善老年人家庭内部适老化设施的改造，助理智慧化居家养老快速推进。

（2）做好项目周边闲置劳动力培训。协调人社部门，从辖区空余劳动力

中发掘养老从业人员，进行专业培训，"你学技能，我奖励"，毕业合格就能上岗就业。

（3）政府性购买服务。

①我市居家养老服务多为政府性购买服务，但代书胡同项目还没有进行购买服务，需要主管部门对接协调，将居家养老服务快速推进。

②社区主办：街道办事处和社区委员利用相关的政策、资金、社区公共用房，提供公益的平台支持。

③公司连接：圆方集团将自己定位成平台提供方以及资源整合方，对资源供给和资源需求实现对接和匹配。一方面，资源拥有方即拥有闲置住房或闲暇时间的居民获得了收益，增加了收入；另一方面，资源使用方以低成本获得资源，即得到医疗、卫生、娱乐等方面的服务，满足养老需求。同时，实现监管与保障机制，制定相关的规范与标准，并在必要时可对争议介入与调停。

④群众参与：居民承担多重角色，既可以是社区养老的供给方，又可以是社区养老服务的需求方。辖区的居民与老人进行结对服务，居民可在闲暇时间为有需求的老人提供房屋打扫清洁服务，既给提供清扫劳务的居民增加了额外的收入，又满足了老人的清洁服务需求。

（五）试点模式与经验适用性

1.立足普通民宅，老人成为新家庭之一

老人在"团团家"就像在自己家一样，可以干一些力所能及的事情，比如洗菜、帮厨、洗衣等；参与意识和家庭意识浓厚，防止老年痴呆症程度加深。

2.弥补机构养老的短板

传统家庭养老注重老人饮食起居，却忽略了老人心理满足的需求。物业企业可以结合社区现有资源和平台商家，组织志愿者定期对老人进行心理抚慰并开展"老有所说"服务。对于大部分失能和半失能老人来说，机构养老缺乏的是对于家庭的依赖，而社区家庭养老可以弥补这点，儿女在下班之后可以就近看望老人。

3.老人可以充分感受家的氛围

（1）受养老人不脱离社会。传统机构养老相对封闭，对于"团团家"在原有居住地理位置没有发生太大变化，所以他们可以熟悉地参与到社区生活和活动中去。

老人最大的愿望是儿孙满堂，落叶归根。"团团家"收纳的都是周边老人，所以在服务内容中更注重因地而异，个性化服务，在不出小区的情况下，邻里关系和临近关系将对老人发挥很大的心理满足感，让老人更有家的感觉。

（2）老人低消费获得最大满足感。在现阶段以民政部门为主的六部委对此发文，大力发展居家养老服务，对于家庭老床位的多项政策性措施逐步实施（六部委发布《居家社区养老服务的意见》和2021年的郑州市委书记徐立毅调研养老服务工作并主持召开座谈会）等，多项举措政府将兜底式进行居家养老服务，在一定程度上让老人在低消费的情况下最大限度地享受可靠的养老服务。

附录2

中国养老服务体系演变历程

自新中国成立以来，党和政府就在注意养老体系建设和增加养老服务的供给，在城市建立社会福利院，和在农村建立敬老院，政府机构与国有部门（"体制内"）就业单位在养老保障养老服务供给上承担了较多的责任。但由于经济社会发展水平的限制，从新中国一直到改革开放初期，中国养老体系基本上依靠家庭养老，无论城市还是农村。在1980—1999年期间，政府进行了全方位的社会福利体系改革，提倡社会福利社会化，体制内单位对职工的养老服务供给责任被剥离，养老保障养老服务更加依靠个人和家庭（张文娟，2017）。

1994年12月，国家计划委员会、民政部等部门曾联合制定了《中国老龄工作七年发展纲要（1994—2000年）》，提出了养老要坚持家庭养老与社会养老相结合的原则，要求建立社会养老保障制度，增加老年人福利设施和扩大社会化服务范围，但仍然强调家庭养老为主，尤其在农村。1999年10月，党中央、国务院决定成立全国老龄工作委员会。

以按照国际公认的60岁以上老人占人口数量的10%为进入老龄化社会的标准，中国在2000年正式进入老龄化社会。2000年也是我国社会养老服务发展的转折性年份。"十五"期间，社会养老服务体系的框架初步奠定。

2000年2月，国务院办公厅转发民政部等部门《关于加快实现社会福利社会化意见》（以下简称《意见》）的通知（国办发〔2000〕19号），确认了"我国已经进入老龄社会，老年人口基数大，增长快，特别是随着家庭小型化的发展，社会化养老的需求迅速增长"。《意见》提出，到2005年城市中各种所有制形式的养老服务机构床位数达到每千名老人10张左右，普遍建立起社区福利服务设施并开展家庭护理等系列服务项目；农村90%以上的乡镇建立起以"五保"老人为主要对象的社会福利机构。《意见》还要求，各地无论是新区建设还是旧区改造，都应按《城市居住区规划设计规范》(GB 50180—93)的有关规定，将社会福利设施特别是老年人服务设施纳入公共设施进行统一规划。城镇人口不足6万人的街道要设立一处老年人综合福利服务设施，同时附设一处可容纳30名左右老人的养老院；城镇人口超过6万人的街道则要增设新的老年人综合福利服务设施。

2000年8月，党中央、国务院下发了《关于加强老龄工作的决定》(以下简称《决定》)，第一次明确提出要建立家庭养老为基础、社区服务为依托、社会养老为补充的养老机制，逐步建立国家、社会、家庭和个人相结合的养老保障机制。《决定》强调，要加强社区建设，依托社区发展老年服务业，完善社区为老年人服务的功能。《决定》还要求，老年服务业的发展要走社会化、产业化的道路，要鼓励和引导社会各方面力量积极参与、共同发展老年服务业，逐步形成政府宏观管理、社会力量兴办、老年服务机构按市场化要求自主经营的管理体制和运行机制。2000年11月，财政部、国家税务总局发布《关于对老年服务机构有关税收政策问题的通知》(财税〔2000〕97号)，提出要运用税收优惠政策鼓励支持政府部门和社会力量投资兴办福利性、非营利性的老年服务机构。

"十一五"期间，社会养老服务体系得到政府更多重视，养老服务业发展加快，居家养老服务尤其得到专门的重视。

2005年11月，民政部发出《关于支持社会力量兴办社会福利机构的意见》(民发〔2005〕170号)；2006年2月，国务院办公厅转发全国老龄委办公室和国家发展改革委等部门《关于加快发展养老服务业意见》的通知(国办发〔2006〕6号)；2006年11月，民政部和国家发展改革委共同发布的《民政事业发展第十一个五年规划》，在全国城市开展养老服务社会化示范活动，引导和鼓励社会力量参与养老服务。

为进一步凸显对居家养老服务的重视，2008年1月，全国老龄委办公室等十部委发布的《关于全面推进居家养老服务工作的意见》。该意见指出，居家养老服务是指政府和社会力量依托社区，为居家的老年人提供生活照料、家政服务、康复护理和精神慰藉等方面服务的一种服务形式，是对传统家庭养老模式的补充与更新，是我国发展社区服务、建立养老服务体系的一项重要内容。该意见认为，全面推进居家养老服务，是破解我国日趋尖锐的养老服务难题，切实提高广大老年人生命、生活质量的重要出路；是弘扬中华民族尊老、敬老的优良传统，尊重老年人情感和心理需求的人性化选择；是促进家庭和谐、社区和谐和代际和谐，推动社会主义和谐社会建设的重要举措；也是加快发展服务业，扩大就业渠道和促进经济增长的重要途径。该意见要求，积极推动居家养老服务在城市社区普遍展开，同时积极向农村社区推进，力争"十一五"期间全国城市社区基本建立起多种形式、广泛覆盖的居家养老服务网络。力争80%左右的乡镇拥有一处集院舍住养和社区照料、居家养老等多种服务功能于一体的综合性老年福利服务中心，1/3左右的村委会和自然村拥有一所老年人文化活动和服务的站点。该意见强调，发展居家养老服务，必须坚持以下几项原则：坚持以人为本，从老年人实际需求出发；坚持依托社区，在社区层面普遍建立居家养老服务机构、场所和服务队伍，整合社会资源，调动各方面的积极性，共同营造老人居家养老服务的社会环境；坚持因地制宜，结合当地实际，与社区环境和老人的需求相适应，循序渐进，稳步推开；坚持社会化方向，充分调动社会各方面力量参与和支持居家养老服务。

"十二五"期间，社会养老服务体系发展继续提速，这期间对机构养老给予了更多关注，强调养老服务体系要以机构为支撑。

2011年3月，《国民经济和社会发展第十二个五年规划纲要》在第三十六章"全面做好人口工作"的第四节"积极应对人口老龄化"提出，建立以居家为基础、社区为依托、机构为支撑的养老服务体系。加快发展社会养老服务，培育壮大老龄事业和产业，加强公益性养老服务设施建设，鼓励社会资本兴办具有护理功能的养老服务机构，每千名老人拥有养老床位数达到30张。拓展养老服务领域，实现养老服务从基本生活照料向医疗健康、辅具配置、精神慰藉、法律服务、紧急援助等方面延伸。增加社区老人活动场所和便利化设施，开发并利用老人资源。

2011年9月，国务院发布的《中国老龄事业发展"十二五"规划》提出，到2015年，建立以居家为基础、社区为依托、机构为支撑的养老服务体系，居家养老和社区养老服务网络基本健全，全国每千名老年人拥有养老床位数达到30张。并重点发展居家养老服务、大力发展社区照料服务、统筹发展机构养老服务、优先发展护理康复服务。

2011年12月，国务院发布的《社会养老服务体系建设规划（2011—2015年）》对社会养老服务体系的内涵做了界定，"社会养老服务体系是与经济社会发展水平相适应，以满足老年人养老服务需求、提升老年人生活质量为目标，面向所有老年人，提供生活照料、康复护理、精神慰藉、紧急救援和社会参与等设施、组织、人才和技术要素形成的网络，以及配套的服务标准、运行机制和监管制度"。该文件提出，社会养老服务体系建设应以居家为基础、社区为依托、机构为支撑，着眼于老年人的实际需求，优先保障孤老优抚对象及低收入的高龄、独居、失能等困难老年人的服务需求，兼顾全体老年人改善和提高养老服务条件的要求。该文件还对居家养老、社区养老、机构养老的服务内容都做了界定。

党的十八大以来，新一届党的领导对老年工作和养老体系建设给出更高重视。

2012年12月，全国人大常委会审议通过《中华人民共和国老年人权益保障法》修订案明确提出：老年人有从国家和社会获得物质帮助的权利，有享受社会服务和社会优待的权利，有参与社会发展和共享发展成果的权利。国家和社会应当采取措施，健全相关制度，逐步改善保障老年人生活、健康、安全以及参与社会发展的条件，实现老有所养、老有所医、老有所为、老有所学、老有所乐。国家建立和完善以居家为基础、社区为依托、机构为支撑的社会养老服务体系。地方各级政府和有关部门应当采取措施，发展城乡社区养老服务，鼓励、扶持专业服务机构及其他组织和个人，为居家的老年人提供生活照料、紧急救援、医疗护理、精神慰藉、心理咨询等多种形式的服务，应当将养老服务设施纳入城乡社区配套设施建设规划，就近为老年人提供服务；应将养老服务设施建设纳入城乡规划和土地利用总体规划，统筹安排养老服务设施建设用地及所需物资。该修订案于2013年7月1日起正式施行。

2013年9月，《国务院关于加快发展养老服务业的若干意见》（国发〔2013〕35号）要求确保人人享有基本养老服务，同时激发各类服务主体活力，创新服务供给方式，充分发挥社区基层组织和服务机构在居家养老服务中的重要作用，统筹发展居家养老、机构养老和其他多种形式的养老，实行普遍性服务和个性化服务相结合。该意见还要求充分发挥市场机制，逐步使社会力量成为发展养老服务业的主体。要求地方政府支持建立社区为纽带的居家养老服务网络，做到能提供上门为居家老人提供助餐、助浴、助洁、助急、助医等定制服务。还要求支持社区建立健全居家养老服务网点，引入社会组织和家政、物业等企业，兴办或运营老年供餐、社区日间照料、老年活动中心等形式多样的养老服务项目。

"十三五"期间，社会养老服务体系发展的思路有重大变化，淡化机构养老的重要性，不再强调机构养老是服务体系的支撑，而转为提出机构是多层次养老服务体系的补充，更加强调居家社区机构相协调。同时这个时期更突出了医养结合的重要性。

2016年3月，《国民经济和社会发展第十三个五年规划纲要》单独设立了"积极应对人口老龄化"一章，其第二节为"健全养老服务体系"，提出建立以居家为基础、社区为依托、机构为补充的多层次养老服务体系。

2016年5月，中共中央政治局举行了以我国人口老龄化形势和对策为主题的第32次集体学习。习近平总书记指出，我国老年群体数量庞大，老年人用品和服务需求巨大，老龄服务事业和产业发展空间十分广阔，要积极发展养老服务业和老龄产业，构建居家为基础、社区为依托、机构为补充、医养相结合的养老服务体系，更好满足老年人养老服务需求。

2016年12月，国务院办公厅印发了《关于全面放开养老服务市场 提升养老服务质量的若干意见》(国办发〔2016〕91号)，要求加快推进养老服务业供给侧结构性改革，积极引导社会资本进入养老服务业，要求到"到2020年，养老服务市场全面放开，养老服务和产品有效供给能力大幅提升，供给结构更加合理"，养老服务业成为促进经济社会发展的新动能。还特别要求推进居家社区养老服务全覆盖，推进"互联网+"养老服务创新。

在这些政策文件的推动下，同时为响应深入推进简政放权，民政部相继取消了举办养老机构的资金规模限制、验资报告等六方面前置要求；将养老机构内设医疗机构设置审批改为备案制，营利性养老机构改为先照后证管理。与此同时，民政部门着力解决养老机构消防审批、楼层设置限制等问题，放开境外投资者在华投资养老服务，实行同等优惠；持续推进养老服务业各项改革试点，通过建立产业引导基金、发行专项企业债券、实施PPP项目等政策措施，多方引导社会资本投入。2018年7月，国务院常务会议决定取消养老机构设立许可。

2017年10月，党的十九大报告上提出，"按照兜底线、织密网、建机制的要求，全面建成覆盖全民、城乡统筹、权责清晰、保障适度、可持续的多层次社会保障体系。"养老保障体系的建设也要遵循这个要求。

2019年10月，党的十九届四中全会提出"积极应对人口老龄化，加快建设居家社区机构相协调、医养康养相结合的养老服务体系"。2020年10月，党的十九届五中全会首次提出"实施积极应对人口老龄化国家战略"，包括推动养老事业和养老产业协同发展，健全基本养老服务体系，发展普惠型养老服务和互助性养老，支持家庭承担养老功能，培育养老新业态，构建居家社区机构相协调、医养康养相结合的养老服务体系，健全养老服务综合监管制度。

2019年11月，党中央、国务院印发了《国家积极应对人口老龄化中长期规划》，作为中期至2035年、远期展望至2050年我国积极应对人口老龄化的战略性、综合性、指导性文件。该规划提出，坚持以供给侧结构性改革为主线，坚持积极应对、共建共享、量力适度、创新开放的基本原则，走出一条中国特色应对人口老龄化道路；同时明确要求，健全以居家为基础、社区为依托、机构充分发展、医养有机结合的多层次养老服务体系，多渠道、多领域扩大适老产品和服务供给，提升产品和服务质量。

国家发展改革委负责人在对该规划进行解读的时候指出，"我国居家、社区养老服务供给能力不足，养老机构服务供给总量短缺与结构矛盾并存"。该规划也是在这个背景下提出要加大养老服务投入力度，"多渠道、宽领域扩大适老产品和服务供给"。具体措施包括：一是提升居家社区养老品质。建立完善支持居家社区养老的政策体系，鼓励成年子女与老年父母就近居住或共同生活，履行赡养义务、承担照料责任。探索社区互助式养老，鼓励老年人根据喜好及相互约定，自愿开展多种形式的互助式养老。加强社区养老服务设施布局，加快建设分布式、多功能、专业化的社区养老服务设施，制定和完善适老性住宅的建筑标准和规范；二是强化养老服务机构能力。逐步形成以社会力量为主体的养老服务格局。全面放开养老服务市场，支持社会资本投资兴办养老机构，落实同等优惠政策。提高对护理型、连锁型民办养老机构的扶持力度。引导规范金融、地产企业进入养老市场，鼓励养老机构探索各类跨界养老商业模式。推动养老机构将服务逐步延伸至居家社区。扶持引导养老机构聚焦失能失智老年人长期照护。①

近年来，养老服务还经常与社区基础设施和室内的适老化改造结合起来。2020年7月，民政部等九部委联合印发《关于加快实施老年人居家适老化改造工程的指导意见》，对符合条件的特殊困难老人家庭实施居家适老化改造。2020年12月，国家卫生健康委、全国老龄委办公室印发《关于开展示范性全国老年友好型社区创建工作的通知》，正式启动全国示范性老年友好型社区创建工作。截至2020年年底，共对75.7万老年残疾人家庭进行了无障碍改造，为近360万老年人提供公租房保障。

2020年12月，国务院办公厅印发《关于建立健全养老服务综合监管制度 促进养老服务高质量发展的意见》（国办发〔2020〕48号），对养老服务综合监管工作做出部署，为推动养老服务发展提供制度保障。同月，国务院办公厅印发《关于促进养老托育服务健康发展的意见》（国办发〔2020〕52号），要求科学谋划"十四五"养老托育服务体系，促进服务能力提质扩容和区域均衡布局，确保新建住宅小区与配套养老托育服务设施同步规划、同步建设、同步验收、同步交付。并要求强化用地保障和存量资源利用，在年度建设用地供应计划中保障养老托育用地需求，支持各类主体利用存量低效用地和商业服务用地等开展养老托育服务，在城市居住社区建设补短板和城镇老旧小区改造中统筹推进养老托育服务设施建设，支持在社区综合服务设施开辟空间用于"一老一小"服务，探索在社区为老年人开展助餐助行、日间照料、康复护理、老年教育等服务。

---

① 坚持以人民为中心，积极应对人口老龄化——国家发展改革委负责人就《国家积极应对人口老龄化中长期规划》答记者问，中国政府网（2019-11-22）. http：//www. gov.cn/zhengce/ 2019-11/22/content_5454389.htm.

2021年3月,《国民经济和社会发展第十四个五年规划纲要和2035年远景目标规划》第四十五章为"实施积极应对人口老龄化国家战略",其第三节"完善养老服务体系",提出推动养老事业和养老产业协同发展,健全基本养老服务体系,大力发展普惠型养老服务,支持家庭承担养老功能,构建居家社区机构相协调、医养康养相结合的养老服务体系。完善社区居家养老服务网络,推动专业机构服务向社区延伸,整合利用存量资源发展社区嵌入式养老(表附2-1)。

"十四五"规划和2035远景规划中养老服务体系的构建目标　　表附2-1

01	特殊困难家庭适老化改造
	支持200万户特殊困难高龄、失能、残疾老年人家庭实施适老化改造,配备辅助器具和防走失装置等设施
02	社区居家养老服务网络建设
	支持500个区县建设连锁化运营、标准化管理的示范性社区居家养老服务网络,提供失能护理、日间照料以及助餐、助浴、助洁、助医、助行等服务
03	养老机构服务提升
	支持300个左右培训疗养机构转型为普惠养老机构、1000个左右公办养老机构增加护理型床位,支持城市依托基层医疗卫生资源建设医养结合设施

注:来自《国民经济和社会发展第十四个五年规划纲要和2035年远景目标规划》专栏18 "一老一小"服务项目。

2021年5月31日,举行的中央政治局会议强调完善多层次养老保障体系,加快建设居家社区机构相协调、医养康养相结合的养老服务体系和健康支撑体系。

2021年6月17日,国家发展改革委、民政部和卫健委联合发出关于印发《"十四五"积极应对人口老龄化工程和托育建设实施方案》的通知(发改社会〔2021〕895号),实施方案中包括社区居家养老服务网络建设项目、普惠养老城企联动专项行动等行动计划,并给予中央专项预算支持。

2021年6月18日,在民政部举行的《"十四五"民政事业发展规划》专题新闻发布会上,民政部养老服务司李邦华副司长指出,基本养老服务属于基本公共服务,是以政府为主导推行的养老服务。李邦华副司长还表示,建立基本养老服务体系是新时期养老服务工作的重点。"十四五"期间,民政部将从三个方面推进基本养老服务:一是逐步建立养老服务分类发展、分类管理机制，形成基本养老服务与非基本养老服务互为补充、协同发展的新发展格局。二是完善兜底性养老服务。健全城乡特困老年人供养服务制度，有集中供养意愿的特困人员全部落实集中供养。每个县（市、区）至少建有1所以失能、部分失能特困人员专业照护为主的供养服务设施（敬老院），基本形成县乡村三级农村养老服务兜底保障网络。三是发展普惠性养老服务。深化普惠性养老服务改革试点，通过政策工具的综合应用，充分发挥市场在养老服务资源配置中的决定性作用，推动养老服务提质增效，为广大老年人提供价格适中、方便可及、质量可靠的养老服务。[1]

2021年9月26日，民政部部长李纪恒在民政部"全国基本养老服务体系建设推进"电视电话会议上的讲话中指出，要正确理解把握基本养老服务体系的内涵要求，明确"服务谁、服务什么、谁来服务"等关键问题。基本养老服务核心目的是从制度上保障全体老年人的基本生存发展权，保证全体老年人在享受基本养老服务上机会均等、规则公平；基本养老服务应当以满足失能照护需求为核心，以保障生活安全为底线并动态调整，避免老无所养、老无所依，防止出现冲击社会道德底线的现象；基本养老服务应突出政府供给保障的主体地位并发挥市场、社会、家庭和老年人自身作用，通过政府主导、家庭尽责、市场和社会参与的有机统一，让所有老年人都能享受到基本的养老服务保障。[2]2021年9月27日，《中国社会报》对这次会议的报道采用的标题是"探索建立覆盖全体、普惠均等、权责清晰、保障适度、可持续发展的基本养老服务体系"。[3]

---

[1] 民政部举行《"十四五"民政事业发展规划》专题新闻发布会，国务院新闻办网站，2021-6-18. http：//www.scio.gov.cn/xwfbh/gbwxwfbh/xwfbh/mzb/Document/1707098/1707098.htm.

[2] 民政部召开全国基本养老服务体系建设推进电视电话会议，中国政府网，2021-9-27. http：//www.gov.cn/xinwen/2021/09/27/content_5639531.htm.

[3] 探索建立覆盖全体、普惠均等、权责清晰、保障适度、可持续发展的基本养老服务体系——全国基本养老服务体系建设推进电视电话会议交流材料摘编，中华人民共和国民政部网站，2021-9-27. http：//www.mca.gov.cn/article/xw/mtbd/202109/20210900036888.shtml.

2021年10月18日，民政部办公厅、财政部办公厅联合发出《关于组织实施2021年居家和社区基本养老服务提升行动项目的通知》(民办函〔2021〕64号)。通知中公告了两部门共同确定北京市朝阳区等42个地区实施2021年居家和社区基本养老服务提升行动项目，并给予中央专项彩票公益金支持，其中两项重点任务是为60周岁（含60周岁）以上的经济困难失能和部分失能老年人建设家庭养老床位、提供居家养老上门服务。建设家庭养老床位包括根据老年人居家养老需求，对老年人住所进行地面、卧室、如厕洗浴设备、物理环境等的适老化改造，配备网络连接、紧急呼叫、活动监测等智能化设备，并针对老年人身体状况配备助行、助餐、助穿、如厕、助浴、感知类老年用品。居家养老上门服务包括：通过购买服务等方式，鼓励引导养老机构、社区养老服务机构为老年人提供助餐、助洁、助行、助浴、助医、康复、护理、巡访关爱等居家养老上门服务，并明确发展目标、惠及人群、服务内容、质量监管等。

2021年11月20日，《经济日报》刊出的民政部养老服务司司长俞建良访谈中提出：民政部力争到2025年，实现基本养老服务体系更加完备，基本养老服务对象、服务内容、服务标准、服务方式、要素保障、质量监管等更加明确规范。力争到2035年，全面建成覆盖全体老年人，权责清晰、保障适度、可持续的基本养老服务体系，中国特色养老服务体系成熟定型。[①]

2021年11月24日，《中共中央 国务院关于加强新时代老龄工作的意见》发布。该意见明确要求，充分发挥政府在推进老龄事业发展中的主导作用，社会参与，全民行动，提供基本公益性产品和服务。同时要求，充分发挥市场机制作用，提供多元化产品和服务，注重发挥家庭养老、个人自我养老的作用，形成多元主体责任共担、老龄化风险梯次应对、老龄事业人人参与的新局面。该意见强调，坚持应对人口老龄化和促进经济社会发展相结合，坚持满足老年人需求和解决人口老龄化问题相结合，确保各项政策制度目标一致、功能协调、衔接配套，努力实现老有所养、老有所医、老有所为、老有

---

① 我国养老服务体系建设进展如何 未来有何发展方向[N].经济日报，2021-11-20.
http://health.people.com.cn/n1/2021/1120/c14739-32287421.html.

所学、老有所乐，让老年人共享改革发展成果、安享幸福晚年。该意见重申，构建居家社区机构相协调、医养康养相结合的养老服务体系和健康支撑体系。同时要求，大力发展普惠型养老服务，促进资源均衡配置；推动老龄事业与产业、基本公共服务与多样化服务协调发展，统筹好老年人经济保障、服务保障、精神关爱、作用发挥等制度安排，推动老龄工作重心下移、资源下沉，推进各项优质服务资源向老年人的身边、家边和周边聚集。该意见明确提出，创新居家社区养老服务模式，以居家养老为基础，通过新建、改造、租赁等方式，提升社区养老服务能力，着力发展街道（乡镇）、城乡社区两级养老服务网络，依托社区发展以居家为基础的多样化养老服务。并把具体任务分解为地方政府负责探索并推动建立专业机构服务向社区、家庭延伸的模式，街道社区负责引进助餐、助洁等方面为老服务的专业机构，社区组织引进相关护理专业机构开展居家老年人照护工作。该意见要求各级政府要培育为老服务的专业机构并指导其规范发展，引导其按照保本微利原则提供持续稳定的服务。《意见》还特别提出，充分发挥社区党组织作用，探索"社区服务+物业服务+养老服务"模式，增加居家社区养老服务有效供给。该意见同时指出，各地要根据财政承受能力，制定基本养老服务清单，对健康、失能、经济困难等不同老年人群体，分类提供养老保障、生活照料、康复照护、社会救助等适宜服务。[①]

---

① 《中共中央 国务院关于加强新时代老龄工作的意见》，中国政府网，2021-11-24.
http：//www.gov.cn/zhengce/2021-11-24/content_5653181.htm.

中国养老服务的公共资金来源、保险与补助

　　中国大多数养老服务的政府补贴资金来自福利彩票公益基金（葛蔼灵等，2018）。民政部报告，从 20 世纪 80 年代中期到 2010 年，大约五分之三的全国养老福利支出来自福利彩票公益基金，而地方政府承担了大约四分之一的支出，其他资金来源占比约为 15%（葛蔼灵等，2018）。福利彩票公益基金的资金来自福利彩票和体育彩票的收益。2010—2014 年这两种彩票的名义总收入增加了两倍多，2014 年福利彩票收入为 2060 亿元人民币，体育彩票收入为 1750 亿元人民币。根据相关规定，中央和省级政府平分福利彩票公益基金收入，但省级基金必须用于公益事业。大约一半的福利彩票基金（非体育彩票基金）用于各种养老福利项目和活动。2014 年，全国各省级政府将福利彩票公益基金中的共计约 180 亿元人民币的资金拨款用于养老服务。2014 年，留存中央的彩票收益中，养老福利支出共计 9 亿元人民币，约占福利彩票公益基金的 1%～1.5%。

　　2010 年，中国用于养老服务公共支出的资金占 GDP 的 0.02%～0.04%。此外，部分养老服务（如卫生保健、康复、护理服务）被医疗保险体系和卫生预算所覆盖，但是对于长期照护服务支出没有可靠的估计。

　　养老体系需要有支付保障作为支撑。为此在构建社会化养老服务体系的同时，中国政府还给符合资格的老年人各种补贴。根据国家卫健委发布的《2020 年度国家老龄事业发展公报》，截至 2020 年年底，全国共有 3853.7 万老年人享受老年人补贴。其中，享受高龄补贴的老年人为 3104.4 万人，享受养老服务补贴的老年人为 535.0 万人，享受护理补贴的老年人为 81.3 万人，享受综合老龄补贴的老年人为 132.9 万人。2020 年，全国共支出老年人

福利经费517亿元。

近年来，我国有不少城市开始试点长期护理险（"长护险"）。2020年9月，国家医保局会同财政部印发《关于扩大长期护理保险制度试点的指导意见》，将试点城市从之前的14个扩大到28个。2020年，试点城市长期护理保险参保人数为1.08亿人，基金收入为196.1亿元，基金支出为131.4亿元，长期护理保险定点护理服务机构为4845个，护理服务人员数为19.1万人。自长护险试点以来至2020年年底，累计享受待遇人数为136万人。

与此同时，老年人还受到养老保险体系的保障。截至2020年年底，全国参加基本养老保险人数为99865万人，参加城镇职工基本养老保险人数为45621万人。其中，参保职工32859万人，参保离退休人员12762万人。城乡居民基本养老保险参保人数54244万人。其中，实际领取待遇人数16068万人。基本养老保险待遇水平稳步提高。2020年，城乡居民基本养老保险月人均待遇水平约170元，比上年增长了6%。多层次养老保险制度逐步完善。截至2020年年底，全国31个省份和新疆生产建设兵团全部实现企业职工基本养老保险基金省级统收统支。企业职工基本养老保险基金中央调剂比例提高到4%，基金调剂规模为7300多亿元。全国有10.5万户企业建立了企业年金，参加职工2717万人，年末企业年金基金累计结存2.25万亿元。越来越多的贫困老年人得到城乡居民养老保险体系的保障。2020年3014万贫困老年人享受城乡居民养老保险待遇，全国6098万符合条件的建档立卡贫困人口参加基本养老保险，基本实现应保尽保。

截至2020年年底，全国城市最低生活保障对象805.3万人。其中，60周岁及以上老年人为147.6万人，占比达18.3%；全国城市最低生活保障平均标准为每人每月677.6元。全国农村最低生活保障对象为3621.5万人，其中60周岁及以上老年人为1338.6万人，占比达37%；全国农村最低生活保障平均标准为每人每年5962.3元。全国城市特困人员救助供养31.1万人，其中60周岁及以上老年人21.3万人，占比达68.3%。全国农村特困人员救助供养446.5万人，其中60周岁及以上老年人366.3万人，占比达82%。

国际居家社区养老体系与案例经验

1.国际上居家社区养老代表性模式

国际上具有代表性的社区养老模式包括日本模式、美国模式、英国模式（沈轶，2016）。

日本主推"小规模多机能的社区养老"。日本有很多小规模的社区养老院，床位一般在20～30张，提供的养老服务是"多机能"的：可以是24小时的入住照顾，也可以是白天的日托服务或居家上门服务。日本现在并不主张盖大型养老院，而是强调老人们在自己的家中和社区中养老，与社区互动。养老服务"多机能化"已成为一种趋势，在全日本已经有3.7万个"老人日托"机构，大量日托机构还以直营和连锁方式不断扩张。DHC是日本著名的化妆品公司，他们也在进军社区日托机构这一领域。在为老人提供护理服务的同时，还以免费的化妆服务吸引客户。

美国社区养老注重"品质养老"。美国拥有目前世界上最大的非营利性质的老年照顾机构"居家养老院"，在50个州有5000个社区分支机构，拥有美国最庞大的义工队伍，每天都有80万～120万名义工为老人送餐。在美国，社区具备强大助老功能，约有50%的老人住在类似家一样环境的生活社区进行养老。在美国，养老社区一般分为四类：生活自理型社区、生活协助型社区、特殊护理社区以及持续护理退休社区（Continuing Care Retirement Community，CCRC）。一般地，社区与医院和专业护理机构均有紧密合作。其中，生活自理型社区主要面向年龄在70～80岁之间、生活能够自理的老人。生活协助型社区主要面向80岁以上、没有重大疾病，但生活需要照顾的老人。社区提供包括餐饮、娱乐、保洁、维修、应急、短途交通、定期体检等基础服务，并可通过付费方式享受其他生活辅助服务、用药管理及阿尔茨海默病（老年痴呆症或老年失智症）的特殊护理。特殊护理型社区主要面向有慢性疾病的老人、术后恢复期的老人及记忆功能障碍的老人，社区内设有专业护士，提供各种护理和医疗服务。持续护理退休社区面向那些退休不久、当前生活能够自理、但不想由于未来生活自理能力的下降而被迫频繁更换居所的老人。为了实现对入住老人的持续护理服务，此类社区一般是生活自理单元、生活协助单元与特殊护理单元的混合。

以上四种模式，生活协助型社区在过去几年发展最快。目前，全美共有1900处持续护理退休社区，但82%为非营利性组织所有。其中，相当一部分是从传统养老院转型而来的。对于营利性的养老社区运营商来说，生活协助型社区的占比通常在50%以上，而持续护理退休社区占比一般不到10%。

英国社区养老强调人性化。其主要内容包括：第一，起居照料（饮食起居的照顾、打扫卫生、代为购物等）。第二，物质支援（提供食物、安装设施、减免税收等）。如政府对65岁以上的纳税人给予适当的纳税补贴，住房税也相应减少。第三，心理支持（治病、护理、传授养生之道等）。如保健医生上门为老年人看病，免处方费；政府还规定为老年人提供视力、听力、精神等方面的特殊服务。第四，整体关怀（改善生活环境、发动周围资源予以支持等）。如由英国政府出资兴办具有综合服务功能的社区活动中心，为老年人提供一个娱乐、社交的场所。另外，也有一些志愿工作可供老年人参与，目前英国约有20%的老年人参加各类志愿者组织。英国社区照顾的体系完整，这种多主体、多层次的服务体系更加人性化，提高了老年人的生活质量。

2.美国安乐居PACE：社区中心＋全方位养老服务项目

PACE英文全名为"Program of All-inclusive Care for the Elderly"，中文有翻译为"全方位养老服务项目"（安乐居）（葛蔼灵等，2018），也有译为"老人护理全包计划"，是美国的一个针对老年人的社区综合医疗护理救助项目。

PACE模式最初起源于1970年年初美国旧金山的On-Lok养老服务中心。

On-Lok起初是一个结合了医疗、养老和护理于一身的华人社区日间照料中心，1979年在旧金山市政府支持下，通过一个跨学科的团队，探索试行一个全面的社区医疗和居家养老服务模式。该跨学科团队为老年人制订和管理养老计划，包括社区和家庭（如有必要）医疗保健以及非医疗服务。鉴于安乐居项目在降低老年人住院率或养老服务设施需求方面的成功，该项目得到了政府的支持，并于1986年被命名为全方位养老服务项目（PACE）。随着不断发展壮大和模式的不断成型，PACE已经推广到了全美各地，目前在美国已有139个服务机构运营着272个服务中心，覆盖31个州。

安乐居所管理的组织能够提供各种服务，包括安乐居、社区中心、安乐代际传承计划以及三种经济适用房的开发，是一个全面的、类似保险计划的长期医疗照护计划。在PACE项目中，州政府会为那些维护老年人健康的地方运营商报销相关支出。尽管政府购买服务，但是PACE服务提供方享有高度自治权，他们的服务和养老计划会根据社区居民的类型来量身定制，设计独特。PACE模式注重老年人的自助，并且鼓励年轻的退休人员提供志愿服务。

该项目内有包括全科医生、专科医生、护士、药剂师、康复师、理疗师、营养师、家庭护理助手、社工、驾驶员等在内的多专业综合的人员，可以为体弱多病、居住在社区内的老人提供全面的医疗和社会服务等"打包式"服务，可以在社区内满足老年人的医疗保健需求，而不用去疗养院或其他护理机构。

PACE服务的申请资格：55岁以上的老人；需要居住在PACE的服务区内（目前美国有139个PACE机构，分布在31个州，一共有272个服务区）；经所在州认证需要入住护理院，但是在PACE的护理下可以在社区安全生活的老人；同时该服务要求，申请者签订PACE的服务之后，必须放弃使用之前的医生，转而使用PACE服务内的医生。在PACE接受服务的老年人的身体状况与疗养院中的老人相类似。接受PACE服务的人中49%患有痴呆症，即便痴呆症的护理要求很高，但依旧有90%的老人依旧愿意在所在的社区接受PACE服务。

PACE的经费来源主要来自公共医疗保障计划。美国有两大公共医疗保障计划：Medicare 和 Medicaid。Medicare 是美国最早的医疗保险制度，由美国联邦政府开办，为 65 岁以上的老人或者满足一定条件（残疾、晚期肾病患者）的 65 岁以下老人提供医疗保障，属于老年及残障健康保险；Medicaid 是对低收入群体或者低收入家庭所提供的医疗健康保障项目，由联邦政府和各州共同出资，属于医疗补助的一种，多支付于长期照护服务。

PACE 服务的经费就来自 Medicare 和 Medicaid 的预期按人头支付的费用。在某些情况下，还通过私人保费提供资金。PACE 组织每个月都会收到符合条件的登记者的每月按人头付款的经费，并将这些资金合并到一个公共资金池中。这种按人头融资的资金使 PACE 组织能够提供参与者需要的所有服务，而不仅限于根据医疗保险和医疗补助按服务收费系统可报销的服务。

作为交换，PACE 组织为所有登记者需要的医疗保健服务承担全部财务风险。其中，接受 PACE 服务的老年人，一般要求拥有 Medicare 或者 Medicaid 一项保险。如果申请者拥有 Medicaid，就不需要交付 PACE 项目中的长期护理的费用；如果申请者只有 Medicare 保险，就需要支付 PACE 项目中的长期护理的费用和处方药保险 D 部分的费用；如果同时拥有两项保险，就大部分的医疗保健费用都会被保险承保；如果老年人没有 Medicare 或 Medicaid，他们可以选择自费支付 PACE 每月费用。

注：本附录资料主要来自网络，来源较多，难以一一列出，仅供参考。

国内居家社区养老体系与案例经验

■ 一、上海：居家养老的首创和社区嵌入式养老的探索

上海从"十一五"开始，就在全国率先提出并开始构建以"居家为基础、社区为依托、机构为支撑"的"9073"养老服务格局。在全国范围内，居家养老服务的概念是从上海首先起步的，社区养老服务的探索也是上海较早提出的。

上海养老服务格局不断在改革创新实践中得到完善。2014年，上海进一步提出，到2020年要全面建成涵盖养老服务供给、服务保障、政策支撑、需求评估、行业监管"五位一体"的社会养老服务体系。2015年年初，上海在全国率先实施老年照护统一需求评估。

2020年年末，上海全市共有养老床位15.7万张，较"十二五"末增长24.6%，"一床难求"矛盾基本缓解。在中心城区大力推进社区嵌入式养老，累计建成320家"枢纽型"社区综合为老服务中心，实现街镇全覆盖，并向片区延伸；建成老人照护之家204家。还有758家老年人日间服务中心（月服务1.5万人）、1232个老年助餐服务场所（月服务人数约12万人）、6223家标准化老年活动室（日均活动24万人），并有259家社区养老服务组织为老年人提供居家上门照护服务，完成5000户困难老年人家庭适老化改造。上海还建立了5.4万名的社区工作者队伍，推行养老顾问、救助顾问、公益顾问等社区民生顾问制度。

上海养老服务中的支付保障日益成型，已经建立普惠型老年综合津贴制度、持续实施养老服务补贴制度、试点长期护理保险制度。2015年，上

海市民政局印发了《关于调整本市养老服务补贴政策有关事项的通知》，进一步明确了老年照护等级评估，有照护需求的"三低一高一无"老年人，可申请养老服务补贴并享受相应待遇。具体对象为：一是城乡最低生活保障家庭中的老年人，享受全额的养老服务补贴；二是本人及其配偶家庭人均收入高于本市城乡最低生活保障标准、低于本市城乡低收入家庭标准的老年人，享受80%的养老服务补贴；三是80周岁及以上、本人月收入高于本市城乡低收入家庭标准、低于本市上一年度城镇企业月平均养老金的老年人，享受50%的养老服务补贴；四是上述对象中，无子女或90周岁及以上高龄的老年人，在原待遇基础上再叠加享受20%的养老服务补贴。补贴标准根据老年人的照护等级确定，由服务时数及服务单价构成，并建立了服务单价与全市最低小时工资标准联动的机制。

2016年以来，上海已为本市426.62万老人发放"老年综合津贴"257.05亿元。2018年起上海全面试点"长期护理保险"制度，2020年有41.7万老人接受服务，占全市老年人口的8%。上海还积极实施"养老服务补贴"制度，为近8万名低保、低收入以及80岁以上特定困难的老人提供养老支持，每年财政支出约6亿元。①

（一）上海居家养老服务的创立与演进

20世纪末，上海有静安寺街道等少数几个街道开始试点提供居家养老。2000年上半年起，上海在6个中心城区的12个街道开展了居家养老服务试点，当年服务人数305人。以这个为发端，上海在全国创新性地提出"居家养老服务"的概念，越来越多的街道社区陆续开展以家庭为核心、以社区为依托，以为老年人提供日间照料、生活护理、家政服务、精神慰藉为主要内容，由政府出资为特殊困难老年人购买服务的居家养老服务工作。

在试点时期，以居家养老服务券的形式来兑现政府补贴。手持这些纸质形式服务券，符合条件的老年人可以请助老员上门打扫卫生然后与社区进

---

① "2021养老服务产业高峰论坛"：探讨如何构建人民城市的养老服务中新网上海 http://www.sh.chinanews.com/shms/2021-06-09/88207.shtml.

行结算，可以去小区里的理发店享受免费理发服务，也可以在洗衣房里清洗大件衣物或是在社区老年食堂换取一餐饭。上海推出的居家养老服务券，在全国居家养老服务上开创了政府引导市场开展养老服务的先河。

2004年，社区居家养老服务首次列入上海市政府实事项目，并与当年开展的"万人就业项目"联动，居家养老服务补贴经费也首次列入市政府财政预算，居家养老服务开始项目化运作，并在全市范围展开，服务项目不断拓展。在经过三年的推广阶段之后，随着居家养老服务覆盖面扩大的同时，上海及时出台了《关于全面推进居家养老服务的意见》《关于进一步推进深化居家养老服务工作的通知》等文件，并在2005年年底制定了一份《养老服务需求评估标准》，把服务对象从社会孤老、高龄老人、部分困难老人等5类人群扩展到了70周岁以上低收入且生活不能自理的老年人、70周岁以下低保且生活不能自理的老年人，并按照统一标准开展老年人身体状况评估，经评估属于经济困难且生活自理困难的老人，由公共财力提供服务补贴，具体以服务券形式兑现，补贴标准根据照料等级分为轻度300元/（月·人）、中度400元/（月·人）、重度500元/（月·人）。

2006年，《上海老龄事业发展"十一五"规划》提出：继续深化助餐、助行、助洁、助急、助浴、助医等各类助老活动，充分利用社会化运作机制，不断扩展政府购买服务项目，调动社会为老服务资源，为广大老年人提供优质高效的服务。"六助"内涵由此予以明确。此后，依托社区资源，逐渐形成了以"六助"为主要内容的项目化服务，建立起全市的居家服务网络。

2010年2月，上海在全国率先发布《社区居家养老服务规范》DB31/T 461—2009地方标准，明确社区居家养老服务对象为60周岁及以上有生活照料需求的居家老年人，服务内容包括生活护理、助餐、助浴、助洁、洗涤、助行、代办、康复辅助、相谈、助医十大项服务内容，进一步将从"六助"服务拓展到"十助"服务。同时，在上海民政局的配套政策解读中指出，按照现行政策规定，60周岁及以上，低保、低收入的本市户籍老年人，经评估，照料等级为轻度、中度、重度的，按属地化原则，可分别享受轻度300元/月、中度400元/月、重度500元/月的服务补贴。80周岁及以上、独居或纯老家庭中、本人月养老金低于全市城镇企业月平均养老金的本市户籍城镇老年人，经评估，照料等级为轻度、中度、重度的，在本人承担50%居家养老服务费用的前提下，按属地化原则，可分别享受轻度150元/月、中度200元/月、重度250元/月的服务补贴。

一系列政策文件，从制度上明确了居家养老服务的对象、范围、补贴标准等。同时，通过采用政府购买服务的方式，让更多有专业背景、有技术人员的社会组织和团体成为服务的供给方，推动上海的居家养老服务从低层次的"买汰烧"向更具含金量的生活照护、专业配餐、心理咨询、康复理疗等方向发展，服务对象在增多，服务内容在细化，服务水平在提高。2015年6月，上海市民政局发布了《社区居家养老服务规范实施细则（试行）》（沪民老工发〔2015〕4号），对"十助"服务内容及要求进一步细化，增强实用性和可操作性。

截至2016年年底，上海共有社区助老服务社213家，社区居家养老服务人员近2.6万名，为31.87万名老年人提供社区居家养老服务。其中，12.66万老年人经评估得到政府提供的养老服务补贴，约占服务总人数的40%；另有19.21万老年人自费购买服务。2020年年底，上海有259家社区养老服务组织为老年人提供居家上门照护服务（图附5-1-1、表附5-1-1）。

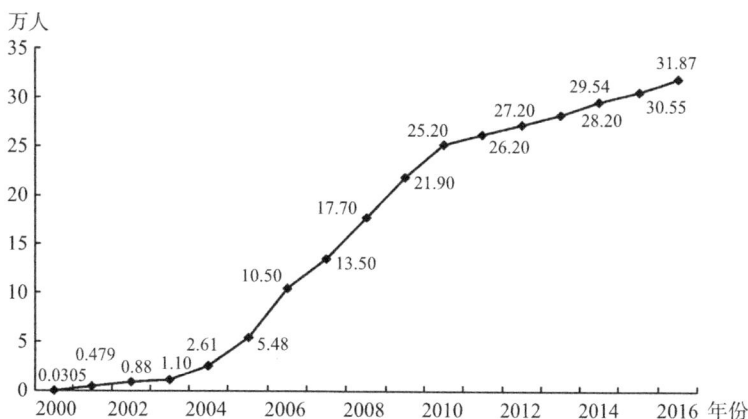

图附5-1-1　上海居家养老服务人数增长情况（2000—2016年）

资料来源：《大城养老》。

上海社区居家养老服务的规范细则（2015）　　　　　　表附 5-1-1

生活护理	个人卫生护理	服务内容	个人卫生包括洗发、梳头、口腔清洁、洗脸、剃胡须、修剪指（趾）甲、洗手、洗脚、沐浴等护理项目
		服务要求	①洗发 控制水温至40～45℃，防止水流入眼睛及耳朵； 用指腹揉搓头皮及头发，力量适中，避免抓伤头皮； 洗净后吹干头发，防止受凉。 ②梳头 由发根到发梢梳理，动作轻柔； 宜选择圆钝的梳子； 鼓励老年人每天多梳头，起到改善头部血液循环等作用。 ③口腔清洁 老年人戴有活动性义齿的，先取下义齿后再进行口腔清洁； 操作时擦拭手法正确，擦拭时切忌伤及口腔黏膜及牙龈； 擦拭时棉球（或纱布）不应过湿，防止引起呛咳。 ④洗脸 水温适宜，擦洗动作轻柔； 颜面部干净，口角、耳后、颈部无污垢，眼部无分泌物； 眼角、耳道及耳廓等褶皱较多部位重点擦拭； 洗脸后适当涂抹润肤霜，防止干燥。 ⑤剃胡须 保持颜面部无长须； 剃须用具保持清洁； 涂剃须膏或用温热毛巾敷脸，软化胡须； 动作轻柔，防止刮伤皮肤； 剃完后用温水擦拭干净，适当涂抹润肤霜； 定期消毒、更换剃须刀片，避免细菌滋生。 ⑥修剪指（趾）甲 保持无长指（趾）甲； 动作轻柔，防止皮肤破损； 修剪后指（趾）甲边缘用锉刀轻磨。 ⑦洗手、洗脚 洗手、洗脚用具分开，即时清洗； 将手（脚）放入调节好水温的脸盆或水桶中充分浸泡； 用适量肥皂或洗手液细致擦洗，去除手（脚）部污垢和死皮，动作轻柔； 洗后适当涂抹润肤霜，防止干燥。 ⑧沐浴 水温控制在40～50℃，室温（24±2）℃，先面部后躯体，注意观察老年人身体情况，发现异常及时处理； 沐浴前有安全提示，忌空腹或饱餐时沐浴，忌突然蹲下或站立； 沐浴前水温调节适宜，先开冷水，再开热水；

	个人卫生护理	服务要求	沐浴时取舒适、稳固的座位，肢体处于功能体位，沐浴后身上无异味、无污垢，皮肤干洁； 沐浴过程中应有家属或监护人在场，防跌防烫伤。注意防寒保暖、防暑降温及浴室内的通风
生活护理	生活起居护理	服务内容	生活起居包括协助进食、协助排泄及如厕、协助移动、更换衣物、卧位护理等护理项目
		服务要求	①协助进食 用餐前老年人和服务人员须洗手； 对有咀嚼和吞咽功能障碍的老年人，要将食物切碎、搅拌； 喂食时服务人员位于老年人侧面，由下方将食物送入口中； 每次喂饭前应先协助老人进汤或水； 协助进食时让老年人有充分时间咀嚼吞服，防止呛噎； 进食完毕后用清水漱口。 ②协助排泄及如厕 对有能力控制便意的老年人适时提醒如厕，对行动不便的老年人扶助如厕及协助使用便器； 对失禁的老年人及时更换尿布，保持皮肤清洁干燥，无污迹； 对排泄异常的老年人观察二便的性状、颜色、排量及频次，做记录； 便器使用后即时倾倒，污染尿片即时置于污物桶内，防止污染环境； 保护老年人隐私。 ③协助移动 器具性能良好，轮椅制动稳固，轮椅制动后定点放置； 将轮椅靠近老年人身体健侧，轮椅与床或椅子呈30°～40°，固定轮椅，将老年人稳妥地移到轮椅或椅子上，叮嘱老年人扶好轮椅扶手； 动作轻柔，为坐轮椅的老年人固定好安全保护带。 ④更换衣物 了解老年人的肢体功能，注意更换的顺序； 保持肢体在功能位范围内活动，防止牵拉受损，防跌倒、坠地； 根据老年人意愿及时更换衣物； 保护老年人隐私。 ⑤卧位护理 根据不同的身体状况及护理要求调整老年人体位； 翻身后适当按摩受压部位； 保持姿势稳定，并在受压部位垫海绵垫、气垫或垫衬枕头等； 翻完身后整理床单位，各肢体关节保持功能位； 保护老年人隐私

续表

助餐服务	集中用餐	服务内容	集中用餐是指老年人到社区助餐点集中就餐
		服务要求	①助餐点的设置符合《中华人民共和国食品卫生法》的相关规定。 ②配置符合老年人特点的无障碍设施，配备满足老年人助餐服务需求的膳食设备（保温设备、消毒设备、必要的炊事用具和餐桌椅等）。 ③在醒目处公示助餐服务时间、服务须知等，保持内外环境及餐桌整洁，餐具须每餐消毒一次（不得使用化学消毒剂）。 ④助餐员须经体检合格取得健康合格证后才能从事膳食服务工作，每年定期体格检查一次，有记录；注意个人卫生，勤洗手、勤理发、勤剪指甲，保持工作服清洁。 ⑤尊重老年人的饮食习惯，做到荤素搭配、干稀搭配、粗细搭配合理，每周有食谱。 ⑥给予老年人充分的用餐时间，服务过程细致、周到、亲切；注意观察老年人用餐安全，发现异常及时处理
	上门送餐	服务内容	上门送餐是指由助餐点或供餐单位派遣专人使用具有统一标识的送餐运输工具将膳食送至老年人家中
		服务要求	①使用具有统一标识的送餐运输工具将膳食送至老年人家中。 ②提前一周为老年人预定膳食，并做记录。 ③送餐途中确保食物的卫生、清洁、保温。 ④送餐时核对老年人的姓名、菜品及数量，确定无误后签收，服务时礼貌、周到、细致
助浴服务	上门助浴	服务内容	上门助浴是指由服务人员上门协助老年人沐浴
		服务要求	①根据老年人身体状态确定助浴次数，时间以15～30分钟为宜，防跌防烫伤，注意防寒保暖、防暑降温及浴室内的通风。 ②水温控制在40～50℃，室温（24±2）℃，先面部后躯体，注意观察老年人身体情况，发现异常及时处理。 ③沐浴前有安全提示，忌空腹或饱餐时沐浴，忌突然蹲下或站立。 ④沐浴时取舒适的肢体功能位，沐浴后身上无异味、无污垢，皮肤干洁。 ⑤沐浴过程中应有家属或监护人在场
	外出助浴	服务内容	外出助浴是指选择具有相应资质的公共洗浴场所协助老年人沐浴
		服务要求	①选择具有相应资质的公共洗浴场所协助老年人沐浴。 ②根据老年人身体情况准备手杖、助行器、轮椅，或其他辅助器具。 ③备齐外出沐浴需携带的洗发露、沐浴露、毛巾、换洗衣物等用品。 ④沐浴要求同"上门助浴"①～④
	居室保洁	服务内容	居室保洁是指服务人员上门为老年人提供居室清洁服务
		服务要求	①卧室、客厅整洁，地面洁净，无水渍、污渍，垃圾篓外观干净，篓内无垃圾。 ②厨房洁净，抽油烟机外表无油污。 ③卫生间马桶、浴缸、面盆洁净无异味，镜面无水雾

助洁服务	居室保洁	服务要求	④窗面无印痕，洁净光亮，阳台入室台阶、扶手、栏杆无灰尘。 ⑤注意操作安全，踩梯作业时防止磨损地面、碰损室内的物品。 ⑥清洁时应按照由里到外，由上至下的程序完成，完工后重新检查一次服务质量，防止疏漏
	物品清洁	服务内容	物品清洁是指服务人员上门为老年人提供物具清洁服务
		服务要求	①整理被褥、枕头、床单及床上用品，按季节及时更换被褥且翻晒，夏季凉席每日擦一次。 ②家具表面无尘，居室物品洁净、摆放有序，沙发巾、靠枕、揽枕摆放整齐。 ③清洁需移动物品时，须征得老年人或家属同意后方可移动，清洁完后第一时间将物品复原位。 ④清洁用具及时清洗、消毒，保持清洁
洗涤服务	集中送洗	服务内容	集中送洗是指选择具有资质的专业洗涤机构为老年人提供衣物等物品清洗
		服务要求	①选择有资质的专业洗涤机构为老年人提供服务。 ②告知老年人或家属贵重衣物不在洗涤范围。 ③送取衣物时，应做到标识清楚、核对正确、按时送还。 ④疑似传染性衣物送取时要用专用污（洁）衣袋
	上门清洗	服务内容	上门清洗是指由服务人员上门为老年人清洗衣物
		服务要求	①被褥清洗至少一月一次。 ②分类收集衣物、被褥、尿布，污、洁衣物分开放置。 ③洗涤时根据衣物的质地和颜色分类洗涤，并做到洗净、晾晒。 ④告知老年人或家属贵重衣物或不能水洗的衣物不在洗涤范围。 ⑤疑似传染性衣物先消毒后清洗，消毒液浓度及消毒方式、浸泡时间应符合消毒隔离要求
助行服务	陪同散步	服务内容	陪同散步是指由服务人员陪同老年人在住宅附近周边区域户外散步
		服务要求	①根据老年人身体情况准备手杖、助行器、轮椅，或其他辅助器具。 ②服务人员应掌握助行器、轮椅及其他辅助器具的正确使用方法。 ③告知外出时的注意事项，取得老年人的理解和配合。 ④助行过程中注意观察老年人身体情况，发现异常情况及时处理。 ⑤服务过程中注意保护老年人安全
	陪同外出	服务内容	陪同外出是指由服务人员陪同老年人就近购物、探访等
		服务要求	①根据老年人身体情况准备手杖、助行器、轮椅，或其他辅助器具。 ②服务人员应掌握助行器、轮椅及其他辅助器具的正确使用方法。 ③告知外出时的注意事项，取得老年人的理解和配合。 ④助行过程中注意观察老年人身体情况，发现异常情况及时处理。 ⑤服务过程中注意保护老年人安全

续表

代办服务	代购物品	服务内容	代购物品是指由服务人员代替老年人采购日常生活用品
		服务要求	①根据老年人实际需求，确认代购物品名称。 ②代领时仔细核对养老金金额、物品的名称，发生异议当面核实。 ③代缴公共事业费需持有水、电、燃气、电信等缴费通知单。 ④提供完整的代购、代领、代缴完成凭证，钱款当面点清。 ⑤服务过程中注意保护老年人隐私
	代领物品	服务内容	代领物品是指由服务人员代替老年人领取养老金、邮局包裹等
		服务要求	①根据老年人实际需求，确认代购物品名称。 ②代领时仔细核对养老金金额、物品的名称，发生异议当面核实。 ③代缴公共事业费需持有水、电、燃气、电信等缴费通知单。 ④提供完整的代购、代领、代缴完成凭证，钱款当面点清。 ⑤服务过程中注意保护老年人隐私
	代缴费用	服务内容	代缴费用是指由服务人员代替老年人缴纳公共事业费用
		服务要求	①根据老年人实际需求，确认代购物品名称。 ②代领时仔细核对养老金金额、物品的名称，发生异议当面核实。 ③代缴公共事业费需持有水、电、燃气、电信等缴费通知单。 ④提供完整的代购、代领、代缴完成凭证，钱款当面点清。 ⑤服务过程中注意保护老年人隐私
康复辅助	群体康复	服务内容	群体康复是指借助社区卫生和养老服务等公共服务场地设施，组织和指导3人及以上老年人群体开展肢体功能性康复训练
		服务要求	①根据需求配备相应的康复器具。 ②项目设置需符合老年人的生理心理特点，群体康复有计划。 ③个体康复由专业人员或在专业人员指导下按计划实施。 ④告知老年人康复训练的目的及安全注意事项，量力而为。 ⑤康复过程中注意观察老年人的身体情况，并予以记录、评估。 ⑥康复过程中注意防跌、防过度，保护老年人安全
	个体康复	服务内容	个体康复是指由专业康复治疗（士）师上门为有康复需求的老年人提供被动运动、辅助运动的肢体功能性康复训练，以及保健性康复
		服务要求	①根据需求配备相应的康复器具。 ②项目设置需符合老年人的生理心理特点，群体康复有计划。 ③个体康复由专业人员或在专业人员指导下按计划实施。 ④告知老年人康复训练的目的及安全注意事项，量力而为。 ⑤康复过程中注意观察老年人的身体情况，并予以记录、评估。 ⑥康复过程中注意防跌、防过度，保护老年人安全
相谈服务	谈心交流	服务内容	谈心交流是指服务人员采取倾听、对话的方式，对老年人进行心理上的关爱，舒缓心情，排遣孤独感
		服务要求	①以老年人感兴趣的话题为切入点，引导老年人倾诉

相谈服务	谈心交流	服务要求	②多倾听，少表达，与老年人建立良好的信任关系，找出症结，给予解决。 ③消除不良的情绪反应及孤独，帮助老年人维持家庭和子女的和睦关系。 ④帮助老年人逐步适应老年生活，养成乐观的生活态度。 ⑤注意保护老年人隐私
相谈服务	读书读报	服务内容	读书读报是指服务人员采取读书读报（网络查阅）的方式，帮助老年人了解时事、激发兴趣、促进身心健康
		服务要求	①了解老年人的阅读爱好，选择老年人感兴趣的书报。 ②语速慢、声音亮，尽可能用老年人习惯的方言阅读。 ③帮助老年人多了解时事，加强和社会的有效相处。 ④帮助老年人多掌握健康养身知识，培养良好的兴趣爱好
助医服务	陪同就诊	服务内容	陪同就诊是指由服务人员陪同老年人到医院取预约号、诊疗、取药、缴费等
		服务要求	①选择合适的交通工具陪同老年人就诊。 ②就诊时应携带病历、就诊卡，在医疗机构挂号窗口取号，协助检查，就诊后根据医生的医嘱划价、取药，给予用药指导等。 ③钱物、票据、药品当面清点，做到票据、药物相符。 ④注意老年人安全，保护老年人隐私，并通过交流缓解就医不良情绪。 ⑤及时向老年人家属或其他监护人反馈就诊情况
	代为配药	服务内容	代为配药是指服务人员到医疗机构或药房为老年人代配药物
		服务要求	①代配药需符合上海市卫生和计划生育委员会关于《本市医疗保险定点医疗机构门诊委托代配药的有关规定通知》的要求。 ②仅限于临床医师诊断明确、病情稳定、治疗方案确定的门诊慢性病。 ③由老年人或家属写明代配药的药名及剂量，并签字。 ④在代配药定点医疗机构挂号、配药，根据医嘱划价、取药。 ⑤钱物、票据、药品当面清点，做到票据、药物相符。 ⑥保护老年人隐私

资料来源：上海市民政局关于印发《社区居家养老服务规范实施细则（试行）》的通知（沪民老工发〔2015〕4号）。

静安寺街道居家养老服务中心服务案例

上海市静安区静安寺街道居家养老服务中心是从1999年成立的老年生活援助中心演变而来，最初的服务团队由45名下岗女工、外来媳妇组成，为辖区内几十名困难、高龄老人提供小时工服务。早期的居家养老服务内容普遍比较单一,主要是为老年人烧饭、洗衣服、打扫房间等。当老年人学会使用"给定"的服务以后,他们提出了"想要"的服务。静安寺街道在社区开展了居家养老服务需求调研,发现很多老年人提出的最急迫需求是吃饭。

2006年,静安寺街道成立了上海市首家助老服务站——"乐龄家园",站点第一桩重要任务就是解决老年人的吃饭问题。工作人员一家家地走访辖区内可能的供餐机构,定下了华东医院、孙克仁老人福利院、美丽园大酒店三家"社区后援团"轮流供餐。助餐服务的受欢迎程度远超预料,华东医院每天的配送量从一开始的30客饭猛增到700客。一天三顿,全年无休的助餐服务,无疑成了最具人气居家养老项目。

老年人的需求还在升级,乐龄家园此后又推出了助餐、洗浴、理发、洗衣、上门服务等服务内容,从一家社区食堂升级成为综合型的社区养老服务机构。静安寺街道目前共建成7家乐龄家园,它们和两个日间服务中心共同构成街道的居家养老服务供应平台,老年人能从中获得生活照料、医疗康复、文化娱乐、安全保障、精神慰藉、法律援助等六大功能50多项服务,这些平台背后,有上百家企事业共建单位作为"服务供应商"。

几年以后,静安寺街道居家养老服务中心第三次开展需求调研。这一回,社区老年人的需求方向又出现了转变,需要上门打扫人的少了,吃饭问题也基本解决了,但是提出护理服务需求的人多了。虽然居家养老服务中心的家政服务队有数百名服务人员,但几乎没有能做护理服务的人。于是,中心通过上海老年学学会请来华东医院的医护人员开展医疗护理技能培训,并于2015年启动"双百计划",即为100名高龄、需护理老年人家庭提供每年100小时的应急喘息服务。当前,静安寺街道居家养老服务中心每年发出服务指令七八十万人次。

资料来源:本书编委会.大城养老——上海的实践样本[M].上海:上海人民出版社,2017.

（二）上海社区养老的创立与演变

2004年，上海市民政局会同劳动和保障局、财政局出台了《关于上海实施社区助老服务项目的试行办法》，在全市范围推进社区居家养老服务，补贴经费首度纳入上海市政府财政预算，建立起与社区就业服务相联系、政府购买服务的补贴制度，并以养老服务券的形式，为经评估后，经济和生活自理困难的老人提供服务补贴。

2013年4月，上海启动老年宜居社区试点，部分区县在街镇层面探索建设社区综合为老服务中心，与其他为老服务设施形成"一站多点"的网络。这种服务设施有利于整合养老服务资源，提升社区综合为老服务和管理能力；有利于深化发展社区居家养老服务体系，满足老年人日益增强的多层次、多样化养老服务需求。《上海市老龄事业发展"十三五"规划》将建设社区综合为老服务中心列入重点工作，社区为老服务的一门式集成作为今后养老服务体系的发展方向。

上海对于家庭和社区在养老服务中的作用有清晰的定位：家庭自我照顾为基础、社区养老为依托、机构养老和医疗服务为支撑。作为"依托"的社区，是家与社会之间的缓冲带，要用一张为老服务网络"兜"住老年人最密集的日常需求。

2016年4月，上海市老龄工作委员会办公室等《关于加强社区综合为老服务中心建设的指导意见》（沪老龄办发〔2016〕5号）中对社区综合为老服务中心的建设及服务内容做了基本的要求。

2017年5月，上海市人民政府办公厅转发了《上海市社区养老服务管理办法》，对社区养老和居家养老服务作了新的规定，进一步拓展了社区养老服务的内涵和外延。该办法一是首次明确了社区养老服务的含义，指以居家为基础，主要依托社区养老服务设施和机构，为老年人提供生活照料、医疗护理、紧急援救、精神慰藉、健康管理、康复辅助、家庭照料支持等养老服务的活动。二是明确了发展导向，即"三个结合"：注重政府主导与社会参与相结合、养老服务与医疗服务相结合、专业照护与家庭照料相结合。重点为失能、失智等老年人提供多层次、多样化的服务。三是首次提出四种服务类型，即社区托养服务、居家照护服务、医养结合服务、社区支持服务，并对四类服务进行了界定。四是明确了部门职责，包括市、区民政部门及相关部门的职责，以及街镇的职责。

在服务设施方面，根据不同功能，明确分为三类：社区托养服务设施、社区综合为老服务设施、社区支持类服务设施。每一类设施均明确了功能及建设要求，特别是对社区托养设施千人指标所对应的设施类型进行了拓展。同时明确社区养老服务设施建设纳入政府绩效考核。

在服务机构方面，首次明确"社区养老服务机构"概念，作为服务和管理的重点对象，将之与医疗机构相区分。机构分为社区托养服务机构和居家照护服务机构两类。明确提出法人登记、分类设立等要求，降低准入门槛，精简行政审批，比如日托型服务机构取消了原来规定必须同时获得《社会福利机构设置批准证书》和《民办非企业单位法人登记证》两个条件，转变为事中、事后监管。

在服务规范方面，系统地对社区养老服务的服务要求、人员要求、基本公共服务要求、收费要求、服务合同、安全防范、内部规范等做了明确规定。首次明确社会投资举办的社区养老服务机构符合相关要求，可以提供基本公共服务。明确社会组织、企业或个人投资举办的社区养老服务机构，由市场自主定价。

在监督管理方面，一是淡化行政管理色彩，提出了行政指导和服务、联合监管、综合评估等。二是加强管理，通过信息服务管理、政策引导管理、行业自律管理等加强事中、事后监管。三是重申了有关惩戒措施，同时建立信用管理机制。

近年来，上海大力发展社区嵌入式养老，主要探索老人照护之家和社区综合为老服务中心两种社区嵌入式养老服务。其中，长者照护之家是将社区内闲置资源改造为小型住养机构，一般为300~500平方米，为有需要的老年人提供短期住养照料、大病出院后康复护理、家庭喘息服务等；社区综合为老服务面积约1000平方米，是包括老人照护之家、日间照料中心、助餐点、护理站或卫生站等在内的"枢纽式"为老服务综合体，为社区老年人提供日托、全托、助餐、助浴、康复、护理等一站式养老服务。

在社区养老方面，上海还实施低龄老年志愿者为高龄独居老人服务的"老伙伴计划"，创建老年宜居社区，建立农村睦邻点等措施，不断巩固和提升社区居家养老的服务能力。在居家养老方面，上海通过为困难老年人家庭安装呼叫救助系统，提供居室适老性改造，开展喘息服务，举行"护老者培训"等措施，加强对家庭养老服务的支撑，夯实家庭自我照顾的基础。

2019年12月，上海市民政局印发《上海市社区嵌入式养老服务工作指引》(沪民养老发〔2019〕27号)[1]对嵌入式社区养老的功能做出了明确和划分。通用服务包括8大类24个服务项目，专业照护类、助餐服务类、医养结合类、健康促进类、智能服务类、家庭支持类、养老顾问类、精神文化类，并对社区综合为老服务中心及家门口服务点的设施建设和人员配备做出了规定。

2021年6月，由上海市人民政府办公厅印发的《上海市老龄事业发展"十四五"规划》[2]提出，在中心城区和城镇化地区大力发展社区嵌入式养老服务，推广居家、社区、机构融合发展的综合照护服务模式；加强社区居家康复和护理服务，形成高效的机构与机构、居家与机构转介机制；加强家庭病床服务，提高基层医疗卫生机构为居家老年人提供上门医疗服务的能力；支持发展社区居家"虚拟养老院"；支持将新城纳入居家环境适老化改造政策范围。该规划的首要重点工程是社区嵌入式养老服务"1+8"体系健全项目。要求中心城区和城镇化地区各街镇按照"15分钟养老服务圈"布局，构建社区嵌入式养老服务"1+8"体系。"1"是每个服务圈内至少建有1家集多种养老服务功能于一体的社区综合为老服务中心。到2025年，全市建成500家社区综合为老服务中心（含分中心）。"8"是指围绕每个服务圈应具备八项标配功能：一是专业照护类，即具备机构照护、短期托养、日间照护、居家照护的服务功能；二是助餐服务类，即依托社区老人食堂、老年助餐点等为老年人提供堂吃和送餐服务；三是医养结合类，即依托社区

---

① https：//www.shanghai.gov.cn/nw12344/20200813/0001-12344_63121.html.

② https：//fgw.sh.gov.cn/sswghgy_zxghwb/20210706/8f00482535e54b49bdbd24f6bbaaae
6d.html.

卫生服务中心等医疗卫生机构，为老年人以及社区内的养老服务机构提供基本医疗卫生服务、基础护理、临床护理、医养签约等服务；四是健康促进类，即依托社区内的医疗卫生机构、养老服务机构、健康促进中心等，为老年人提供健康管理、体养结合服务；五是智能服务类，即依托智能终端设备、智慧养老平台等，为老年人提供急救援助、安全防护、远程照护服务；六是家庭支持类，即开展志愿关爱、家庭成员增能、"喘息服务"、辅具推广等服务；七是养老顾问类，即为老年人提供各类养老服务资源介绍、政策指导、资源供需对接等服务；八是精神文化类，即依托社区老年活动场所以及社区服务组织等，为老年人提供精神慰藉、养教结合等服务。到2025年年底，力争全市各街镇社区嵌入式养老服务实现规范化达标，为老年人提供可及的近家、进家服务。

2021年7月23日，上海市人民政府办公厅印发的《上海市民政事业发展"十四五"规划》(沪府办发〔2021〕16号)①中对于完善嵌入式养老服务和农村互助式养老服务做出新的规划。落实《上海市社区嵌入式养老服务工作指引》，中心城区和郊区城镇化地区按照"15分钟服务圈"布局建设"1+N"养老服务设施，即每个服务圈内至少建1家社区综合为老服务中心，具备专业照护、助餐服务、医养结合、健康促进、智能服务、家庭支持、养老顾问和精神文化等若干标配功能，并结合居村布局，建设N个家门口养老服务站点。实施农村养老服务提升行动，发展农村互助式养老服务，完善组有"点"、村有"室"、片有"所"、镇(乡)有"院"的布局网络。

《上海市老龄事业发展"十四五"规划》规划指标如表附5-1-2所示。

《上海市老龄事业发展"十四五"规划》规划指标　　　表附5-1-2

类别	序号	指标	2025年	指标类型	牵头单位
社会保障	1	退休人员基本养老金和城乡居民基础养老金标准/(元·月⁻¹)	稳定增长	预期性	市人社局

---

① https://www.shanghai.gov.cn/nw12344/20210812/1bcb807ece8a44c8a4a95a645bf40854.html.

类别	序号	指　　标	2025年	指标类型	牵头单位
社会保障	2	重度失能老人长期照护服务保障覆盖范围	应保尽保	预期性	市民政局市医保局市卫健委
养老服务	3	全市养老床位总数/万张	≥17.8	约束性	市民政局
	4	老年认知障碍照护床位/万张	1.5	预期性	市民政局
	5	养老机构护理型养老床位占比	≥60%	预期性	市民政局
	6	社区养老服务综合体总量/家	500	预期性	市民政局
	7	养老护理员持等级证率	80%	预期性	市民政局
健康服务	8	参加自我管理小组的老年人数（万人）	80	预期性	市卫健委
	9	老年人健康管理率	≥72%	约束性	市卫健委
	10	家庭病床总建床数占辖区内常住人口比例	3‰	预期性	市卫健委
	11	二级及以上综合医院、中医医院、中西医结合医院设立老年医学科的比例	90%	预期性	市卫健委
	12	65岁以上轻度认知障碍（MCI）风险人群服务管理率	≥40%	预期性	市卫健委
精神文化生活	13	新增老年教育机构/所	20	预期性	市教委
	14	街镇老年学校优质校/个	70	预期性	市教委
	15	老年教育社会学习点/个	600	预期性	市教委
	16	老人运动健康之家新增数/家	100	预期性	市体育局
	17	公共体育场馆、社区体育设施向老年人每周开放时间/小时	≥56	预期性	市体育局
	18	文化馆、社区文化活动中心向老年人每周开放时间/小时	≥60	约束性	市文旅局
社会参与	19	上海志愿者网注册60岁以上老年志愿者人数/万人	200	预期性	市精神文明办
	20	持公益护照老年志愿者平均服务时间/小时	500	预期性	市民政局
老龄产业	21	康复辅助器具社区租赁服务点街镇覆盖率	100%	预期性	市民政局
宜居环境	22	公共服务类义东互联网应用适老化和信息无障碍改造率	100%	约束性	市经信委
	23	新建轨道线路无障碍设施覆盖率	100%	预期性	市交通委
	24	完成居室环境适老化改造户数/万户	2.5	预期性	市民政局

2021年9月，上海市社会养老服务体系建设领导小组发布《上海市养老服务发展"十四五"规划》[①]，确定"十四五"目标为：社区嵌入式养老服务方便可及，机构养老服务更加专业，家庭承担养老功能的支持网络更加健全，居家社区机构相协调、医养康养相结合的养老服务体系不断深化完善。同时确保到"十四五"末全市养老床位总量达到17.8万张，占全市户籍老年人口数的3%。中心城区和郊区分别按照户籍老年人口的2.5%和3.5%落实养老床位责任指标，如表附5-1-3所示。

上海市养老服务发展"十四五"规划主要指标　　　　　表附5-1-3

类别	序号	指标名称	单位	指标类型	2025年目标值	2020年
机构养老服务	1	养老床位数	万张	预期性	17.8	15.9
机构养老服务	2	护理型床位占总养老床位的比重	—	约束性	60%	32%
	3	老年认知障碍照护床位数	张	约束性	15000	约5000
	4	"养老院+互联网医院"模式的养老机构数量	家	预期性	200	—
居家社区养老服务	5	每千人拥有社区养老服务设施建筑面积数	平方米	约束性	40	40
	6	街镇养老综合体（社区综合为老服务中心）数	家	预期性	500	320
	7	乡村老人照护之家新增数	家	预期性	100	
	8	社区老年助餐服务供客能力	万客/天	预期性	25	12
	9	老年认知障碍友好社区的街镇覆盖率	—	预期性	100%	36%
	10	居家环境适老化改造完成户数	户	预期性	25000	
	11	符合条件的高龄独居老人紧急救援服务覆盖率	—	预期性	100%	100%
医养康养结合服务	12	基层医疗卫生机构与养老服务机构签约服务达标率	—	预期性	100%	
	13	老人运动健康之家新增数	家	预期性	100	

---

① http：//mzj.sh.gov.cn/MZ_zhuzhan279_0-2-8-15-55-231/20210927/32979b0bdd1b46c395bde070633945dc.html.

类别	序号	指标名称	单位	指标类型	2025年目标值	2020年
发展保障措施	14	养老顾问街镇和居村覆盖率	—	预期性	100%	100%(街镇)/74%(居村)
	15	养老护理员技能等级持证率	—	预期性	80%	72%
	16	养老服务机构负责人继续教育覆盖率	—	预期性	100%	—
	17	每个养老机构、每个街镇养老综合体各配备社会工作者人数	人	预期性	1	—
	18	康复辅具社区租赁服务实体点街镇覆盖率	—	约束性	100%	70%

在完善居家社区养老服务方面，该文件提出：完善发展具有社区短期托养服务功能的老人照护之家，分类发展社区交往型、专业照护型、功能嵌入型等社区日间服务机构。织密社区老年助餐服务设施及配送网络，重点发展社区老人食堂，丰富菜品、提高品质。进一步提升基本生活照料、常用临床护理、紧急救援等居家养老服务的专业水平。在中心城区推进养老服务机构在老年人住所设立家庭照护床位，提供连续、稳定、专业的养老服务。文件提出要健全社区嵌入式养老服务网络。中心城区和城镇化地区的街镇，按照"15分钟养老服务圈"要求，形成"1(社区综合为老服务中心)+N(家门口服务站点)"的设施网络，做实专业照护、助餐服务、医养结合、健康促进、智能服务、家庭支持、养老顾问、精神文化八类标准功能服务，打造"养老服务联合体"，增强既有社区的持续照护能力，让老年人在熟悉的环境中、在亲情的陪伴下原居安养。以社区嵌入式养老服务为基点，链接机构养老和居家养老，完善综合照护服务模式，促进各类养老服务形态的融合发展。《上海市养老服务发展"十四五"规划》要求，到2025年上海每千人拥有社区养老服务设施建筑面积数达到40平方米，社区综合为老服务中心增加到500个，社区老年助餐服务供客能力达到25万客/日。

在增强家庭自主照料能力方面，该文件提出：健全社区关爱巡访机制，实施低龄健康老年人为高龄独居等老年人提供志愿服务的"老伙伴计划"，实现服务对象全覆盖。扩大为家庭照顾者提供照护知识和技能培训的"老吾老计划",实现街镇全覆盖。推广"喘息服务",为失能老年人家庭照顾者提供支持。全面推开"时间银行"制度,建立互助性养老服务时间储蓄、兑换等激励、保障机制。强化家庭赡养老年人的主体责任,探索老年社会监护制度,培育专业性的社会组织依法为老年人担任监护人或者提供相关服务。文件还要求,深化养老顾问服务,推动街镇和居村养老顾问点全覆盖,培育1万名养老顾问员,推广线上远程式服务方式,支持社会机构开展专业咨询、代理代办等个性化服务,为老年人提供零距离、有温度的养老信息对接服务。

案例:德律风物业一体化运营嘉兴路街道市民驿站——天宝养老院

该项目的运营方是上海德律风置业有限公司,项目名称为"上海市虹口区嘉兴路街道市民驿站第一分站日间照护中心",位于虹口区天宝路881号,使用面积约2000平方米,是一座集社区食堂、社区卫生中心、市民驿站、养老院为一体的综合性楼宇。第一分站日间照护中心位于该楼宇二楼市民驿站内,面积约120平方米,分为活动室、休息室和康复室三个区域。2016年7月,虹口区嘉兴路街道委托上海德律风置业有限公司作为该项目的资产管理运营方,负责嘉兴路街道市民驿站第一分站日间照护中心的管理及照护服务,具体包括膳食服务、健康管理服务、康复活动、康乐活动等,同时负责该项目的物业管理、财务管理等。

由于同处一幢综合性楼宇,德律风公司借助专业的物业管理模式,将物业板块的人力、物力等各项资源进行合理配置、优化整合:保安在维护市民驿站秩序的同时也能同步看护日间照护中心老人的安全;社区食堂不仅为周边居民提供送餐、助餐服务,也同时解决了日间照护中心老人的餐饮问题;养老院社工人员随时可以为日间照护中心提供专业的服务共享和人员共享,同时联动社区为老服务中心开展丰富的娱乐活动,既能降低人工成本,又能有效提高服务效能,从而实现物养资源的深度融合,进一步促进日间照护中心的建设运营。

2018年11月6日上午,习近平总书记来到虹口区市民驿站嘉兴路街道第一分站，参观了第一分站日间照护中心并给予了极大的鼓励和支持。他说："老年人的生活幸福就是我们的幸福。"还勉励工作人员做了一件有意义的事情。

德律风公司运营这个项目已近5年，这些年来，嘉兴路街道市民驿站第一分站日间照护中心接待过党和国家领导人、市政府、市人大、各区、各街道、外省市的各级领导各级政府部门的参观、调研约800批、15000余人次，这种由物业公司运营、物养融合的综合性楼宇服务模式得到了社会各界充分的肯定和赞扬，从而也被广泛推广，嘉兴路街道市民驿站第一分站也被评定为上海市养教结合标准示范点。

案例：德律风物业承担政府购买服务之专项项目

2021年3月，上海市虹口区嘉兴路街道《"伴您'忆'路同行"上海老年认知障碍友好社区建设》项目正式启动。这个项目由上海市政府托底，由虹口区嘉兴路街道以政府购买服务的方式委托上海德律风置业有限公司瑞信分公司负责运营的社区养老服务专项项目。

该项目依托专业养老人才，对2000名60岁以上社区老人进行认知障碍筛选，针对部分早期、中期认知障碍进行记忆能力、思维和视觉空间感、识别物体和归类等能力的干预训练及个案跟踪分析，最大程度保持老人的身体技能和思维能力。

德律风公司在开展这个项目的同时，其瑞信分公司天宝养老院还以物业管理标准化的思路为基础，有机结合养老管理标准，根据"认知障碍症"人群的特点及临床表现进行深度剖析，开启了认知症老人照护标准化体系的建设工作。通过建立标准，将养老机构的认知症专业照料优势向社区扩展、向家庭延伸，从而实现家院互融、资源共享、社会互动，为物企进一步有效开展社区养老、居家养老打好坚实基础。

■ 二、北京：街镇养老照料中心 + 社区养老服务驿站

北京市提出的是"9064"养老格局。北京市试图解决社会养老服务体系中的居家养老、社区养老和机构养老三种服务模式相互独立、互为割裂的问题，整合机构、社区、居家各领域横向福利政策，逐级打通纵向服务体系，保障各项政策能够最终惠及老年人，着力探索构建市、区、街、居四级养老服务体系。

北京市从2014年开始大力加强街道（乡镇）养老照料中心建设，充分发挥镶嵌在社区内的小型养老机构的服务枢纽作用，作为平台向所在街道（乡镇）辖区的居家社区养老服务辐射，提出养老照料中心要实现机构养老、居家助老、社区托老、专业支撑、技能实训和信息管理六大功能，逐步探索形成居家社区和养老机构相互依托、资源共享、融合发展的新型养老服务模式。截至2021年1月，北京市已建成并运营262家养老照料中心，覆盖全市三分之二以上的街乡镇。

从2016年开始，北京市为保障街道（乡镇）养老照料中心辐射居家社区功能的延伸下沉，解决养老服务最后"一公里"的设施供给困难，结合落实《北京市养老服务设施专项规划》，整合社区托老所和老年活动场站功能，按照一刻钟服务圈，加快建设就近为有需求的居家老年人提供生活照料、陪伴护理、心理支持、社会交流等服务的社区养老服务驿站。

北京市从2016年起相继制定了《关于开展社区养老服务驿站建设工作的意见》《北京市社区养老服务驿站建设规划（2016—2020年）》，强调建立起围绕老年人生活需求的"三边四级"就近精准养老服务体系。鼓励社会民间力量建立为老年居民提供呼叫服务、助餐服务、日间照料、健康指导、文化娱乐、心理慰藉的养老服务驿站。由政府无偿提供设施，运营主体抵偿运营。截至2020年年底，北京市共建设运营了1005家社区养老服务驿站。

2021年1月，北京市民政局等部门发布的《北京市社区养老服务驿站管理办法（试行）》（京民养老发〔2020〕171号）[①] 对社区养老服务驿站作了以下规定。

---

① http://www.beijing.gov.cn/zhengce/zhengcefagui/202101/t20210107_2202076.html.

首先，基本服务与市场化服务相结合。养老驿站在完成呼叫服务、助餐服务、日间照料、健康指导、文化娱乐、心理慰藉六大基本服务功能的基础上，可拓展开展市场化的养老服务，满足社会上普通老年群体个性化、市场化的养老服务需求。

其次，建立驿站服务责任片区。驿站的服务区域要求无缝衔接，服务人群全覆盖。督促指导街道（乡镇）统筹考虑区域内老年人分布密度、驿站及养老照料中心的分布、驿站规模等因素，科学划分每所驿站服务的责任片区。驿站未能覆盖的社区，区民政局应督促街道（乡镇）统筹协调附近的养老机构和驿站，就近拓展服务范围，延伸服务半径，并尽快提供设施建设驿站。

再次，驿站要与所在区域居委会共同建立老年人服务电子档案，做到"一人一档"。档案内容包括老年人基础信息、健康信息、评估信息、服务需求信息、每次提供服务信息等。

最后，鼓励现有驿站增设社区护理站或者现有社区护理站增设驿站，为长期卧床或有其他护理服务需求的老年人，提供慢病管理、基础护理、康复护理等医疗服务。

案例：北京市通州区华业东方玫瑰社区的荷锄归养老服务驿站

北京市通州区华业东方玫瑰社区的荷锄归养老服务驿站运营面积达到1000平方米，由政府无偿提供使用。

（1）助餐服务：通州区严格落实养老助餐服务优惠政策，社区养老驿站和农村养老驿站分别给予每餐4元、5元的补贴。年满60周岁的老人都可申请助餐，年满80周岁或低保、残疾等老年人每餐还可额外享受4元的财政补贴。为了减少支付刷卡等烦琐过程，该养老驿站推出了"包月助餐"。

（2）文化娱乐：设有多间书画室、阅览室、茶室，老人们可以下棋、看书、写字和画画。老年人还成立了志愿者团队。驿站还与通州区临河里社区居委会联合举办了多次主题讲座，如烹饪讲座、法律讲堂、手工讲座等。每周六、周日上午9点半，驿站都会举办书法讲座和绘画讲座，由专家免费教大家书法和绘画。

（3）日间照料：日间照料是根据社区居民的具体需求开展的一项有偿敬老服务。社区一些老人患有疾病，生活难以自理，子女上班期间，可将老人托管在养老驿站，由专业护理人员照料并提供餐食。

（4）健康指导：通过入户巡视探访，荷锄归养老服务驿站的运营者发现，社区里不少老人都存在骨科疾病。因此，驿站聘请了20多名骨科医生为老人提供中医推拿服务。

案例：北京市朝阳区华威西里社区养老服务驿站

北京市朝阳区华威西里社区养老服务驿站是北京市首个内设护理站的养老服务驿站，同时实现"社区护理＋居家护理＋医疗衔接"三大服务功能。面积30平方米，设有处置室、治疗室，可同时为驿站内的老年人和驿站签约老年人提供服务。按摩仪、理疗仪、除颤仪、雾化器等各种按照标准配备的专业设施、科技设备一应俱全。护理站内可以提供基础护理服务、针对术后病人的护理服务、针对慢性病的护理服务、针对肿瘤病人的护理服务四大类。此外，针对养老机构内的健康活力老年群体，可以提供营养指导、中医养生调理、运动健康指导、联系紧急救护、就诊绿色通道等健康维护和疾病管控方面的服务。

（1）社区护理：是指护理站可为养老驿站所覆盖的社区中有需求的老年人群，提供打针输液、静脉采血、拆线换药，及慢病管理、用药指导、预防保健、心理咨询等基础护理服务。

（2）居家护理：是指在基础护理的基础上提供上门服务，增加一些专业性较强的专科护理，像鼻饲护理、压疮护理、吸痰导尿、管路护理等。

（3）医疗衔接：对外可承接大医院出院的老年患者，为其提供延续护理服务，同时提供就诊咨询、绿色通道、院前急救等服务，将有需要的老年人及时、安全输送到大医院。

（4）人员配备：该护理站由两名常驻护十和多名多点执业护士组成专业工作人员团队。同时，还有中医师、健康管理师、营养师、康复医师、心理咨询师等打造而成的综合服务团队。

■ 三、广州：3+X社区居家养老服务模式、"家政+养老"服务模式

2019年11月，广州市实施"南粤家政"羊城行动。《广州市实施"南粤家政"羊城行动工作方案》(穗人社发〔2019〕28号)[①]计划统筹整合社区家政、养老、医疗等服务资源，创新设置基层家政服务站、社区养老院和卫生服务中心，发挥志愿者作用，形成"社区政务中心＋社区卫生服务中心＋社区养老院＋居家养老"的社区家政养老服务新业态、新模式；建立一批"家政＋养老"实训示范基地，提升医养结合服务供给能力。完善社区居家养老服务规范，定期开展社区居家养老服务项目评估，逐步打造"10分钟社区居家养老服务圈"，实现社区（村）家政养老服务全覆盖。截至2021年9月，羊城家政基层服务站在广州已达176家，已全覆盖所有镇街，已提供家政服务超过21.2万人次。

2021年8月，《广州市人民政府办公厅印发广州市养老服务体系建设"十四五"规划的通知》(穗府办〔2021〕7号)[②]，要求统筹推进"3+X"创新试点，推动居家养老服务全方位延伸至助餐配餐、医疗健康、家政养老等领域，不断拓展老年人群衣、食、住、行等综合服务。推进街镇综合养老服务中心（颐康中心）和社区嵌入式养老机构建设，开展家庭养老床位试点，增加机构、社区、居家"三位一体"养老照护服务供给。由此，"家政＋养老"服务创新模式得到深入开展。

这个模式要求建立"护理员＋家政员"养老服务队伍，支持家政服务

---

① http://www.gz.gov.cn/zwgk/zdly/jycy/zczy/bszc2/content/mpost_5530602.html.

② http://www.gz.gov.cn/zfjg/gzsrmzfbgt/qtwj/content/post_7732813.html.

机构进入社区居家养老服务领域，全部街镇开展"家政+养老"服务。深化
"3+X"服务创新。强化社区居家养老服务设施与羊城家政基层服务站、社
区卫生服务中心、护理站等服务场所衔接融合和服务转介，优化提升助餐配
餐、医养结合、家政养老"3+X"服务。持续实施老人饭堂提升工程，推进
标准化、特色化建设，融入医疗护理、健康宣教等服务。推动医疗卫生资源
进入养老机构、社区和居民家庭。推进"家政+养老"融合发展，建立健全
"护理员+家政员"服务队伍。

案例：广州市荔湾区彩虹街羊城家政基层服务站

在广州，"南粤家政"羊城行动不但是为居民提供优质的家政服务，
还把养老服务也纳入到服务内容之中。彩虹街已于2020年开展了"南粤
家政"羊城行动，设立了彩虹街羊城家政基层服务站，采取"一家主要
负责统筹+多家服务供应商进驻"的家政服务超市形式，具体包括养老、
母婴、家政、培训就业、医疗护理等。

该家政基础服务站内还设有彩虹街综合养老服务中心，配备有老人
饭堂、多功能大厅、图书阅览区、康养阁、日托区、康复锻炼区、护理
站等设施，全面为老人提供医、养、康、护的一体化服务。中心内有20
张护理托养床位，同时为失能、失智老年人提供上门护理服务。

■ 四、南京：分级分层，打造"家门口的养老服务"

2021年4月，南京市民政局发出的《南京市社区居家养老服务管理规定
（试行）》的通知①中明确提出，南京将分级分层，打造"全领域覆盖、全功
能服务、全方位监管"的家门口养老服务体系。

市级设立市养老服务质量指导中心，承担全市资源调度、综合监管、
政策指导职能。

---

① http://www.njls.gov.cn/lsqrmzf/202104/t20210408_2873184.html.

区级层面要设立区养老服务指导中心，对辖区内的养老服务进行资源整合、综合监管、专业支撑、产品供给。

街镇层级要设立街镇养老综合服务中心，可与街镇居家养老综合护理中心、老年中心厨房、日间照料中心及其归属管辖社区的社区居家养老服务设施合并建设。需内设医疗机构和中央厨房，具有日托、全托、基本生活照料、上门服务、对下指导等综合服务功能。

社区层面设立社区居家养老服务中心和社区银发助餐点，提供共9类29个服务项目：专业照护（全托照料、短期托养、日间照料、家庭养老床位、喘息服务），生活照料服务（助餐、助浴、助行、助洁、助购、助医、助急、家政预约、代缴代购、信息查询等），健康服务（健康管理、家庭护理等），精神慰藉服务（关爱探访、生活陪伴、临终关怀等），智能服务，安全服务（安全监测、紧急救援、适老化改造等），文化服务（文体娱乐、教育培训等），银发顾问，老年人康复辅具等适老产品的租赁、回收服务。

■ 五、福建省三市：家庭养老床位试点

根据《福建省推进养老服务发展（2019—2022年）行动方案》（闽政办〔2019〕49号），[①] 福建省政府为了拓展家庭养老服务，提升居家养老的品质，将养老服务延伸到老年人居室、老年人床边，为老年人提供专业化、个性化的居家养老服务，发布福建省民政厅、福建省财政厅关于《开展家庭养老床位试点工作的通知》（闽民养老〔2021〕71号）[②]，决定在福州市、厦门市、莆田市开展家庭养老床位的试点工作。对失能、部分失能老年人的居室环境和生活空间进行必要的适老化和智能化改造，在老年人家中设置具备机构服务功能的养老床位，并根据老年人的意愿和需求，依托专业化机构或养老服务机构，为其提供专业化的居家养老服务。

---

① http://www.fujian.gov.cn/zwgk/ghjh/gzjh/201910/t20191014_5043305.htm.

② http://mzt.fujian.gov.cn/zfxxgkzl/zfxxgkml/gfxwj/ylfw/202107/t20210719_5651430.htm.

家庭养老床位服务机构必须为依法登记备案的专业化机构或养老机构，拥有可提供上门服务的专业团队，包括养老护理员、医护人员、康复师、社工、心理咨询师等。

床位建设标准如下：

（1）对老年人居住环境的卫生间、浴室、卧室、客厅等关键位置进行必要的改造，配置必要的设施器具，满足老人居家生活和上门护理服务需求。

（2）安装紧急呼叫设备，能通过互联网、物联网与所在地养老服务平台和提供服务的照护机构实现呼叫应答、预警处置。提供服务的机构应在收到呼叫、预警15分钟内到达老年人家中，妥善进行情况处置。

（3）鼓励通过智能床、智能床垫、智能穿戴等设施设备远程监测老年人生命健康体征数据，建立电子健康档案，实行每天24小时动态管理和远程监护，并能基于数据收集分析，实现不少于1项的预警提示功能。

（4）县级民政部门或其委托的第三方机构在10个工作日内，对已建成的家庭养老床位进行合格性验收。

（5）安装的适老化和智能化设施设备，要提供不少于18个月的质保期并负责维保。

附录6

各地政府自行推动"物业服务+养老服务"的
进展案例

2019年4月，国务院办公厅发布了《国务院办公厅关于推进养老服务发展的意见》（国办发〔2019〕5号）后，不少城市的政府积极行动起来，推动"物业服务+养老服务"的落地。如2019年5月，《上海市人民政府关于印发〈上海市深化养老服务实施方案（2019—2022年）〉的通知》在第23条"支持各类主体进入养老服务市场"中，提出鼓励物业公司、物流企业、商贸企业等各类服务企业及驻区单位面向社区，为有需要的老年人提供基本生活服务。2019年7月，江西省委办公厅、省政府办公厅印发《江西省养老服务体系建设发展三年行动计划（2019—2021年）》，明确支持居家和社区养老站点或物业服务企业提供助餐、送餐等为老服务，并享受同等"民办公助"补助政策。2019年10月，深圳市人大常委会《关于构建高水平养老服务体系的决定》中的第三条"多层次建设养老服务网络"中提出："发展社区物业服务与养老服务相结合的服务模式"。2020年1月发布的《南京市养老服务条例》第二十二条"推进老年人居家养老服务市场化、社会化"中提出，鼓励家政、物业、物流、商贸等企业为老年人提供形式多样的居家养老服务。2020年3月，杭州市人民政府办公厅发布的《杭州市居家养老服务条例》（杭政办函〔2020〕47号）的第十八条中，"鼓励物业服务企业、家政服务企业等为居家老年人提供送餐、上门照护、定期巡访、紧急呼叫等服务"。2020年5月，《北京市人民政府办公厅印发〈关于加快推进养老服务发展的实施方案〉的通知》（京政办发〔2020〕17号），明确要求探索"物业服务+养老服务"。2020年11月，深圳市人大常委会颁布的《深圳经济特区养老服务条例》第二十二条规定,"鼓励医疗机构、养老服务机构、物业服务企业、家政服务企业以及其他社会组织和个人,提供居家和社区养老服务"。

一、山东案例

2021年2月20日,山东省住房和城乡建设厅、省发展和改革委、民政厅、省卫健委关于转发《住房和城乡建设部等部门关于推动物业服务企业发展居家社区养老服务的意见》的通知中指出,充分认识物业服务企业发展居家社区养老服务的重要意义。加快发展养老服务业是党中央、国务院作出的重要决策部署,"物业服务+养老服务"是银发经济的重要组成部分。物业服务企业发展居家社区养老服务符合行业发展方向,有利于提升物业服务品质,拓宽增值服务渠道,增加居家社区养老服务有效供给,提高居民群众特别是老年业主满意度。该通知还明确了物业服务企业开展居家社区养老服务可享受的有关扶持和优惠政策,如将物业服务企业中从事养老工作的服务人员纳入全省养老服务人才培训提升行动,可获得免费开展培训;配建配置的社区养老服务设施可通过公开竞争等方式无偿或低偿委托给物业服务企业运营;对物业服务企业开办的符合条件的医疗机构,可纳入基本医疗保险定点管理范围;在老旧小区改造中建设的老年服务中心可交由物业服务企业运营。通知还确定,从2021年开始,省级每年确定10家物业服务企业开展居家社区养老服务试点,推动物业服务企业发展居家社区养老服务工作取得实效。

二、陕西案例

2021年3月8日,陕西省民政厅、住房和城乡建设厅、省发展改革委、省卫健委、医保局等部门联合印发《关于推动物业服务企业发展居家社区养老服务的意见》的通知,要求各市(区)局(委)将此纳入重要议事日程,6月30日前,根据物业服务企业发展居家社区养老服务情况,选择不同类型住宅小区和物业服务管理企业,作为市级发展居家社区养老服务示范项目,探索不同的居家社区养老服务路径模式。

通知指出，相关部门要按照各自职能共同推进物业服务企业开展居家社区养老服务工作发展。公共养老服务设施交由社会组织或物业及其他企业开展养老服务的，须在民政部门指导下采取公开招标的方式进行确定，物业人员从事养老服务须经岗前业务培训。住房和城乡建设部门负责物业服务企业开展居家社区养老服务工作的组织协调，帮助物业服务企业盘活公共房屋和养老住房设施达标，指导物业服务企业开展老年供餐、定期巡访等形式多样的养老便捷服务，加强对居家社区养老服务工作物业服务企业的监督管理。发展和改革委负责将"物业服务+养老服务"工作纳入省"十四五"相关规划，协助住房和城乡建设、民政等部门做好相关基础设施建设的统筹布局，加强对服务价格的监督检查。民政部负责指导推进、鼓励引导、监督管理物业服务企业开展居家社区养老服务，纳入养老服务体系建设，给予政策、资金扶持，加强规范化管理和行业监管，将物业服务企业开展养老服务人员纳入业务技能培训，提高养老服务人员业务素质。卫生健康部门负责指导社区医务室、护理站设立运营。医疗保障部负责拟订物业服务企业居家社区养老服务医疗保障相关政策并组织实施。通知同时要求，鼓励物业服务企业借助专业养老机构参与居家社区养老服务，鼓励商业银行、社会资本向提供居家社区养老服务的物业服务企业发放贷款资金，鼓励物业服务企业利用自有场地设施建设城市社区日间照料中心，符合条件的由民政部门给予资金资助。通知还强调，6月30日前，各市（区）要采取单独、联合、挂靠建设居家养老机构等方式，由市（区）住房和城乡建设局牵头，选择3～5家物业服务企业作为市级发展居家社区养老服务示范项目，探索不同的居家社区养老服务路径模式。

■ 三、新疆案例

2021年3月26日，新疆维吾尔自治区住房和城乡建设厅等《关于推动自治区物业服务企业加快发展线上线下生活服务的实施意见》中提出，鼓励物业服务企业依托智慧物业管理服务平台，发挥熟悉居民、服务半径短、响应速度快等优势，为家政服务、电子商务、居家养老、快递代收等生活服务提供便利，推动物业服务线上线下融合，促进物业服务企业由物的管理向居民服务转型升级。

四、河北案例

2021年9月，河北省政府新闻办举行的河北省民政事业发展"十四五"规划新闻发布会上透露，河北省在"十四五"期间将探索"物业服务+养老服务"模式，支持物业服务企业开展老年供餐、定期巡访等服务。优化社区养老服务设施布局，大力推进新建居住（小）区按标准配套建设社区养老服务设施，配建设施达标率达到100％；既有居住（小）区按标准配齐补足社区养老服务设施，构建城市地区"一刻钟"居家养老服务圈。加强社区养老服务设施用途管理，支持将社区养老服务设施低偿或无偿用于普惠型养老服务。[①]

五、湖南案例

湖南省常德、湘潭部分小区开始试水"物业服务+养老服务"居家养老模式。常德市武陵区朝阳社区的泓鑫·城市花园小区于2004年建成，是当地的老小区，老年人多，很多老人经常没地方去。三棱物业公司发现这一问题后，向社区建议，给老年人建"老年人之家"。室内有图书室、影视厅、棋牌室、健身器材等，室外有羽毛球场。物业还提供家政、食堂等服务，为老人上门送餐、代理找保姆、找保洁。常德市民政局养老服务科负责人向媒体介绍，该市2020年投入100多万元，用于小区养老服务设施的补贴。常德市大部分小区都是由物业公司来经营，职能并不仅仅是"三保一绿化"（保修、保安、保洁、绿化），现在增加了养老服务，为老年人提供"点菜式"

---

① http://news.swchina.org/hot/2021/0910/39790.shtml.

便捷养老服务，让老人在家门口快乐养老。[①]

■ 六、上海案例

2021年9月13日，上海市社会养老服务体系建设领导小组发布的《上海市养老服务发展"十四五"规划》提到，推动"养老服务+行业"发展，鼓励物业服务企业探索并开展居家社区养老服务。

■ 七、北京案例

2021年9月，北京市民政局和联合发布的《北京市养老服务专项规划（2021年—2035年）》在第六章"培育发展养老服务产业"第一节"全面开放养老市场"中提出，探索实行"物业服务+养老服务"模式。

---

① "物业+养老"：居家养老新选择 湖南多个小区已试水. https://hn.rednet.cn/content/2020/12/18/8711012.html.

"物业服务+养老服务"的若干创新举措及典型经验

■ 一、北京远洋天地案例

（一）补齐居家养老基础设施短板，推进智慧化养老服务

由远洋服务美居中心对社区内老年住户的房屋和家具进行适老化改造，优先进行门窗更换。同时在远洋试点项目中将尝试运用5G、互联网、大数据等技术，构建线上线下智慧养老服务体系，线上通过远洋服务管理平台和对客服务小程序实现档案管理和服务预约，尝试与医疗服务平台进行在线对接，实现医疗资源查询、在线预约挂号、助医服务预定、医药代购服务、生活饮食预订等服务。同时在住户家中安装远程监护系统，实时关注老年居民的健康安全。

（二）开办老人生活服务卡，简化生活服务支付方式

远洋服务为了满足老年人生活服务需求，简化支付方法，专门开办了老人生活服务卡，针对家政保洁、日常维修、家电维护、助浴等需求，提供年度服务卡和专项服务卡。

（三）组织养老服务人员技能培训，组建专业化人才队伍

针对传统物业服务人员在居家养老方面的专业知识技能掌握不足的问题，公司组织专项培训，对专业岗位、兼职岗位和项目全员开展不同层级的服务知识技能培训，加强人员专业素质与能力。培训范围包括不限于职业

道德、基础知识、礼仪话术、日常照护、基础护理、应急急救、康复训练等知识和技能。

（四）多主体协同，建立部门联合机制

远洋服务试点项目将协调北京市民政、财政、人社、卫健、医保、残联、市场监管等多部门，共同为北京市的物业服务企业开展居家社区养老服务的试点项目提供指导与帮扶，助力试点项目快速、高效落地，取得试点成果。其中由市住房和城乡建设局总体指导和协助试点项目工作的推进，市民政局、卫建委、老龄办给予养老业务的专业指导和政策建议，朝阳区政府及相关职能部门、八里庄街道、远洋天地社区给予属地协同推进工作，协助处理和解决试点项目问题。

（五）建立老人档案，掌握老人健康服务需求

结合物业企业优势，建设社区老年群体健康档案标签，追踪并实时更新老人的身体健康状况，为每位老人量身定制养老服务方案。除传统档案信息外，项目重点研究物业服务场景下关注的老人档案标签与实施管理方案的维度探索。

（六）物业企业内设立专门养老服务经营机构主体，更新内部管理架构

目前，远洋服务旗下无养老服务经营机构主体，出于业务经营资质、财务收支税费、品牌服务口碑和内部审批机制的独立性需要，将成立物业集团旗下全资子公司专业从事居家养老服务。同时成立居家养老专项项目组，包括安心居住小组、放心饮食小组、省心生活小组、悦心娱乐小组、用心助医小组和综合小组，各小组由项目负责人/老人服务中心经理进行日常管理；设立专项管家，负责对应服务项目的运营管理，为社区老人提供管家式咨询服务；非全职的义工团队，阶段性地提供专项服务。

二、杭州绿城椿龄案例

(一)整合既有品牌资源，突显物业企业优势

与蓝熙、精择医疗合作开设社区诊所，同时引进桐君堂的中医康复服务；与郁金香岸酒店、蓝颂合作提供配餐服务；依托椿龄荟专业护理人员开展上门照料服务；融合绿城椿龄康养集团的到家服务、新零售服务等，将园区活动作为流量入口，通过椿龄驿站与中老年用户建立强信任关系；对接日本健康会、结合绿城椿龄康养集团的情绪睡眠团队，实行老年人的睡眠改善计划。统筹物业服务企业内外部既有资源，结合绿城集团旗下绿城椿龄、绿城物业等品牌的内部人才资源与桐君堂、中西医结合医院等机构的外部医疗资源，发挥物业服务企业的独特优势，为老人提供丰富、多元化的医养结合服务、餐饮服务与日常照料服务（表附7-2-1）。

杭州西溪诚园试点内外部品牌资源　　　　　　　表附7-2-1

资源	品牌/机构名称	服务类型
内部资源	绿城椿龄康养	涵盖所有类型服务
	绿城物业	生活服务
	蓝熙	医疗
	郁金香岸酒店	餐饮
外部资源	桐君堂	医疗
	中西医结合医院	医疗
	精择	医疗
	蓝颂	餐饮

(二)组建专业化人才队伍，提高养老服务质量

以绿城椿龄康养集团为基础，与养老服务类、卫生健康类、社会工作类专业院校合作，建立绿城培训基地，培养专业居家养老服务人才。同时协调日本介护、绿城医院等机构，筹建绿城椿龄（杭州）产学研基地、养老服务产学研基地、社会工作实践基地，为养老服务站点员工提供派遣深造、实

训的机会，培养管理人才、运营人才与基础员工，建立养老服务专业人员队伍，促进养老服务质量提高。

（三）创新商业模式，实现社区全覆盖

打造"1+1+X+X"辐射型服务模式（即1个居家服务中心+1个医疗体检中心+X个社区+X个家庭），在西溪诚园内部设立居家养老服务中心，其余区域设立养老服务站点，以小规模多功能型站点为基础，向周边社区提供居家上门服务，让X个家庭共享养老服务，满足老年人多样化的养老服务需求，实现周边社区养老服务全覆盖。

（四）设计特色护理服务包，满足不同层次人群需求

针对具有不同养老需求的老人，绿城椿龄设计了三种不同的服务产品包，分别为居家慢病护理季包、居家生活照护季包、居家慢病管理月包，提供18～21项特色服务包。针对活力老人对于提高人际关系质量的需求，绿城椿龄提供了不过时课堂；针对半自理的老人，绿城椿龄推出专项健康干预计划等；针对空巢老人，绿城椿龄则开展的是"老人家人健康关爱计划"。

（五）多主体共同推进，强化养老服务保障

根据《杭州市市级养老服务资金补助实施办法（试行）》（杭民发〔2019〕4号），对居家养老服务给予补助，健全养老服务经费保障机制。建立由市物业综合管理工作领导小组办公室负责统筹协调，杭州市住房保障和房产管理局等相关市级主管部门和西湖区政府及其相关职能部门、蒋村街道、诚园社区负责协同推进，绿城服务集团负责具体实施的"物业+养老"服务试点项目推进工作机制，强化养老服务的组织保障，规范、督促试点项目的落实（表附7-2-2）。

物业服务企业开展居家社区养老服务杭州市试点项目部门分工　表附7-2-2

职责	主体
统筹协调	杭州市物业综合管理工作领导小组办公室

续表

职责	主体
协同推进	杭州市住房保障和房产管理局
	杭州市民政局
	杭州市卫生健康委员会
	杭州市医疗保障局
	西湖区政府及其相关职能部门
	蒋村街道、西湖诚园社区
具体实施	绿城服务集团

（六）推进智慧养老，提升服务智能化水平

杭州市住房保障和房屋管理局已开始建设智慧物业管理服务平台，杭州市民政局也正在推进建设智慧健康养老应用试点，在这些相关工作基础上，西溪诚园试点项目与绿城心血管医院等专业医疗机构合作，建设"互联网+康养"一体化，对老人进行跟踪管理，融合专业诊疗与全程照护；并积极开发适老化产品与"椿驿照护"小程序，使养老服务的提供更加高效，有利于提升物业服务及养老服务的智能化水平。

附录8

“物业服务＋养老服务”可复制政策
机制清单（建议稿）

　　2021年11月24日，《中共中央国务院关于加强新时代老龄工作的意见》要求充分发挥社区党组织作用，探索“社区服务＋物业服务＋养老服务”模式，增加居家社区养老服务有效供给。“社区服务＋物业服务＋养老服务”是新时代老龄工作尤其是健全养老服务体系、创新居家社区养老服务模式中的重要任务，是推进各项优质服务资源向老年人的身边、家边和周边聚集的重要途径。2020年11月，住房和城乡建设部、国家发展改革委、民政部、国家卫健委、医保局、全国老龄办等部门联合发布《关于推动物业服务企业发展居家社区养老服务的意见》（建房〔2020〕92号），要求各地充分发挥物业服务企业常驻社区、贴近居民、响应快速等优势，推动和支持物业服务企业积极探索“物业服务＋养老服务”模式，切实增加居家社区养老服务有效供给。文件下发后，各地积极响应。住房和城乡建设部还在2021年组织若干物业服务企业选择了八个定点项目进行试点，试点工作取得了多方面的积极成果。但从试点及各地实践中，也发现了服务项目设置不合理、场地资源配置不到位、统筹规划协调不充分、物业角色定位未明晰、资金筹措机制难形成、用户付费意识难培养、服务专业程度待提升等问题。本书写作团队通过针对性地总结各试点单位解决问题的可复制政策机制和典型经验做法，形成《“物业服务＋养老服务”可复制政策机制清单》，供结合实际学习借鉴。

一、服务项目设置不合理

表现及原因

在进行业务规划、确定服务项目之前，未在社区内开展老龄化情况以及老年人居家社区养老服务需求的调研分析。因此纳入业务范围的服务内容多而杂，缺乏核心定位与侧重点，也导致每项服务内容都开展得不够深入。在实际运营过程中，老人真正使用或频繁订购的项目仅占全部服务内容的一小部分。出现这些问题的根源在于，对于社区内老年人养老服务需求的调研不深入、不细致，覆盖面不广，导致服务提供者对于不同群体多样化的需求了解不足，提供的服务种类要么较为单一，要么不符合老年人实际需求，供需匹配性不强。

解决问题的举措

（1）北京远洋天地项目方与北京林业大学科研团队组成调研团队，在项目社区展开了深入细致的客户需求调研。基于深入全面了解客户群体、大范围收集养老服务需求以及有效指导产品设计的调研目标，远洋服务与北京林业大学的科研团队进行合作，从客户视角验证需求、公司视角规划业务、服务视角标准落地三个步骤开展了社区居家养老的客户需求调研。2021年6月至7月，由远洋服务负责人带队，总部增值业务部、远洋天地项目客服团队、北京林业大学科研组组成的调研团队在北京市远洋天地项目开展了为期一个月的客户需求调研工作。调研工作整体采用的是定量问卷调研与定性深度访谈相结合的方式，兼顾了广度与深度。线上问卷对前期业务规划进行了可行性验证，包含了受访者的基础特征信息采集、五大生活场景下12项业务类型的关联跳转问题设置，以期验证目标客群对开展居家养老服务的接受度；还调查了老年人在生活场景下对各项业务的需求程度。开放式的深度访谈则对调研数据背后的逻辑因果进行了挖掘和关键信息补充，有助于专项工作小组深入理解目标客群的真实核心诉求。经过需求调研的数据论证，项目方对目标客群需求有了深层次的理解和认知，并对五大生活场景下的服务项目重要次序、核心定位和侧重点做出完善和调整，形成了科学合理的业务规划。

（2）杭州绿城椿驿在诚园社区中开展持续性居家养老服务需求的调研，社工采用一对一访谈方式对诚园老人及物业管家进行调研，包括随机问卷调查园区60岁以上老人，从老人正面表达和管家侧面反馈，了解诚园养老需求。问卷调研当场完成、核查、回收，以保证数据的较高质量。此次调查内容主要包括老人的个人及家庭概况、日常照料、健康医疗、精神生活、园区老人服务等内容。结合老人和管家的访谈进一步发现，诚园老人的居家养老服务需求由医疗保健服务、休闲娱乐服务及生活照料服务共同构成，其中对医疗保健服务的需求最多达44.5%，其次是休闲娱乐服务37.4%，最后是生活照料服务9.1%。具体来说，老人的当前显性需求为医疗、助餐、精神慰藉，隐性需求为上门照护、康复护理。相对于显性需求，隐形需求相对较少，主要因为目前社区老人以活力老人为主，有家庭成员或保姆负责照顾，对于适老化服务及产品或照料护理了解较少。扎实详细的调研有力地指导了后期居家社区养老服务的项目设计与实施开展。

表现及原因

服务提供者未能摸清不同年龄段、不同身体状况、不同支付能力、不同消费意识老年人的需求以实现精准对接，导致服务在针对性、有效性上有欠缺。

解决问题的举措

（1）南京银城项目方根据实际调研获取的小区老人居住分布、身体状况、爱好等情况进行了信息化、数字化、网格化圈定，为每一位老人进行标签化管理和精准化服务。对于社区内60～70岁的老人，项目方采取"关注"服务，服务重点在于关注老人需求及其自身价值的体现；对于社区内70～80岁的老人，项目方采取"关心"服务，服务重点在于关心老年人的身心健康；对于社区内80岁以上的老人，项目方采取"关怀"服务，服务重点在于对其需求快速、高质量的响应。

（2）保利花香美苑项目方不仅仅以服务为产品，而是通过社区、居家、机构服务产品的组合打造了产品服务包。此外，项目方还将服务体系全面升级，由围绕衣、食、住、行、康、娱的"六位一体"服务，升级为关注老年人安全感、活力感、舒适感、价值感、认同感、充盈感"六感"的服务体系，以满足多样化的养老需求。

■ 二、场地资源配置不到位

表现及原因

由于大部分社区内可以利用的空间十分有限，目前物业服务企业在提供居家社区养老服务方面普遍存在的一个问题就是缺乏能够开展服务或供老年人自由活动的场地。

解决问题的举措

（1）广州保利积极利用政府和社区的养老服务场地资源。近年来，各大街道颐康中心的建设是广州养老服务发展的重点项目。2020年9月，广州市养老服务工作联席会议印发《广州市街镇综合养老服务中心（颐康中心）建设提升行动计划》（以下简称《行动计划》），推动每个街镇建设至少一个具备全托、日托、上门服务、对下指导、统筹调配资源等功能的街镇综合养老服务中心，每处建筑面积一般不少于1000平方米。在《行动计划》的部署以及广州市、荔湾区、海龙街街道等相关政府单位指导下，嵌入保利花香美苑社区内的荔湾区海龙街综合养老服务中心，即颐康中心于2020年12月建设完成并投入使用。通过颐康中心政府采购项目，保利花香美苑项目方与海龙街道办事处签订了颐康中心的租赁合同，获得了场地的使用权，合同每5年一签。租金起始价按市场评估价的75%计算，月租金每三年递增一次，增幅为5%。

（2）深圳长城物业在试点项目所在区域的社区养老服务机构采取租赁形式，租赁了长城一花园配套建筑体。该建筑物于1990年年初建成，该建筑体规划图纸标明为"养老活动中心"。长城物业改造投入2000万元，分摊10年；另对居家养老服务中心也采用了租赁形式，但租用的是由长城二花园架空层改造的场地。长城物业改造投入25万元，分摊10年。

表现及原因

物业服务企业难以仅依靠自身的力量与利益相关方协调获得社区内及

社区周边闲置空间、场地的使用权。场地资源的空缺也导致"物业服务＋养老服务"迟迟未能开展。

解决问题的举措

（1）郑州圆方代书胡同项目改造物业公配房用于提供养老服务。位于郑州市人保家属院院内的代书胡同日间照料中心舒馨苑原是中国人保郑州分公司家属院的物业公配房。在老旧小区改造初期，管城回族区、街道办事处和社区工作人员与其负责人进行多次协调，最终对方同意将此房无偿贡献为社区养老配套用房。郑州圆方代书胡同项目方因此将其改造成为集中医理疗、棋牌娱乐等文娱功能于一体的医养结合社区养老中心。

（2）南京银城物业多方筹集养老用房，来源途径多样，包括对物业办公场地、业主活动场所会议室及库房改建等，也对小区内架空层进行升级改造。如在南京聚福园小区利用的是业主活动室、会议室和其他空间的打造，在香榭里小区使用的是物业办公室、业主活动室、仓库和会议室一体化整合，在五台花园则以物业办公室用房为主进行构建。

■ 三、统筹规划协调不充分、部门间协同不足

表现及原因

"物业服务＋养老服务"试点工作的推进未建立统筹机制，各部门之间、部门与项目方之间协调不当，未形成合力，项目方有孤立无援之感。

解决问题的举措

（1）重庆市住房和城乡建设委员会牵头相关部门成立了"物业服务＋养老服务"专项班子，定期组织召开工作沟通会，及时汇报工作进度及存在的困难。重庆之平鲁能星城项目方也同街道分管领导建立了联席制度，推进"物业服务＋养老服务"工作的落地。在市住房和城乡建设委员会、渝北区物业科及龙塔街道养老科等多方统筹协调下，项目方成功建造了社区助餐食堂，顺利取得对外经营许可证，并获一次性建设补贴10万元。

（2）南京市住宅小区综合治理联席会议将"物业服务＋养老服务"试点工作定位为美丽家园三年行动计划的重要内容，并列为全市养老服务重点工

作项目。南京市住房保障和房产管理局、民政局牵头鼓楼区住房保障和房产管理局、民政局等各个相关部门在试点期间多次开展座谈会，具体指导南京银城项目试点任务的实施，并定期召开工作例会，加强部门联动，推动审批流程上、组织实施中的具体事项。

表现及原因

因未落实责任主体，与"物业服务+养老服务"相关的职能部门积极性与主动性不足，物业服务企业难以推进项目的实施。

解决问题的举措

（1）北京远洋服务根据试点工作的开展节奏，专项工作小组先后与社区街道、中国物业管理协会、北京市市场监督管理局、北京市住房和城乡建设委员会物业处、上海交通大学—北京林业大学组成的科研课题组、北京市民政局养老工作处建立了沟通联系机制。在试点工作立项启动、方案论证、中期自评、阶段性成果汇报、试点工作总结等不同的阶段，专项工作小组都与试点工作牵头单位中国物业管理协会和科研课题组进行对接，开展了项目实地参观考察、专题座谈、线上对话等调研交流活动。并就具体的工作需求，如工商注册、养老资质许可、餐饮经营许可、场地资源协调等，与相应的政府职能部门进行沟通。在方案论证阶段，北京远洋天地项目的工作得到了试点工作牵头单位的认可，这也成为业务顺利开展和推进的良好基础；在需求调研工作中，专项工作小组与课题组共同完成了数据收集和科研成果转化；养老资质获取方面，北京市民政局在进行现场考察以及与专项工作小组进行座谈沟通后，提供了北京市"物业服务+养老服务"的民政扶持办法。

（2）在北京某项目中，集中性的政策支持和相关职能部门的持续关注保障了项目的有力推进。根据国家机关事务管理局《关于继续做好2021年中央国家机关养老服务站运行经费使用管理工作的函》的指示，国家机关事务管理局对项目方所提供的服务项目进行了一定比例的服务补贴。此外，院内老同志离退休前所在单位在国家机关事务管理局的补贴基础上，为所有服务对象提供了二次补贴政策，使老同志们能够以较优惠的价格购买到所需服务。同时，北京市民政局也启动了"物业服务+养老服务"的试点筹备工作，先后多次到访项目现场、物业公司总部，了解企业需要的相关政策扶持需求，并于2021年9月下发了《关于开展"物业服务+养老服务"试点工作的通知（征求意见稿）》，其中提到了关于驿站建设运营扶持、人员培训补贴支持、驿站平台支持、老旧小区适老化改造补贴、税费减免等多项政策扶持补贴办法，为物业服务企业开展居家社区养老服务创造有利条件。

■ 四、物业角色定位未明晰

表现及原因

物业服务企业在"物业服务+养老服务"中尚未有清晰的角色定位，自身的优势得不到发挥。

解决问题的举措

（1）在广州保利花香美苑项目中，项目方设立"养老领事"工作机制，打造了"物业平台+三位一体养老服务"的社区居家养老模式。由保利旗下养老品牌保利健投设立的专业养老机构运营社区内嵌养老服务中心，并提供专业服务。其中，保利物业的定位是项目的物业服务资源平台，负责向社内的养老服务中心提供社区客户数据和需求数据，为老年业主提供养老需求转接业务，搭建起了养老服务中心与老年业主之间沟通的桥梁，协助养老服务的开展。

（2）郑州圆方集团在试点项目中结合住房和城乡建设部"物业服务+养老服务"的试点机遇，在管城区北下街街道的大力支持下，探索出"社区主办、互助服务、群众参与、政府支持"的社区互助养老新模式。具体而言，"社区主办"是由"街道办+社区居委会"利用相关政策资金、社区公共用房提供公益的平台支持服务；"互助服务"是由社区内愿意提供互助养老服务的家庭，根据不同能力提供不同居家养老服务；"群众参与"是社区所有家庭都可以成为"互助养老"的供给方，也可以成为"互助养老"的需求方；"政府支持"是由各级政府从政策、基础设施建设、资金、管理培训等方面给予支持。在这个案例实践中，圆方项目方充分发挥了物业企业承担联结政府、社区组织和群众的桥梁作用，将政府和社区的养老服务资源更有效导入到群众中，也把群众对养老服务的需求更及时、更精准地反馈给政府和街道居委。

五、资金筹措机制难形成

表现及原因

在当前"物业服务+养老服务"还未有清晰营利模式的情况下，物业服务企业开展居家养老服务的规模经济性较低，业务成本很高，但收入却十分微薄。但我国的老年群体大多还没有形成购买养老服务的观念，对于物业服务企业提供的需要收费的项目接受度和认可度较低。如果没有多个来源的资金筹措机制，大部分物业服务企业就难以形成可持续的资金循环，较难实现自负盈亏。

解决问题的举措

（1）郑州圆方集团在试点项目中探索出"社区主办、互助服务、群众参与、政府支持"的社区互助养老新模式，有效地利用了政府支持资源，包括各级政府从政策、基础设施建设、支付补助、管理培训等方面所给予的支持。如社区办事处将护理券分发给老人，老人凭券享受服务。多方来源的资金筹措化解了企业资金循环和服务可持续的难题。郑州圆方社区服务中心还积极整合社会资源，如周边的理发店、辖区里爱心企业、爱心人士以及愿意承担社会责任的商铺等，通过整合更多的社会资源不断地为社区养老服务赋能。一方面可为社区居民提供更多可靠且高品质的服务，另一方面有利于社会爱心企业承担社会责任或实现商业价值。圆方集团还积极搭建社会爱心企业或人士与居民之间的平台，举办公益活动，至今已经举办了40场，例如定期举办的每月一次的免费理发、修脚等活动。项目社区舒馨苑一楼的张仲景疗养中心也是圆方与社会爱心企业一起建造出来的。在圆方集团组织的"团团家"互助养老中提供的餐饮服务，通过与多家社会企业摸排沟通，如今已签约16家，形成可良性循环的合作平台。

（2）北京某项目方在试点工作中秉承"四个一点"的运作原则，实现企业资金可循环、服务提供可持续。"四个一点"即"国管局补一点、老干局帮一点、服务商让一点、老同志出一点"的资金筹措机制，尤其注意鼓励和引导老同志消费，让老同志养成购买居家社区养老服务的习惯，形成消费观念，从而构成良性循环，使得物业服务企业开展的居家社区养老服务逐渐市场化，在运营与发展上具有可持续性。

六、用户付费意识难培养

表现及原因

我国的老年群体大多还没有形成购买养老服务的观念，对于需要收费的项目接受度和认可度较低。根源在于，中国的大多数老人都视养老服务为社会福利，要求政府为居家社区养老服务买单，没有支付意愿。但在我国经济物质条件尚未十分充裕的情况下，仅仅依靠政府的力量来完成养老事业并不现实，这就产生了部分老年人陈旧的观念与现实情况之间的矛盾。这既妨碍了改善型养老服务供给增长，也对基本养老服务供给覆盖扩大形成制约。

解决问题的举措

（1）保利物业在广州花香美苑的试点项目方认为，做无偿服务首先是公益和企业社会责任，但同时可以了解潜在需求在哪里，和获得老人信任感，在条件具备和市场培育成熟后，推送有偿服务信息，唤醒老人对增值性居家社区养老服务的需求欲望和培养付费意识。在平常积累下来的与老人良好关系和信任感基础上，保利物业与保利健投、颐康中心（社区综合养老服务中心）以老年人的服务需求为导向，共同打造"物业服务+养老服务"的服务网络，开展了多种有偿居家养老服务。目前，试点项目提供的有偿服务，由保利物业与保利健投以合作的形式开展，且为保利健投主导，保利物业进行协助。涉及双方共同收益的按收益分成或者提取信息转介费的形式，收费标准按市场和政府定价执行。

（2）重庆之平在试点项目中推出"时间银行"的互助养老模式。在物业管理服务中，物业管家主动发现和挖掘业主中有特长爱好的老人，甄选出有爱心、身体健康的参与养老公益活动。老人奉献爱心、投身公益所得的爱心积分，将通过发放公益护照的方式，储存在旬彩养老服务中。当老人有需要时，可以到"之平管理"全国范围内的各养老机构兑换储存的爱心时间，享受对应的养老服务。企业不断丰富爱心兑换礼品，如养老餐券、邻利荟商品兑换券，提升老人参与爱心公益活动的积极性。这种兑换过程，本身就是在唤醒老人认识到养老服务供给并非是从天而降，而是需要投入才可持续，如果自行购买可以更有主动性和选择性，进而形成付费意识。

■ 七、服务专业程度待提升

表现及原因

老年人较为特殊的身体、健康状况决定了养老服务是一项专业性门槛较高的服务。但物业管理行业本身是劳动力密集型的行业，在其服务队伍中的大部分服务人员在知识水平、能力等各方面自身素质都还比较有限，因此目前大部分物业服务企业提供的养老服务在专业化、精细化、规范化程度上还稍显不足。

解决问题的举措

（1）深圳长城百花片区项目方通过与集团旗下专业养老品牌合作以及对服务提供人员进行专业培训考核来提升养老服务的专业性。一是依托长城物业的战略合作方——深圳市共享之家养老服务公司自主培养的包括巡诊医生、护士、护理员、康复治疗师、社工师、营养师在内的"六师"团队，项目方可以为嵌入社区内的共享之家社区养老服务机构收住的老人提供专业的持续护理、短期托养和日间照料服务。二是通过社区内嵌居家养老服务中心的居家照护员、护理大使、社工等为社区老人提供1:1的定制化居家养老服务。三是与中山大学附属第八医院建立合作，为试点片区内设置的健康管家进行专业赋能，包括急救知识讲解、实操培训、急救理论与实操考核等。通过培训考核者将由中山大学附属第八医院授予"急救技能培训合格证书"。

（2）重庆之平鲁能星城项目方建立了完善的养老服务技能培训体系，并通过成立专业的养老服务机构，赋能"物业服务+养老服务"。为积极响应重庆市人力资源和社会保障局的相关政策，项目方派遣营养配餐员、按摩师、保健刮痧师、养老评估员等工作人员参与了人社局组织的技能培训，提升了工作人员在养老护理方面的专业技能水平。同时，定期对提供居家养老服务的物业人员开展沟通技巧、紧急救援、风险处理、服务需求评估、老人能力评估方面的培训，确保其能够掌握基本的养老专业能力。

表现及原因

现阶段，大部分物业服务企业仍未能形成一套完整且完善的服务标准、技能标准，在服务的各个环节设立相应的标准与规则。

解决问题的举措

（1）深圳长城百花片区项目方已自主编写形成了七册完整的管理体系文件，涵盖企业管控、养老机构服务、养老专业服务、养老建筑建设标准等共计706份体系文件。在此基础上，还结合企业自身现有养老服务管理工作成功经验及业务流程，不断完善和提升内部的服务标准体系，现已被深圳市市场监督局推送为广东省养老体系标准化试点项目。

（2）南京银城项目方将对物业员工的养老基础知识规范化、标准化培训作为试点探索的重要切入点。由于物业员工对养老方面的政策、理论和实操都不太了解，相关培训难度比较大，需要的培训内容要求比较多，南京银城项目方因此把对物业员工的养老服务培训作为试点探索的重点环节，开展了养老护理、康复、社会工作、心理咨询等方面的技能培训以及银发顾问培训、家庭照护支持培训、时间银行志愿者培训、养老行业政策知晓培训等一系列的规范化、标准化培训工作。

八、社区业主支持认同少

表现及原因

"物业服务+养老服务"对于绝大多数老年人来说还是一种陌生事物。在服务推广过程中，经常可能遇到业主的低认同、不配合甚至抵制反对，如果街道社区不能充分发挥自身的作用，就会导致物业服务企业在开展居家社区养老服务时十分被动。

解决问题的举措

在南京银城项目试点过程中，街道、社区以及业主委员会的作用得到充分发挥，促进了社区业主共识的达成。首先，在试点项目正式开展前，民政部门的领导为试点做了动员工作，街道社区工作人员与项目方在试点小区中做了充分的宣传工作，促进业主对"物业服务+养老服务"的理解。其次，召集社区内的老年业主，开展座谈会、需求调研和现场调研，提高了老年业主的认可度。同时，试点小区的业委会同意授权，并发动多方支持，助力社区业主共识的达成。

表现及原因

在现实的社区物业工作中，居民喜好、经济能力等的不同也导致了居民需求差异化，想要满足一部分人的利益，就会有另一部分人产生不满意的心理，这也让物业与居民之间产生了矛盾点。居民对于物业也会产生不信任、不认同感。

解决问题的举措

郑州圆方代书胡同项目方用公益唤醒信任，进而提高社区居民对服务的认同度。项目方在管的郑州圆方社区服务中心在社区中主要开展两种公益活动：一是定期活动，如联合周边理发店，以每月一次的频率向社区居民提供免费理发服务；二是不定期活动，即联合街道、社区和不同的居委，组织开展针对老人和小孩的公益活动，例如手绘砖瓦等，至今已成功举办40余场。通过公益服务，项目方在获得社区居民的信任的同时，提高了他们对服务的依赖性与认同度。

表现及原因

物业服务企业和服务提供商在服务开展前期的宣传工作不到位，不注重品牌的推广与"物业服务+养老服务"的普及，其提供的产品、服务就缺少被居民所认知和了解的渠道，从而导致居民难以对物业提供的产品、服务和"物业服务+养老服务"产生认同感。

解决问题的举措

（1）北京远洋天地项目方策划组织老人关爱主题线下活动，进行"物业服务+养老服务"模式落地的预热。线下活动现场吸引了社区内约400人次的目标业主参与到现场体验和咨询中，许多老人驻足参观、体验健康服务和服务商展出的健康设备、仪器和家庭随诊包等产品，表现出对各类居家养老服务的强烈兴趣。通过项目组织安排的线下宣传推广活动，社区老人们对品牌、服务和"物业服务+养老服务"的认知和好感度得到了极大的提升。

（2）重庆之平鲁能星城项目方通过多方位的宣传渠道，如物业前台、园区电梯宣传栏、各个门岗、业主群及电话、短信、抖音等多平台、多方位的宣传方式，让老人以及年轻人更多地了解到"物业服务+养老服务"的内容及其优势所在，进而逐步提升认可度，愿意付费接受各类服务。

■ 九、业务开展模式仍欠缺

表现及原因

物业服务企业由于对自身的发展战略、拥有的资源等因素以及对"物业服务+养老服务"的认识不清晰，在开展养老服务时没有找到一个科学合理、明晰可行的业务模式，缺乏支撑企业和服务可持续发展的活力和生命力，就会阻碍服务的顺利开展与推进。

解决问题的举措

北京远洋天地项目方认为，作为微利行业，物业在资本投入方面不具优势，但在与业主建立信任、提供便利快捷服务等方面具有天然的优势，这也意味着物业在将老人的需求链接到其他养老服务商时更具便利性。因此，项目方将业务模式定位为资源链接型、轻资产平台型，结合物业高触点服务特征，对社区内外的资源进行了整合。通过物业平台，将严格筛选的优质到家服务、适老化改造服务、食品服务、健康服务、娱乐服务直接对接给社区内的老人。老人可以通过物业平台完成服务的购买，物业平台再对接服务商提供服务产品。这样的业务模式既为社区内的老人筛选了合适服务资源，也为优质服务商提供了充足的客户资源。

■ 十、服务单独核算未落实

表现及原因

由于资质缺乏、场地待落实等问题，多个物业服务企业目前仍未能设立实体居家社区养老服务部门，养老服务板块营收也未能实现单独核算，无法对投入产出资金和效益进行准确计算。

解决问题的举措

（1）为了"物业服务+养老服务"的顺利开展，南京银城康养养老服务有限公司与南京银城生活服务有限公司（以下简称"银城生活服务"）合作成立了南京银城怡家养老服务有限公司（以下简称"银城怡家"）。银城怡家主要在包括但不限于银城生活服务在管住宅项目内，为老人提供养老及综合配套服务，如陪诊、紧急医疗、健康饮食搭配、特殊照护等各类日常衣、食、住、行、辅助服务，使老人可以实现居家养老。银城怡家的成立不仅实现了"物业服务+养老服务"开展中养老服务板块的单独核算，有利于投入—产出资金的可循环，也保障了物业与养老的无缝对接与高效协同。

（2）深圳长城百花片区项目方认为，"物业服务+养老服务"若只依靠物业本身提供增值服务的微薄收入，是不足以支撑团队运作的，还需另行建立养老专业服务团队或成立公司。物业团队负责提供低利润、低成本但业主体验感明显的服务，其他专业性强、相对利润高、成本高的服务由单独的养老服务团队来负责提供。长城物业集团于2011年成立深圳市共享之家养老服务有限公司，2014年旗下首家共享之家3H颐养复康中心正式运营，同年与美国最大的居家养老公司合作的第一家居家养老服务中心在百花片区开业运营，长城从此也实现了养老服务板块的单独核算。

■ 十一、智慧服务设施待建成

表现及原因

物业服务企业在开发、应用、改造或引进智慧养老信息平台、服务设施等有利于推进智慧居家社区养老服务开展的能力不足。在管理智能化、服务便利性、突发事件应对能力上仍需努力探索。

解决问题的举措

（1）深圳长城百花片区项目方将长城集团旗下子公司开发的5G+AI居家安全防护系统与深圳市统一的智慧化养老服务管理平台、物业管理的智慧化平台、社区健康服务中心医疗平台数据互通互联，对社区老人进行网格化健康管理服务，对居家养老和机构养老进行智能化管理，与护理场景深度结合，实现智慧化养老服务线上、线下的无缝结合。此外，通过智能化穿戴设备及全天候监测终端收集客户生命体征、定位变化数据，借由大数据中心的监控、分析和资源调配，为客户及时提供所需服务，做到医、养、检、家之间数据和服务的无缝连接。

（2）重庆之平鲁能星城项目方将智能社区软件引入社区，基于智慧物业提供居家社区养老服务。深圳之平重庆公司在鲁能星城六街区的试点项目方引入智能化软件——云岭社区养老App，便于社区内的老人及其家人通过手机端下单各项居家养老服务。该软件分别设置管理端和顾客端，管理端可以实现统一调配、临时发起服务、实时指定服务人员、定时上门、组织活动、活动预订及宣传等；而顾客端则包括老人端和子女端，两个端口可以独立运用，也可以相互同步，通过顾客端，线上订餐、需求反馈、业务办理、活动推送和通知、政策了解等都可以在手机App上完成。

▉ 十二、意见反馈渠道不畅通

表现及原因

大部分物业服务企业未能提供意见反馈渠道，以至社区居民对于其所提供养老服务的接受度、满意度、建议等意见不能及时反馈给物业，也就造成物业企业服务提供中存在的问题不能及时整改。

解决问题的举措

（1）重庆之平鲁能星城项目方通过设置信息化系统——CRM智慧平台来保证养老服务品质。CRM智慧平台是之平管理特别配置的"400呼叫中心"，它是之平管理在深刻理解国家政策和社区服务特点的基础上，为回应民政部门及相关社区服务机构创建居家养老服务体系、创建中国特色养老服务模式的需求，而设计的一套完整的信息化应用系统。CRM智慧平台可全天候为老人提供服务咨询、意见受理、业务办理等专项服务。作为远程客服中心，CRM智慧平台还为老人及其子女提供个性化服务，定期为子女推送《旬彩老人生活报告》，内容包含老人在养老机构内的生活、健康、康复、护理等情况；同时，也定期组织客户满意度调查，并根据反馈不断提升养老服务品质。

（2）杭州绿城西溪诚园项目方注重服务监督及质量管理，在线上和线下持续建立客户健康档案及家庭系统档案、《客户满意度、意见登记表》等服务反馈表，让老人及其家人定期反馈对于服务的满意度及意见。另外，项目主管还定期针对家庭照护师服务进行考核、顾客满意度调查，以及时更新家庭照护计划。

致　谢

本书的形成与出版得到中国物业管理协会2021年度重点课题"物业服务企业开展居家社区养老服务实施研究"（结题鉴定为优秀）的资助。感谢中国物业管理协会秘书处的大力支持。

本书同时也得到国家自然科学基金"中国城镇住房制度变迁对居民福祉的影响研究：理论机制、效应评估与政策优化"（项目批准号：NSFC71974125）的支持。

中国物业管理协会系列丛书名录

年鉴系列

《2018中国物业管理行业年鉴》
《2019中国物业管理行业年鉴》
《2020中国物业管理行业年鉴》
《2021中国物业管理行业年鉴》

研究系列

《物业管理课题研究优秀成果汇编（2016—2018）》
《物业管理课题研究优秀成果汇编（2019—2020）》
《物业管理课题研究优秀成果汇编（2021）》
《"物业＋养老"服务新模式——发展前景与案例解析》

指南系列

《设施设备管理指南（修订版）》
《承接查验操作指南（修订版）》
《超高层建筑设施设备管理指南》
《物业管理项目经理工作指南》
《物业管理指南——基础》
《物业管理指南——写字楼物业》
《物业管理指南——产业园物业》
《物业管理指南——商业综合体物业》
《物业管理指南——高校物业》
《物业管理指南——医院物业》